NUEVO
MANUAL DE USOS Y COSTUMBRES
DE LOS TIEMPOS BÍBLICOS

La misión de *Editorial Portavoz* consiste en proporcionar productos de calidad —con integridad y excelencia—, desde una perspectiva bíblica y confiable, que animen a las personas a conocer y servir a Jesucristo.

Traducción: Santiago Escuain

Algunas interpretaciones presentadas en esta obra son del autor y no necesariamente de Moody Bible Institute, Moody Publishers o Editorial Portavoz.

EDITORIAL PORTAVOZ
2450 Oak Industrial Drive NE
Grand Rapids, Michigan 49505 USA
Visítenos en: www.portavoz.com

ISBN 978-0-8254-5659-6

Impreso en China
Printed in China

NUEVO MANUAL DE USOS Y COSTUMBRES DE LOS TIEMPOS BÍBLICOS

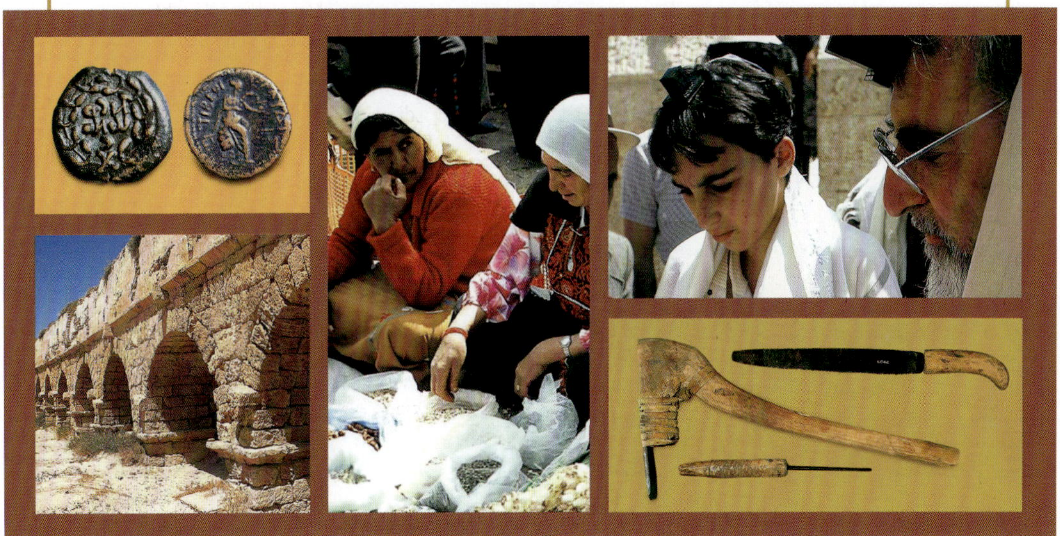

RALPH GOWER

EDITORIAL PORTAVOZ

Prefacio

Vivimos en una era de grandes cambios, y es por esta razón que los libros envejecen. El constante avance de los conocimientos lleva a la necesidad de que los libros tengan que ser a su tiempo revisados para mantener plenamente informados a sus lectores. Hay también estilos de redacción e ilustración característicos de tiempos y lugares determinados. Todo esto ha sucedido con el libro *Usos y costumbres de las tierras bíblicas*, escrito por Fred Wight en 1953 y publicado por Editorial Portavoz. Los historiadores, arqueólogos, antropólogos sociales y teólogos han estado trabajando de firme con respecto al texto de las Escrituras y en localidades de la Tierra Santa, para dar más información para quien quiera un entendimiento más profundo del trasfondo bíblico. A mucho de este trabajo efectuado se hace referencia en la bibliografía de este libro.

Pero hay otra razón por la que los libros envejecen. En ocasiones estimulan de tal manera el apetito de los lectores, que éstos piden más. Esta versión puesta al día y con redacción de nueva planta de la obra *Usos y costumbres de las tierras bíblicas* ha emprendido la tarea de dar informaciones adicionales para suplir esta necesidad. Además, la visita a la Tierra Santa ha mostrado a muchos cristianos que el trasfondo bíblico es útil para dar vivacidad a las Escrituras. Cuando los viajeros llegan de vuelta al hogar, quieren información de un carácter más satisfactorio que el que pudieron recoger de una corta visita. Y en este libro se ha aprovechado la oportunidad para ayudar a aquellos que siguen planeando visitar la Tierra Santa.

No se trata sólo de que muchos cristianos hayan contraído una deuda con Fred Wight por haber abierto sus ojos y por haberles abierto el apetito por más, sino que también debieran darle su reconocimiento al leer este libro. Antes de escribirlo, leí varias veces el suyo hasta que vino a formar parte de mi propio pensamiento. En verdad, en la obra del ministerio cristiano entramos en las labores de los otros.

Mi oración es que el trabajo que ambos hemos llevado a cabo, y también los resultados de los trabajos de tantos eruditos que se han dado a conocer a lo largo de los últimos treinta años, abran el apetito de los lectores a por más aún.

Ralph Gower

Introducción

Los cristianos se encuentran con problemas de significado cuando llegan a la Biblia. La Palabra de Dios vino en lugares determinados, en tiempos determinados, a un pueblo determinado. Es sólo cuando nos ponemos en lugar de estas personas y comprendemos lo que Dios les estaba diciendo a ellos que las palabras pueden tener un pleno significado para nosotros. Parte de este ponernos en su lugar es comprender el lenguaje en el que vino la revelación. Esto ha sido posibilitado para la mayor parte de los cristianos gracias a las traducciones de la Biblia.

El otro aspecto de ponernos en el lugar del pueblo de la Biblia involucra adquirir una sensibilidad acerca de a qué hace referencia la terminología empleada. Podemos conseguir esta sensibilidad al volvernos a situar en el contexto de los hogares, paisajes y mercados de los tiempos bíblicos. En este libro he intentado dar al lector una percepción de los tiempos bíblicos para que toda la Biblia se le haga más vívida.

Tenemos la buena fortuna de que la forma de vivir del "pueblo del Libro" ha permanecido bastante estable durante cientos de años y que incluso en el siglo XXI se puede visitar el mundo de la Biblia

Incluso hoy en día muchos beduinos viven en tiendas tradicionales en las tierras bíblicas.

El cálido valle del río Jordán con los montes del este al fondo.

y ver lo que estaba teniendo lugar hace siglos. El estilo de vida de sus gentes ha quedado registrado también en palabras y artefactos, en imágenes e incluso en la basura del pasado. Y es por medio del estudio de estas fuentes que es posible volver a captar hasta cierto punto cómo se vivía en los tiempos bíblicos.

El pueblo de la Biblia puede haberse mostrado conservador en su actitud, pero se dio riqueza y variación en las diversas culturas. Dentro del llamado Creciente Fértil, la región entre el mar Mediterráneo y el golfo Pérsico, se dio una gran variedad. La vida de los pobres no era igual a la de los ricos; la vida en el cálido valle del río Jordán no era igual a la vida en los fríos montes alrededor de Jerusalén; diferente era también la vida en verano y en invierno; la vida de los pastores nómadas difería de la vida de los comerciantes urbanos; y en una tierra sometida a un continuo guerrear, la vida fue diferente bajo la ocupación de los asirios en comparación a la vida bajo la ocupación de griegos y romanos.

Contenido

Parte 1

VIDA FAMILIAR

Parte 2

INSTITUCIONES Y COSTUMBRES

PARTE 1

Vida familiar

CAPÍTULO 1

Vestimenta

El vestuario de una persona de los tiempos bíblicos era bastante parco. Debajo de la túnica se llevaba (no siempre) un calzón, y ello quedaba complementado por algún tocado en la cabeza. El calzado y el manto eran optativos. Las ligeras variaciones de esta constante durante los tiempos bíblicos consistían en el color, material y estilo más que en la forma básica, debido a que este tipo de vestimenta era el más adecuado para un clima cálido. Pablo emplea la túnica, ceñida en la cintura por un cinto, como metáfora del estilo de vida del pueblo escogido de Dios (Col. 3:12), y todos habrían entendido que se refería a los elementos básicos.

La prenda interior, cuando se usaba, tenía bien la forma de un calzón, bien la de un pequeño pañete que rodeaba los lomos. Pedro llevaba el calzón cuando estaba "desnudo" o "despojado de ropa para trabajar" en la barca de pesca de su familia (Jn. 21:7). Jesús fue crucificado vistiendo sólo el calzón, porque los soldados ya se habían apoderado de su túnica (Jn. 19:23).

La túnica

La túnica era el vestido esencial. Se hacía con dos piezas de tejido, cosido de forma que la costura cayera horizontalmente, al nivel de la cintura. Cuando se tejía a rayas al trabajar el material en el telar, éstas se hacían de tal manera que estuvieran en posición vertical en la túnica acabada. La túnica tenía un gran parecido con un saco. Se cortaba una abertura en forma de V para la cabeza, y en las esquinas se hacían unos cortes para dejar pasar los brazos. El tejido podía ser de lana, lino o incluso de algodón, según las posibilidades económicas de su dueño. Las túnicas de saco o cilicio eran muy incómodas, provocando irritaciones de la piel. Por ello, se llevaban en épocas de duelo y arrepentimiento.

Las túnicas de los hombres eran generalmente cortas y coloreadas; las de las mujeres llegaban hasta el tobillo, y eran azules, con bordes bordados en el cuello en V, que en ocasiones identificaban el pueblo o la región de quien las llevaba.

Trajes de hombre/vestidos de mujer

Debido a que la túnica era un elemento tan básico, era idéntica para hombres y mujeres, excepto que la del hombre era frecuentemente más corta (hasta las rodillas) y la de la mujer más larga (hasta los tobillos) y de color azul.
La prohibición en contra del intercambio de vestidos tuvo su origen en la estimulación sexual que formaba parte de la religión cananea.
Deuteronomio 22:5

Vestimentas masculinas

De izquierda a derecha: un trabajador con la túnica ceñida en su cinto; un hombre vistiendo su grueso manto de lana sobre su túnica; y un rico, con un manto rodeado de un colorido fleco.

La "túnica de diversos colores" de José

José recibió una túnica de muchas piezas. Las piezas adicionales eran probablemente unas mangas largas que constituían un estorbo para trabajar. (Cuando las túnicas tenían mangas largas y anchas, se las ataban detrás del cuello para liberar sus brazos cuando tenían que trabajar.) Esto indica que no se esperaba de José que hiciera trabajos duros; era el heredero escogido para gobernar la familia.

Génesis 37:3

La túnica que vestía Jesús debe haber sido una de las de la última moda, porque carecía de la costura central. Los telares capaces de acomodar toda la longitud de la túnica fueron inventados sólo en su época (véase Jn. 19:23).

La túnica se ceñía a la cintura mediante un cinto de cuero o de un tejido basto. En ocasiones el cinto tenía una abertura para formar una bolsa para dinero u otras posesiones (Mr. 6:8). El cinto era también útil para sostener armas o herramientas (1 S. 25:13). Cuando los hombres precisaban de libertad de movimientos para trabajar o correr, se levantaban el borde de la túnica y lo metían en el cinto. A esto se le llamaba "ceñirse los lomos", y la frase vino a ser una metáfora para la acción de estar alerta. Pedro, por ejemplo, alaba la claridad de pensamiento, aconsejando a los cristianos a "ceñir los lomos" de sus entendimientos (1 P. 1:13). Las mujeres levantaban también los bordes de sus túnicas, en su caso para llevar cosas de uno a otro lugar. Al acabar el día no había vestidos especiales para dormir; se

Vestimenta típica de gente en los tiempos bíblicos: (de izquierda a derecha) pastor, guerrero, campesino, mujer campesina, niño, hombre rico. Nótese que el hombre rico usa ropa más colorida. El pastor está vestido con ropa más abrigada. Todos tienen algún tipo de cubierta para la cabeza.

desataban el cinto, y cada uno se echaba en su propia túnica.

El manto

Cuando se tenía el suficiente dinero para ello, o cuando era necesario debido al frío, se llevaba un manto encima de la túnica. Los mantos se hacían de dos formas. En el campo, donde era importante mantener el calor, se hacía envolviendo el cuerpo con un grueso tejido de lana, cosiéndolo por los hombros, y haciendo aberturas por las que pudieran pasar los brazos. Para muchos, el manto era su único abrigo, por lo que si incluso era dado como prenda por un préstamo, debía ser devuelto a su dueño antes de la noche para que pudiera dormir caliente (Éx. 22:26–27). Por esta misma razón, un tribunal judío nunca podía privar a nadie de su manto.

La otra forma en que se hacían los mantos era en forma de ropón suelto con anchas mangas. Cuando se hacía de seda era una prenda de lujo, y a una persona rica nunca se le ocurriría salir de su casa sin llevarla encima. Los fariseos llevaban flecos azules en el borde de sus mantos, para que pudieran ser vistos cumpliendo la ley registrada en Números 15:38–39. Debido a que esta práctica era exagerada hasta extremos de ostentación, los fariseos fueron condenados por ello por Jesús (Mt. 23:5). Fue probablemente esta parte del borde del manto de Jesús la que quería tocar la mujer que fue sanada de flujo de sangre (Mt. 9:20).

La capa y la túnica

Léanse Mateo 5:40 y Lucas 6:29. Jesús no se equivocó ni se contradijo. En el primer caso hace referencia a la ley procesal por la que se podía privar a alguien de su túnica, pero no de su capa o manto. En el segundo caso, un ladrón se apoderaría en primer lugar de la prenda externa; era la de mayor valor.

Sandalias de cuero de los tiempos romanos descubiertas en unas excavaciones cerca de la antigua ciudad de Jericó.

Calzado

Frecuentemente, los pobres andaban descalzos, pero otros llevaban sencillas sandalias. Se hacía una suela con una pieza de cuero de vaca que cubriera la planta del pie. Se fijaba al pie mediante una larga tira que pasaba a través de la suela, entre el dedo gordo del pie y su contiguo, y se ataba alrededor del tobillo (Lc. 3:16). En otros casos, la tira quedaba unida a unas lazadas hechas alrededor de la suela, y que cruzaba encima cubriendo el empeine del pie. También se empleaban zapatillas.

Sombreros

La mayor parte de los hombres parece que llevaban un casquete con un trozo de tejido envuelto en una banda alrededor del borde girado hacia arriba, dando la apariencia de un turbante. Las mujeres llevaban un tejido de forma cuadrada, doblado para proteger los ojos del sol, y que caía en pliegues sobre el cuello y los hombros, para dar una total protección frente a los rayos del sol. Se sostenía en su sitio mediante un cordón trenzado. En ocasiones se llevaba un velo tenue sobre la cabeza para que la mujer no mostrara el rostro en público. Sólo el marido podía ver el rostro de su mujer. Por ello Rebeca ocultó su rostro a Isaac antes de estar casados (Gn. 24:65), y era en la ceremonia matrimonial que el velo era levantado del rostro de la esposa y puesto sobre los hombros del esposo, con la declaración, "el dominio estará sobre su hombro" (Is. 9:6).

La corriente rápida del río Jordán. La ropa se lavaba dejando pasar la corriente por la tela.

Limpieza de los vestidos

La ropa se lavaba metiéndola en la rápida corriente de un arroyo, que arrastraba la suciedad de los tejidos bastos al pasar a través de ellos, o bien poniendo las ropas mojadas sobre losas lisas de piedra, y golpeando para quitar la suciedad. David empleó la imagen del lavado de la ropa como símbolo de la acción necesaria para ser purificado de su pecado (Sal. 51:2). El jabón se hacía bien a base de aceite de oliva o de un álcali vegetal.

La vestimenta de un hombre rico y su mujer en los tiempos bíblicos. Véase su manto semejante a un batín con sus anchas mangas, y los brazaletes de ella, sus pendientes, medallón y el tocado de la cabeza.

Derecha: Figura esculpida de un oficial militar romano con su indumentaria.

Vestuario básico

Los vestidos no eran un artículo de fácil adquisición para la mayor parte de las personas, y eran muy caros. Los pobres sólo tenían las ropas que llevaban puestas. Por ello, era algo bien realista dar a alguien a cambio de un par de zapatos (Am. 2:6), y fue algo muy revolucionario de parte de Juan el Bautista decir a la gente que dieran a otros sus túnicas de más (Lc. 3:11). Por ello, es interesante ver que en su codificación de la ley en el siglo I d.C., los judíos dan una relación de las ropas que se pueden rescatar de una casa ardiendo en sábado, cosa interesante, por cuanto la lista indica el valor de los vestidos y menciona prendas empleadas en aquel tiempo. La lista se divide en dos secciones, para hombres y para mujeres (los niños llevaban versiones miniaturizadas de los ropajes de los adultos).

Muchos de los nombres de las prendas son términos griegos, pero las formas básicas de los vestidos son exactamente las mismas. Tan importantes eran las prendas de vestir que rasgarlas era una señal de un dolor o duelo intenso (Job 1:20).

Escultura del torso uniformado de un soldado romano.

La armadura de Dios

Pablo hace referencia a la vestimenta del soldado. Combina aquí la profecía de Isaías de la armadura de Dios (Is. 59:16–17) con lo que conoce del equipo del soldado romano. Por debajo de la armadura del soldado había una ropa para ceñirle, de manera que la armadura (coraza y faldón de cuero recubiertos de placas metálicas) pudiera ajustarse encima. Los soldados romanos tenían sandalias claveteadas que se aferraban bien al suelo. Pablo emplea la descripción para decir que el diablo no podrá derribar a los cristianos si son estrictamente honrados, absolutamente justos en sus tratos y no fácilmente alarmados. Añádase a esto una salvación que les capacita para vivir conforme a la voluntad de Dios, con acceso a y confianza en lo que Dios ha dicho, y el cristiano queda bien protegido.

Efesios 6:10–17

Ornamentación

Además de las ropas había una gran cantidad de ornamentación personal mediante maquillaje, adornos y peinados. Era un aspecto tan importante

Izquierda: Relieve de un sarcófago greco-romano mostrando ciudadanos romanos con la indumentaria típica de hombres y mujeres.

Las vestiduras de los sacerdotes

Los sacerdotes llevaban un vestido de lino sobre la túnica, quizá para mantenerla limpia. Recibía el nombre de efod (1 S. 2:18–19). El sumo sacerdote vestía unas ropas especiales, pero que seguían la pauta básica (véase la ilustración, p. 301). La túnica era azul, el efod estaba ricamente bordado y tenía una bolsa engastada recubierta de piedras preciosas y en la que había dos suertes mediante las que se podía determinar la voluntad de Dios. El manto era blanco. Llevaba un turbante especial en la cabeza.

Éxodo 28

Vestimenta de hombres y mujeres

Hombres

vestidura larga	*haluk*
prenda interior corta	*nikli*
prenda interior de lino con mangas cortas	*kolbur*
cinto	*hazor*
bolsa	*pundar*
pañuelo pectoral	*miktoran*
pañuelo de cabeza	*ma'aphoret*
casquete	*pijlon*
sombrero	*koba*
pañuelo para ir sobre la cabeza	*sudarin*
calzoncillos	*abrition*
calzones	*subrikia*
sandalias o zapatos	*empiljjot*

Mujeres

prenda interior larga de lino	*klanidja*
prenda interior corta	*kolbur*
túnica	*istomukhvia*
cinto	*pirzomath*
cinto coloreado	*zonarim*

En este panel dedicado por las oficiantes femeninas de una secta religiosa aparecen ropajes femeninos romanos y cosméticos.

para las mujeres de la época del Nuevo Testamento que las cristianas fueron advertidas de que se adornaran de un espíritu afable y apacible (1 P. 3:3–4). El maquillaje se conseguía bien del kohl (carbonato de cobre, de color verde) o de la galena (sulfuro de plomo, negro) (Ez. 23:40).

Isaías describe con sumo detalle la ornamentación que se empleaba en su época (Is. 3:18–21). Muchos de los pendientes, brazaletes y colgantes llevaban piedras preciosas engastadas, pero es sumamente difícil identificar la naturaleza exacta de la piedra en base de los lenguajes antiguos. Se empleaban aceites como base para los pigmentos que se usaban para colorear las uñas de las manos y de los pies. Los cosméticos se aplicaban bien con el dedo, bien con una pequeña espátula de madera. Los hombres llevaban frecuentemente un anillo en el dedo o colgado de una cadena alrededor del cuello, pero tales anillos tenían más importancia para actuar como sellos que como adornos. En el Antiguo Testamento el cabello era un adorno importante; pocas veces se cortaba.

La cubierta de la cabeza de las mujeres

Las mujeres respetables salían a la calle con las cabezas cubiertas y llevaban velos. Sólo las prostitutas exhibían sus rostros y cabello para atraer a los hombres. Por ello, Pablo dice a los cristianos que si una mujer en la iglesia no quiere llevar velo, que se trasquile; pero lo mejor es que se cubra la cabeza. Incluso cuando los cristianos tienen libertad en la práctica de su fe, no deben enfrentarse al decoro.

1 Corintios 11:16

Vestimenta femenina

Una campesina (en primer plano) —véanse sus sencillas sandalias— y una mujer rica. Ambas mujeres llevan la cabeza cubierta.

Viviendas

Hay en Tierra Santa dos características en las viviendas. Primero, tienen una forma y estilo típicos de construcción. Tienden a ser de forma cuadrada, con un tejado plano y una escalera exterior, y frecuentemente se construyen con bloques de limolita blanca. Esto ha venido a ser la norma debido al clima, a la disponibilidad de los materiales de construcción y a una necesidad original de construir conservando el máximo de espacio. La segunda característica es la de la conservación de lo muy antiguo con lo relativamente nuevo, de modo que los visitantes del área, en la actualidad, pueden ver, junto a modernos edificios, viviendas del tipo empleado por Abraham.

La división de la tierra

Los israelitas consiguieron su tierra por medio de la conquista, y cada tribu y familia consideraba su herencia o parte en la tierra como proveniente de Dios. La división de la tierra y la forma en que se hizo se describen en el libro de Josué. El área de Canaán fue dividida primero y adjudicada por suertes. Una suerte era literalmente un disco que se echaba al aire con la confianza de que Dios lo controlaba.

Una pequeña vivienda en Corazín, al norte del mar de Galilea. Construida de basalto negro, ha sido parcialmente reconstruida por arqueólogos.

Izquierda: Los límites de una propiedad eran marcados con un montón de piedras.

Se empleaban los resultados de estas suertes como expresión de la voluntad de Dios. Un proverbio lo expresa así: "La suerte se echa en el regazo; mas de Jehová es la decisión de ella" (Pr. 16:33). Por ello, David podía dar gracias a Dios por cuanto las cuerdas le habían caído en lugares deleitosos: tenía una buena heredad (Sal. 16:6).

Una vez adjudicadas, las heredades fueron marcadas con límites; un montón de piedras, un accidente natural, o dos surcos de arado. Una vez establecido el límite, este no podía ser alterado, porque ello sería lo mismo que alterar el don de Dios (Dt. 19:14). Por esta misma razón, era deshonrar a Dios vender la heredad. Nabot rehusó vender su viña al rey Acab por esta razón (1 R. 21:3).

La venta de la tierra

Había en ocasiones necesidad de conseguir el dinero que valía la propiedad cuando la familia propietaria se encontraba con dificultades económicas, pero toda la tierra vendida por tal razón debía volver al dueño original en el año del Jubileo, que era cada cincuenta años (Lv. 25:10). El valor de venta de la tierra se basaba en los años que faltaban para el Jubileo (Lv. 25:13–17). Estas transferencias eran cuidadosamente dispuestas y controladas. El dinero era pesado, y se hacían las escrituras describiendo todos los detalles de la tierra, y ello en presencia de testigos. Parece que los judíos seguían con ello la práctica de transferencia efectuada en tiempos antiguos (cp. Jer. 32:9–12 con Gn. 23:4–20).

Si durante aquel tiempo algún miembro de la familia que había vendido la tierra podía conseguir el dinero para volverla a comprar para la familia, la tierra tenía que ser devuelta en el acto. O si una viuda sin hijos volvía a contraer matrimonio, su marido podía comprar la tierra, pero ésta pasaría al primogénito de este matrimonio, que recibiría el nombre de familia anterior, para que la tierra no saliera de la familia (Dt. 25:5–6). Un ejemplo de esto se registra en la historia de Rut y Booz (Rt. 4).

El pueblo de la tierra

La relación inseparable entre la gente y la tierra llevó a que la gente corriente fuera conocida como "el pueblo de la tierra",

Derechos de propiedad

Como parte de las leyes de la propiedad, todo lo que estaba enterrado en la tierra pertenecía a la persona que la compraba. Esto subyace a la ilustración que da Jesús de la verdad de que a veces vale la pena dar todo lo que uno posee a cambio de algo supremamente bueno. Era cosa común enterrar el tesoro familiar bajo tierra en las propias posesiones en caso de guerra o exilio, lo que llevó a la común práctica de cavar en busca de tesoros (Job 3:20–21; Pr. 2:3–5).

Mateo 13:44

"El hogar"

Para un nómada, un hogar no es un lugar poseído, por cuanto se desplaza de un sitio a otro; se trata más bien de un lugar donde uno recibe acogida. Cuando el gobierno británico emitió la Declaración Balfour y dijo que Palestina iba a ser el "hogar nacional" de los judíos, los árabes lo entendieron como un lugar en el que darían la bienvenida a sus invitados. En cambio, los judíos consideran el hogar y la tierra como una posesión, y por ello entendieron el término "hogar" en la Declaración Balfour como un lugar para ser poseído. Una buena parte del malentendido árabe/israelí proviene de esta manera diferente de entender la expresión *hogar nacional* o "patria". La idea nómada de un hogar como un refugio queda reflejada en pasajes que describen a Dios como refugio (Sal. 61:3–4; Is. 4:6: "Habrá un abrigo para sombra contra el calor del día, para refugio y escondedero contra el turbión y el aguacero").

Antiguas cuevas en el monte Carmelo, cerca de la moderna ciudad de Haifa, Israel. En el antiguo Medio Oriente, siempre hubo gente viviendo en cuevas.

los *am-ha-aretz*. (Es esta conciencia acerca de la tierra que se encontraba detrás de la recompra y reposesión de la tierra en el Israel actual).

La tierra pasaba de padres a hijos, y el hijo mayor recibía el doble que cada uno de sus hermanos. José, como heredero de Jacob, recibió una doble porción en los nombres de sus dos hijos, Efraín y Manasés. Eliseo pidió una porción de primogénito, una doble porción, del espíritu de Elías sobre él (2 R. 2:9). El hijo pródigo pudo llevarse su parte de la herencia consigo, pero cuando volvió, toda la propiedad, una doble porción, pertenecía a su hermano mayor (Lc. 15:31). La jurisprudencia había establecido que la herencia podía pasar a las hijas si no había hijos. En Números 27:1–11 se describen las circunstancias bajo las que se dio esta norma, junto con otras leyes referentes a la herencia.

Moradores de cuevas

Aunque en los tiempos bíblicos muchos habían abandonado las numerosas cuevas del Oriente Medio, siempre ha habido gente que ha vivido en cuevas. Lot vivió en una cueva después de huir de Sodoma (Gn. 19:30), y los edomitas hicieron y agrandaron cuevas en las rocosas laderas de Petra para vivir y para las reuniones públicas. Abdías se refiere a los edomitas como moradores en las hendiduras de las peñas, en una morada muy elevada (Abd. 3). Había cuevas bajo las moradas de Nazaret en los tiempos de Jesús, y la tradición (casi seguramente cierta) es que Jesús nació en la cueva de un pastor. Siempre había cuevas a mano en las que esconderse (Jos. 10:16; 1 S. 22:1; 1 R. 18:4), y los filisteos se burlaban de los israelitas de que usaban agujeros en la tierra para ocultarse de ellos (1 S. 14:11).

En los tiempos bíblicos, la gente vivía bien en establecimientos bien defendidos con suministro de agua, bien con una forma seminómada de vida, viviendo en tiendas y pasando con sus ganados de oasis a oasis, en los que se podían cultivar cosechas.

Moradores de la arena

Abraham abandonó la comunidad asentada en Ur en Caldea y se transformó

La sección de las mujeres en una tienda. Véanse las cubiertas sobre el suelo y la diversidad de jarras y cestas para guardar alimentos y bebidas. La sección de los hombres quedaba separada por cortinas.

La sección de las mujeres en una tienda beduina.

en un "morador de la arena" por la fe, creyendo que Dios le daría un día a su descendencia otra tierra permanente (He. 11:9). La forma de vida de los actuales beduinos es similar a la de Abraham; nunca ha sido abandonada del todo. La festividad judía de *Sucot* (de las cabañas o de los tabernáculos) es una reminiscencia constante del pasado de Israel, y la *Pesach* (la pascua) vino también a ser una fiesta de acampada, al acudir miles y miles de peregrinos a Jerusalén.

La vida de Israel en tiendas parece siempre aproximarse a un ideal y llega a ser una importante metáfora. Cuando los profetas volvían a llamar a Dios a unas gentes mentalizadas en lo material, les recordaban el tiempo pasado en el desierto y en peregrinación: "Acordaos de las cosas pasadas desde los tiempos antiguos; porque yo soy Dios, y no hay otro Dios, y nada hay semejante a mí" (Is. 46:9). Cuando Juan dice de Jesús que el Verbo se hizo carne y habitó entre nosotros (Jn. 1:14), la palabra que usa es "plantó su tienda" o "acampó" entre nosotros, para destacar lo temporal de su estancia en la tierra. Pablo emplea la misma naturaleza temporal de una tienda para describir nuestras vidas (2 Co. 5:1, 4).

La tienda

La tienda de un morador de la arena se hacía con una larga pieza de tejido de pelo de cabra con una anchura de un metro y medio a casi dos metros. Se extendía sobre una serie de postes para conseguir una tienda larga, y sus dos extremos se fijaban en el suelo con unas estacas para este propósito (véase Jue. 4:21). En Cantar de los Cantares 1:5 se hace alusión al color negro de la tienda. La pieza se hacía mediante un telar plantado en el suelo; los remiendos se insertaban, como un gran zurcido, por el mismo método.

Las colgaduras verticales se hacían bien con cubiertas del techo ya desgastadas, bien de otros tejidos de colores brillantes. Las colgaduras cerraban la tienda por detrás y delante, y establecían divisiones en su interior. Un área con un cortinaje trasero y dos divisorios constituía un porche abierto donde se podía recibir a los visitantes (Gn. 18:1–2) y desde donde se podía oír la conversación si había personas detrás de las colgaduras (véase Gn. 18:9–15).

La tienda podía ser agrandada simplemente tejiendo una pieza extra al toldo original, y añadiendo otra cortina (véase Is. 54:2, donde se emplea como metáfora de la expansión judía). La tienda no quedaba impermeabilizada hasta que las primeras lluvias habían hecho encoger el tejido. Sobre el suelo se ponían alfombras, debajo de la tienda, y las posesiones familiares (alimentos, utensilios de cocina, jarras para el agua, y otros) se guardaban alrededor de los postes de la tienda.

Cómo levantar una tienda

Un campamento beduino en los montes de Judea.

En esta ilustración se muestran las sucesivas etapas para levantar una tienda. La tienda se hacía con tejido de pelo de cabra y se extendía sobre una serie de postes para conseguir una tienda larga. Sus dos extremos se fijaban en el suelo con estacas.

Fotografía del siglo XIX de una familia beduina reposando en su tradicional tienda en la región de Galilea en Israel.

El único varón que podía pasar al interior del departamento cerrado por las cortinas de la tienda era el marido/padre; los otros hombres se quedaban en la zona de la entrada. La entrada de un varón extraño dentro del departamento de las mujeres era punible con la muerte. Sísara pagó con su vida al entrar en la tienda de Jael, a pesar de que ella lo había invitado (Jue. 4:18, 21).

Las tiendas no siempre eran toscas. Cuando los reyes iban en tiendas para desplazarse con sus ejércitos, debían ser sumamente lujosas, como también la tienda que David hizo para guardar el Arca del Pacto en Jerusalén (1 Cr. 16:1).

Generalmente se hacía una agrupación informal de tiendas para acomodar a todos los miembros de una familia extendida. Los ismaelitas tenían una especie de orden para sus tiendas (Gn. 25:16), y durante la peregrinación en el desierto entre Egipto y Canaán se estableció un orden estricto para el posicionamiento de las tiendas (Nm. 2). Había un tipo de estandarte que señalaba a los líderes entre los judíos; la costumbre beduina era

Casas de ladrillo

Cuando los seminómadas israelitas, acaudillados por Josué, se apoderaron de las ciudades y pueblos cananeos, la arquitectura doméstica se había desarrollado en gran manera desde los refugios empleados cuando los moradores en cuevas salieron de ellas. Se habían desarrollado casas a partir de la vivienda en forma de colmena, donde el suelo estaba a nivel inferior que el exterior, hasta llegar a la casa rectangular de una sola habitación que sigue en existencia en la actualidad.

Inicialmente, las casas se hacían con ladrillos secados al sol, pero la tecnología fue avanzando hasta que fue posible cocer los ladrillos en un horno, y hasta que se comenzaron a construir toscas casas de piedra y mampostería. No fue hasta la época del reino estable bajo Salomón que se empleó la piedra trabajada para construcciones domésticas. Esto se hizo posible al poderse emplear herramientas de hierro para dar forma y acabar las piedras. En Galilea, la piedra era normalmente basalto negro, y en la costa era limolita amarilla; pero en la mayor parte del país la piedra era blanca.

También las casas eran consideradas como un don de Dios, y cuando se construía una casa se celebraba un acto de dedicación (Dt. 20:5). La casa básica para los miembros más pobres de la comunidad que vivían en el campo tenía una sola estancia, de alrededor de tres metros de lado. Las paredes eran gruesas, hechas de ladrillo o de piedras y cascotes, y tenían nichos para guardar alimentos y utensilios. Había una pequeña ventana, situada bastante alta, y en ocasiones cerrada por una celosía de madera (Pr. 7:6) para evitar la entrada de intrusos.

En invierno la celosía podía cubrirse con una piel o alguna otra especie de cortina. Debido a lo deficiente de la construcción de las paredes, en ellas hacían su vivienda varios tipos de animales (Am. 5:19).

La principal entrada para la luz era la puerta abierta, que por la noche se cerraba asegurándose con una barra de madera. La luz por la noche la daba una lámpara de aceite que se ponía en una proyección de la pared, en una alcoba, o en algún utensilio para ello (Mt. 5:15).

El suelo se dividía en dos partes. El área más cercana a la puerta era tierra aplanada y apisonada, pero en la parte trasera se encontraba una plataforma de piedra que se

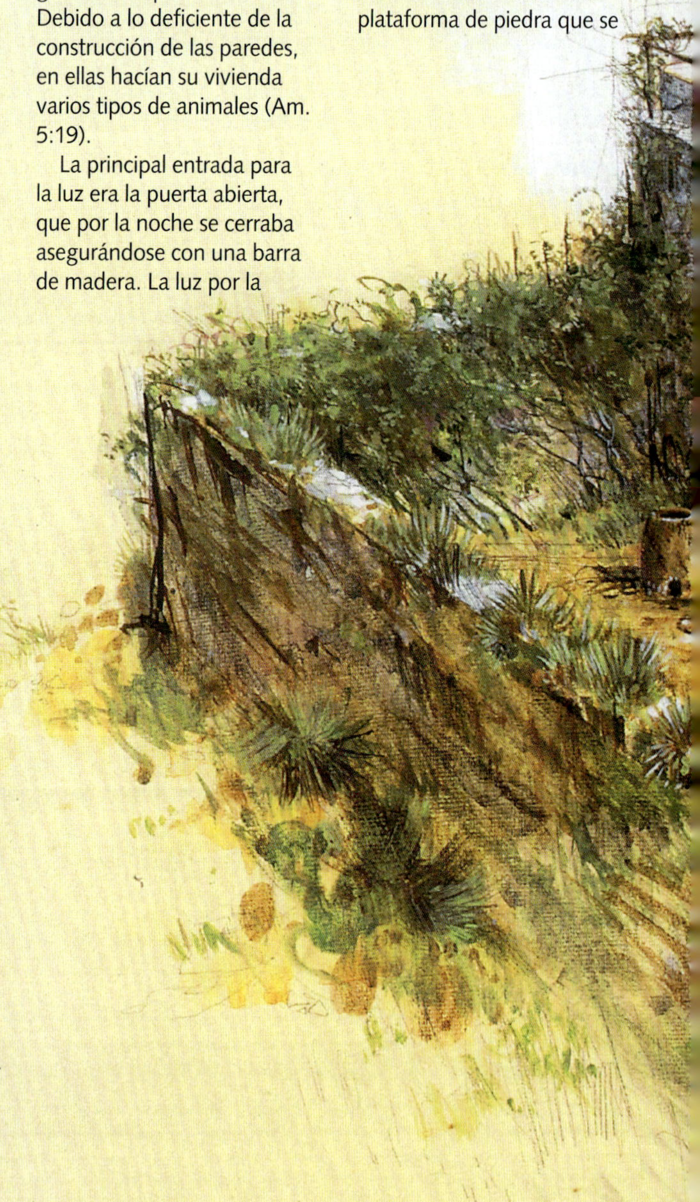

empleaba para las actividades familiares de comer, sentarse y dormir. No fue hasta los tiempos de los romanos que se pusieron baldosas en el suelo inferior. Desde luego, el estado del suelo y la poca luz dificultarían la búsqueda de una moneda perdida (Lc. 15:8). En ocasiones se ponía en el suelo inferior un fuego para calentarse y para cocer, y el humo salía por donde podía. A menudo los animales, incluyendo un perro guardián (Sal. 59:6), usaban el suelo inferior para pasar allí la noche.

El tejado

El tejado se construía depositando ramaje sobre bastas vigas de sicómoro y ligándolo todo entre sí con barro. Es difícil darse cuenta de que en los tiempos bíblicos aquel país era muy boscoso y que así siguió siéndolo hasta las depredaciones de los romanos y turcos. Se guardaba un rodillo apisonador en el piso superior para compactar el material tras una lluvia. Los tejados no eran impermeables, y por ello presentaban dos características: goteras y verdor. El período entre noviembre y marzo (la estación lluviosa) era

Una sencilla casa campesina de los tiempos bíblicos. Véanse las vigas del techo sobresaliendo al frente, los frutos secándose en el tejado y la pequeña ventana. El horno para el pan se sitúa al lado de la escalera exterior.

Ilustración con un corte para mostrar el interior de una típica casa campesina. Fíjense en las zonas separadas para personas y animales, las alfombras para dormir enrolladas, los arreglos de almacenamiento y una pequeña ventana.

frío y desagradable. Proverbios 19:13 hace referencia al continuo gotear del agua (véase también 27:15). Los tejados eran verdes debido a que las semillas del barro (tanto las que naturalmente incorporaba como las del grano puesto a secar) germinaban. Esto se menciona en 2 Reyes 19:26; Salmo 129:6 e Isaías 37:27.

El tejado plano tenía sus ventajas. Podía ser empleado como plataforma de vigilancia (Is. 22:1; Mt. 10:27), como lugar fresco y tranquilo, conducente a la adoración (Sof. 1:5; Hch. 10:9), para secar cosechas y almacenaje (Jos. 2:6), y para dormir en las cálidas noches de verano. El tejado, en realidad un terrado, tenía tantos usos, que la ley exigía que se construyera un pretil a su alrededor para que nadie cayera (Dt. 22:8).

Cuando estas casas se construían en una ciudad, se tocaban unas con otras (Is. 5:8), y los espacios entre ellas formaban las calles. Así, se podía huir de uno a otro terrado, una vía de escape a la que hace alusión Jesús en Mateo 24:17.

La puerta abierta

"He puesto delante de ti una puerta abierta". Esto hace referencia a una casa en el campo. Tenerla cerrada indicaría que es de noche (cp. Lc. 11:7) o que sus ocupantes estaban ausentes. Por ello, su significado es que Dios está siempre disponible; no tiene nada que ver con oportunidades.

Apocalipsis 3:8

Derecha: Una lámpara de aceite de cerámica decorada con una ilustración de una carrera de carros. La lámpara se llenaba con aceite de oliva antes de encender la mecha.

la de poner una lanza enhiesta al lado de la puerta del caudillo (*sheikh*) (véase 1 S. 26:7).

Posteriormente, cuando los israelitas hubieron abandonado la costumbre de morar en tiendas y vivían en casas, la fiesta anual de los tabernáculos, o de las cabañas, en la que las familias pasaban el tiempo de esta fiesta viviendo en unas "cabañas" especialmente construidas para ello con ramas, les servía para rememorar la época en que habían vivido en tiendas y peregrinado por el desierto.

Iluminación

La iluminación de las casas se efectuaba mediante la lámpara de aceite. Originalmente, se hacía con un plato de barro, abierto, donde se ponía aceite de oliva. Al hacerlo, una parte de este plato se "pellizcaba" para dar sostén a una mecha de lino. Naturalmente, estas lámparas presentaron problemas de derramamiento de líquido, y por ello se desarrollaron lámparas cubiertas con sólo dos agujeros: uno para la mecha y otro por donde introducir el aceite. Cuando el aceite bajaba demasiado de nivel, la mecha comenzaba a humear, y se tenía que reponer aceite, que se guardaba en otro recipiente (véase Mt. 25:8).

Posteriormente se hicieron lámparas de mayor tamaño, vidriadas y decoradas, con asas y con múltiples mechas, para dar más luz. Cuanto más alta se ponía la lámpara, tanto mejor la luz. Por ello, las lámparas se ponían sobre una proyección de la pared, se colgaban del techo, o se ponían sobre un sencillo candelero (una gruesa rama de árbol hincada en el suelo de tierra). Si no había nada a mano, la lámpara se ponía sobre un almud boca abajo o incluso sobre el suelo.

Luz en las tinieblas

La luz en la oscura casa campesina era una necesidad. Dormir sin luz era señal de una total pobreza. La luz indicaba a todos los de fuera que allí había gente durmiendo. Que alguien fuera echado a las tinieblas de afuera se trataba de algo terrible (Job 18:6). Que Dios encendiera la lámpara de alguien era una inmensa bendición (Sal. 18:28). Por ello, cuando Isaías dice que el Mesías no apagará el pábilo que humeare, sino que recortará la mecha y rellenará de aceite, es una consoladora imagen del cuidado de Dios para con los seguidores descarriados.

Isaías 42:3

Ilustración del interior de una casa campesina. Véanse la lámpara de aceite sobre un almud (medida de capacidad, véase Mr. 4:21) boca abajo, las varias jarras y vasijas y la plataforma levantada para las actividades familiares.

Página derecha: Fotografía del siglo XIX de beduinos recogiendo agua de un gran pozo para dar de beber a sus camellos, probablemente en Galilea.

Derecha: Quemadores de carbón vegetal preparan carbón de leña adecuada en el valle del Jordán.

Fuegos de carbón vegetal

El carbón vegetal tiene un olor particularmente acre. Sólo se hace referencia a él dos veces en el Nuevo Testamento. En la primera, Pedro se estaba calentando las manos ante un fuego de carbón vegetal cuando negó tres veces a Jesús. Jesús hizo el segundo fuego de carbón vegetal en la orilla del mar de Galilea. ¡Debe haber tocado la conciencia de Pedro!

Juan 18:18; 21:9

Calefacción

La calefacción y la cocción se hacían con fuego, empleando combustibles naturales como estiércol seco (Ez. 4:15), leña, heno (Mt. 6:30), zarzas espinosas (2 S. 23:7; Is. 10:17) y carbón vegetal (Jn. 21:9). El fuego se podía hacer en el exterior (o en una depresión en el suelo de tierra) o bien se podía contener dentro de alguna especie de caja de cocinar hecha de barro. Las mejores casas disponían de una chimenea (Os. 13:3), pero las más de las veces el humo ennegrecía el techo y molestaba a las personas que se encontraban en el interior.

El fuego se encendía mediante pedernales o por fricción. Uno de los más importantes combustibles era la madera de la planta llamada escoba blanca. Sus brasas quedan calientes durante mucho tiempo, e incluso sus cenizas aparentemente frías pueden ser avivadas fácilmente. La calefacción es de gran importancia en la zona montañosa; los inviernos son fríos y húmedos, y nieva.

Abajo: El antiguo pozo en Beerseba, en el sur de Israel.

Agua

Normalmente el agua tenía que ser sacada del pozo local, y debido a que esto era tanto trabajo todos soñaban con el tiempo en que pudieran tener su propia cisterna (un agujero hecho en la roca e impermeabilizado con un revocamiento, para poder guardar agua allí y sacarla de

Página derecha: El interior de la vivienda de una familia rica influenciada por la moda romana. Véase el área central, o atrio, con su estanque abierto al exterior por el techo.

su propio manantial). Senaquerib prometió a los israelitas de Jerusalén que si deponían su resistencia él les daría ese gran privilegio (2 R. 18:31).

Cuando la cisterna se secaba, hacia el fin del verano, resultaba un excelente escondrijo, como pudieron comprobar Jonatán y Ahimaás (2 S. 17:18–19). En las sencillas casas campesinas no había instalaciones sanitarias, aunque sí hubo avanzados sistemas de drenaje y alcantarillado en ciudades posteriores, como Cesarea y la zona del templo en Jerusalén. En la Torá se habían establecido unas cuidadosas leyes sanitarias (p. ej., se estipulaba que el excremento debía ser enterrado durante las campañas bélicas, Dt. 23:13), y en el judaísmo se establecieron una serie de normas suplementarias que mantenían una sanidad básica. Por ejemplo, no se podían edificar establos por debajo de viviendas humanas.

Las casas de los ricos

La diferencia entre las casas de los ricos y de los pobres estribaba en la posesión de un patio. En su mínima expresión, se trataba simplemente de un espacio cerrado por un muro que se añadía a la casa. Pero la posesión de un patio implicaba unas diferencias inmediatas. Los animales podían ser guardados fuera de la casa, se podía cocinar en un rincón del patio, no había problemas de seguridad en cuanto al acceso al tejado, porque la escalera que llevaba al tejado quedaba dentro del patio, se podían abrir ventanas que dieran al patio, con lo que se conseguía mayor luz, y siempre se podía tener cerrada la puerta del patio. Ahora ya se podía pensar en una cisterna.

Las personas más ricas podían construir dos o tres habitaciones alrededor del patio, y a veces se edificaban habitaciones de modo que pudieran sostener un aposento alto (2 R. 4:10;

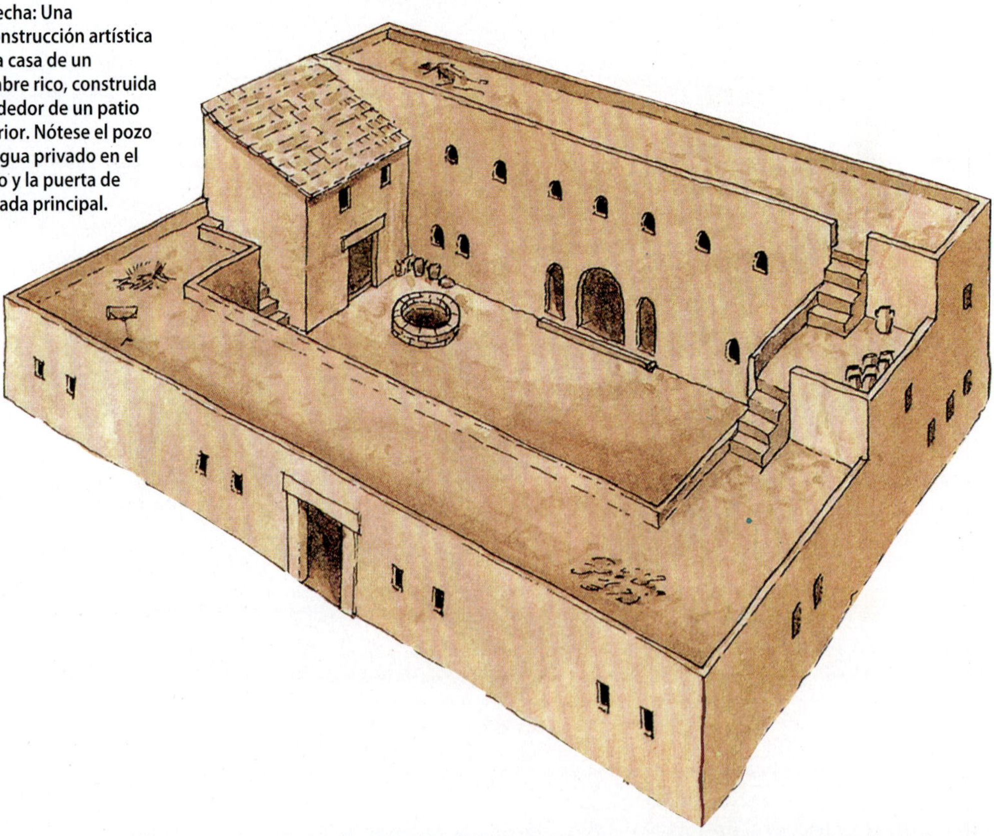

Derecha: Una reconstrucción artística de la casa de un hombre rico, construida alrededor de un patio interior. Nótese el pozo de agua privado en el patio y la puerta de entrada principal.

Derecha: Piso de mosaico de una casa romana. Los pisos de las casas de personas pudientes eran de cerámica, y más tarde, de mosaicos decorados.

Mr. 14:12–16; Hch. 9:36–41). Era una casa a la vez cerrada al exterior y abierta al cielo, una reminiscencia de la experiencia seminómada de la época de Abraham.

Las personas realmente ricas podían añadir patios con edificios a su alrededor haciendo una entrada-porche a través de lo que fuera una de las habitaciones originales de la casa. Las vigas del techo eran sustentadas por columnas, de modo que se podía agrandar el tamaño de la vivienda. Las columnas se ponían en paralelo a las paredes de los edificios, con lo que se podían formar columnatas o galerías. Se añadían adornos en forma de dinteles tallados, capiteles y basas de postes de puertas. Las paredes podían ser revocadas y los suelos cubiertos de losas y, posteriormente, de mosaicos de piedrecitas y de baldosas. Los mismos patios interiores podían ser transformados en jardines.

La curación del paralítico

Con frecuencia se ha dado por supuesto que los cuatro amigos que llevaron su amigo paralítico a Jesús hicieron un orificio a través del tejado de barro y ramaje para poder bajarlo. Esto da por supuesto que el tejado era de fácil reparación. Las tejas a las que hace referencia Lucas serían en tal caso de barro secado al sol. Pero Lucas estaba escribiendo a un romano que conocía las tejas *romanas*. Por ello, lo más probable es que Jesús estuviera hablando bajo una columnata o galería adjunta a la casa, y que los amigos, habiendo conseguido llegar al tejado, quitaran algunas de las tejas de la columnata.

Marcos 2:4; Lucas 5:19

El portal

Una casa rica no se veía atractiva desde fuera, porque la entrada era a través de una sola puerta de cedro, cerrada y frecuentemente vigilada por un portero. La cerradura se ponía en el interior de la puerta, de modo que era necesario hacer pasar el brazo por un agujero en la puerta antes de poder poner la llave (Neh. 3:3; Cnt. 5:4). La llave se usaba para levantar los vástagos que mantenían en su lugar la traviesa de madera, y por ello la llave

Este tipo de muebles se usaba en la antigua Ur de los caldeos, de donde emigró Abraham.

era bastante grande (véase Is. 22:22). Las cerraduras romanas de tiempos posteriores eran mucho más pequeñas y más complicadas.

El portero se sentaba en un portal detrás de la puerta y esperaba hasta reconocer la voz de la persona que quería entrar. Rode actuaba de portera y esperó hasta reconocer la voz de Pedro, pero a pesar de ello no abrió la puerta hasta decir a los otros de quién se trataba (Hch. 12:13–14). Cuando Jesús dice que estaba fuera a la puerta de la iglesia de Laodicea y llamaba, tiene que significar que se trataba de una iglesia rica (Ap. 3:20).

Mobiliario

En tanto que los menos ricos poseían una cama, mesa y sillas (2 R. 4:10), los ricos tenían camas adecuadas equipadas con almohadas y cojines (1 S. 19:15–16; Pr. 7:16–17). En las casas ricas se encontraban también mesas para comer. Para reposar las piernas se disponía de escabeles, junto con sillas con respaldo (1 R. 10:18–19; Sal. 110:1). La iluminación se conseguía por medio de grandes candeleros. No había un límite fijo para las comodidades en los palacios de aquel entonces, pero había menos ricos entonces que ahora.

CAPÍTULO 3

Actividades domésticas

La mayor parte de la gente en los tiempos bíblicos se levantaba temprano, antes que saliese el sol, para aprovechar al máximo las horas de sol, y resguardarse además del calor extremo al mediodía durante el verano. Abraham se levantó muy de mañana para obedecer la orden de Dios de sacrificar (Gn. 22:3); Moisés se levantó muy de mañana para encontrarse con Dios en el monte Sinaí (Éx. 34:4); Job rendía culto temprano por la mañana (Job 1:5); Jesús oraba antes que saliera el sol (Mr. 1:35).

Aunque no era imposible permanecer en la cama (Pr. 26:14), era bien difícil hacerlo en una casa pequeña en la que todos dormían juntos en la plataforma. Una persona que se levantara molestaría a las demás, cosa que expuso Jesús al referir la historia del amigo que necesitaba comida extra a medianoche (Lc. 11:7).

Abajo: Un molino de grano de los tiempos bíblicos.

El desayuno

El desayuno era una comida informal que se consumía a poco de levantarse: una torta de pan con algo dentro, como aceitunas, queso, o frutos secos. Mientras que los hombres y los niños mayores salían al trabajo, comiendo mientras andaban, la madre y las niñas hacían las tareas domésticas del día, ayudadas por los niños demasiado pequeños para trabajar e imposibilitados (en los más antiguos tiempos bíblicos) de ir a la escuela. Los más jóvenes se cuidaban de los animales que la familia poseyera (como lo hiciera David, p. ej., en 1 S. 16:11), mientras que los demás se ocupaban alrededor de la casa.

La molienda

Tan pronto como los hombres habían desaparecido, las mujeres sacaban el molino de su sitio en la plataforma y lo ponían sobre un paño limpio de forma cuadrada. El molino estaba hecho de dos piedras en forma de disco de unos treinta a cincuenta centímetros de diámetro. La piedra inferior estaba atravesada por una estaca vertical de madera que pasaba holgadamente por un amplio agujero en la piedra superior, que en los mejores molinos era de basalto, una piedra ligera. La piedra superior tenía una empuñadura vertical, lo que permitía hacerla girar alrededor de la estaca fijada a la piedra

Dos mujeres moliendo grano. Nótese el horno vertical para cocer pan al fondo.

La mujer junto al pozo

La samaritana acudió al pozo a la hora sexta del día (mediodía) a pesar del calor, porque sabía que no habría nadie más en el pozo. Además, debido a la forma de vida que tenía, no tenía deseos de hablar con nadie. Había llevado consigo su propio cuero para sacar el agua del pozo.

Juan 4:6–7

inferior, o eje. Se echaba grano, bien de cebada (en el caso de los pobres), bien de trigo en el orificio del eje mientras se hacía girar la piedra superior. El grano era aplastado entre las dos piedras, y salía harina hacia el paño.

Una mujer podía moler por sí sola, pero era más fácil trabajar dos juntas (véase Mt. 24:41). Cuando era posible, se empleaban esclavos para esta tarea, como lo descubrió Sansón en la cárcel (Jue. 16:21) y como lo descubrieron los judíos en el cautiverio (Lm. 5:13). Sin embargo, se trataba de un ruido necesario, hogareño, el del grano siendo molido. Jeremías dijo que la ausencia de este ruido sería una señal del juicio de Dios (Jer. 25:10).

Colección de vasijas y jarras de los tiempos bíblicos. Se empleaban para almacenar alimentos así como también para las comidas.

Yendo a buscar agua

Los dos trabajos fuera de la casa, la recogida de agua y la visita al mercado local, lo hacían las hijas mayores. El agua se recogía en el pozo o fuente local al comienzo o final del día. Eliezer, el siervo de Abraham, usó este hecho para buscar la guía de Dios para elegir esposa para su hijo Isaac (Gn. 24:11–13). Sabía también que eran las mozas mayores, solteras, las que acudían a recoger agua (véase 1 S. 9:11). El agua era llevada en un cántaro grande de barro, bien sobre el hombro (el método empleado por Rebeca, Gn. 24:15) o sobre la cadera.

De compras

Si no se tenía comida en la despensa se tenía que acudir al mercado local para la compra de provisiones. Esta era una tarea diaria debido a que no se podía guardar la comida más de un día en un clima cálido sin recurrir a secar o salar. Esta práctica se encuentra detrás de las palabras en la oración del Señor: "El pan nuestro de *cada día*, dánoslo *hoy*", donde pedimos a Dios que nos ayude para vivir un día a la vez (Mt. 6:11, énfasis añadido).

Como parte de la visita a los comerciantes, algunas familias recogerían pan cocido en el horno de la comunidad. Oseas nos dice que las hogazas eran puestas en el horno toda la noche y que se cocían lentamente, hasta que se sacaban fuera antes de que el hornero volviera a avivar el fuego al día siguiente (Os. 7:4–6), y mientras Jeremías estuvo encarcelado recibió cada día un pan que

Izquierda: Mujeres árabes en Jericó amasando pan a su manera tradicional. Esta fotografía fue tomada a fines del siglo XIX.

Abajo: El mercado en Belén. En los tiempos bíblicos, las mujeres solían hacer sus compras en los mercados locales.

provenía de la calle de los panaderos en Jerusalén (Jer. 37:21).

Mientras las dos primeras hijas iban a recoger agua y al mercado, la madre y las otras hijas tenían mucho que hacer. Tenían que barrer cuidadosamente el suelo de la casa y limpiar la vivienda (véase Lc. 11:25), especialmente si habían dormido animales en el interior, y se tenía que lavar los utensilios. Se tenía que avivar el fuego hasta una llama viva, para poder comenzar a cocer la comida.

Cociendo pan

El pan era el alimento básico. La harina del molino de mano se mezclaba con agua, y la masa se ponía sobre losas planas que habían sido calentadas. Si el pan debía ser leudado, se ponía un trozo de la masa del día anterior (levadura) en la nueva masa, y toda la masa era dejada cerca del fuego, hasta que la levadura en la masa vieja hubiera penetrado en toda la masa (Mt. 13:33; Gá. 5:9). Entonces se cocía de aquella manera.

Otros métodos de cocer pan empleaban unos toscos hornos. Una forma de hacerlo era con un plato de tierra que se ponía del revés sobre el fuego, poniéndose el pan sobre la superficie convexa. Otra forma era por medio de un cono truncado, con una abertura en el fondo para el fuego. Las tortas de pan eran entonces puestas en el interior del cono. No fue hasta la época de los romanos que se inventó un horno de loza en el que

Una mujer beduina cuece pan sobre un gran plato invertido sobre el fuego.

la caja de fuego estuviera separada del área de hornear, haciendo posible lograr hogazas más gruesas.

De hecho, cualquier vasija de barro o incluso un agujero hecho en la tierra, donde fuera posible llevar el calor a la masa, eran susceptibles de empleo como horno. De esta manera se hacían panes finos como papel, panes de tamaño de galleta, y otros más voluminosos. (Compárese el delgado pan que se empleaba para recoger la salsa en Mateo 26:23 con los más gruesos panes para una salida en Juan 6:9, y el pan mayor en Jueces 7:13). En ocasiones se ponía una bandeja metálica en el fuego para cocer los granos directamente. Al abrirse los granos por el calor se conseguían palomitas de maíz o "grano tostado" (1 S. 17:17; 25:18).

Abajo: Horno tradicional para cocer pan.

La siesta

Al acercarse el momento de más calor del día, llegaba el momento de tomar la siesta al abrigo de los rayos del sol. Abraham se sentaba a la entrada de su tienda para echar la siesta (Gn. 18:1). Saúl entró en una cueva con idéntico propósito (1 S. 24:3), e Is-boset se quedaba en su casa (2 S. 4:5).

Dos comidas básicas

Jesús dijo literalmente: "Cuando prepares un *desayuno* o una *cena*, no llames a tus amigos". Estaba refiriéndose a las dos comidas básicas del día.

Lucas 14:12

La comida de la tarde

Al terminar el descanso del mediodía había varias importantes actividades que emprender. Se tenía que preparar en el fuego la comida de la tarde para cuando los hombres volvieran de trabajar. Esta comida normalmente consistía en verduras o en un cocido de lentejas (Gn. 25:29, 34; Dn. 1:12), que se tomaba del plato o fuente común usando un trozo de delgado pan a guisa de cuchara.

En ocasiones especiales, como en una fiesta o cuando se había ofrecido un sacrificio, se añadía carne al cocido; en la Pascua la carne se asaba. Se tenía que sacar la sangre de la carne, y en tiempos posteriores no se podía servir carne con productos lácteos (Lv. 7:26). Había también rígidas leyes dietéticas acerca de lo que se podía y no se podía comer (Lv. 11). La comida podía rematarse con frutos de la temporada o secos.

Manualidades

Otra importante actividad era la de hilar y tejer para fabricar la ropa de la familia y piezas para la venta. La esposa ideal de Proverbios 31 es descrita como una que busca lana y lino y que trabaja diligentemente con sus manos (v. 13). Hila, teje, y hace vestidos (vv. 19, 21), hace alfombras y cortinajes para el hogar (v. 22) y vende lo sobrante en el mercado (v. 24). Era mientras estaba ocupada en esta clase de trabajo que hablaría con otras mujeres y con los niños.

La limpieza

Había necesidad de lavarse a lo largo del día. Si el caso de Betsabé es normal, esto

Abajo: La familia se reúne alrededor de platos en común para cenar.

Un trabajo de mujer

Debido a que el acarreo del agua era siempre un trabajo de mujer, un hombre que estuviera haciendo esto sería tan conspicuo que podría ser inmediatamente identificado. Así Jesús empleó este medio para ayudar a Pedro y a Juan a localizar la estancia en la que se debía preparar la última cena (véase Lc. 22:8–12).

Marcos 14:13

tenía lugar hacia el final del día (2 S. 11:2). Las casas normales, de pequeño tamaño, pocas veces tenían instalaciones para poderse bañar; sólo las casas de los ricos podían permitirse tener una estancia con una bañera. Lo más común era emplear un cuenco poco profundo con una elevación en medio para los pies. Un baño al completo debía tomarse en una fuente o en el río. Incluso la hija de Faraón se bañaba en el río (Éx. 2:5). Y Eliseo parece haberse referido a esta práctica cuando le dijo a Naamán que fuera y se bañara en el Jordán (2 R. 5:10).

Una vez la comida había terminado y caía la noche, la gente se iba pronto a la cama, a fin de poderse levantar con el sol a la mañana siguiente.

CAPÍTULO 4

Alimentos y comidas

Ya hemos visto las dos comidas del día como parte de las actividades diarias. Aquí damos una información adicional acerca de los alimentos y de las comidas.

El pan

Para la mayor parte de la gente los alimentos eran muy sencillos. Pan, aceitunas, queso, fruta y verduras. Esto era la dieta básica. La carne se consumía en raras ocasiones. El pan era un alimento tan fundamental que vino a ser sinónimo de la misma vida. "Comer pan" era la frase equivalente a "tomar una comida". Los egipcios no podían "comer pan" con los hebreos (Gn. 43:31–32). "El pan nuestro de cada día, dánoslo hoy" (Lc. 11:3) era una oración pidiendo la provisión diaria de alimentos. El pan era una cosa tan fundamental y especial que Jesús se autodesignó como el "pan de vida" (Jn. 6:35).

Parece que el pan era siempre partido a mano, nunca cortado con un cuchillo, lo que originó la frase de "partir el pan", que se emplea en Hechos 20:7 para

Una ilustración de Jesús comiendo con dos amigas, las hermanas María y Marta, en Betania.

Arriba: Panificación en el mercado adentro de la puerta de Damasco en Jerusalén.

describir el servicio de comunión. El pan de cebada era menos apreciado que el de trigo, y era también más barato. Además de emplearse para pan, el grano también se tostaba calentando los granos sobre una plancha metálica sobre el fuego, y a menudo se comía crudo andando por los campos sembrados. Hay un ejemplo de ello, muy bien conocido, en el caso de los discípulos de Jesús, cuando fueron reprendidos en el sentido de que no debían comer grano crudo en sábado (Mt. 12:1). Este grano era conocido como "grano nuevo" (Lv. 23:14).

Verduras y legumbres

También las verduras y legumbres eran de uso común. Tanto las alubias como las lentejas eran alimentos normales a través de todo el tiempo del Antiguo Testamento ("Toma para ti trigo, cebada, habas, lentejas, millo y avena…", Ez. 4:9). El cocido que Jacob hizo y dio a Esaú era a base de lentejas (Gn. 25:33–34) y a David le dieron habas cuando huía de Absalón (2 S. 17:28). En Egipto eran bien conocidos los puerros, las cebollas, el ajo, los pepinos y los melones (Nm. 11:5).

La leche

La leche era otro alimento básico, y se obtenía de la mayor parte de los animales que se pastoreaban. Parte de ella se fermentaba para conseguir yogurt, y es a esto a lo que a veces se hace referencia como leche (p. ej., Gn. 18:8; Jue. 4:19). Parte de ella era batida para conseguir mantequilla

Derecha: Una mujer beduina prepara queso blando llamado "labane" en un bolso de piel de oveja en un campamento cerca de Arad en el sur de Israel.

(Pr. 30:33). La leche se ponía en un cuero, y el cuero se agitaba y apretaba hasta que se formaba mantequilla. También se empleaba la leche para hacer queso (2 S. 17:29). Es de suponer que también se empleaba el suero de la mantequilla, pero nunca es mencionado en la Biblia.

Carne y pescado

La carne y el pescado eran alimentos de lujo, y se limitaban a los ricos, excepto en épocas festivas y de sacrificios. El rey Salomón consumía carne de una manera regular: buey, cordero, caza y aves: "Y la provisión de Salomón para cada día era de treinta coros de flor de harina, sesenta coros de harina, diez bueyes gordos, veinte bueyes de pasto y cien ovejas; sin los ciervos, gacelas, corzos y aves gordas" (1 R. 4:23). Abraham sirvió carne de ternero a sus invitados (Gn. 18:7), y los huéspedes de Gedeón comieron carne de cabra (Jue. 6:19). La carne se hervía, generalmente, como parte de un cocido, porque esto seguía generalmente del desangrado que exigía la ley (Dt. 12:15–25). Sin embargo, la carne podía ser asada si se hacía con cuidado. Los hijos de Elí preferían la carne asada a la hervida (1 S. 2:15).

La carne de los animales de pastoreo se suplementaba con la conseguida cazando. En el valle del Jordán había abundancia de animales silvestres durante los tiempos bíblicos. Era común atrapar a los animales con redes (Job 18:8–10) o en un foso (Jer. 48:44), y también se plantaban trampas para aves (Am. 3:5).

También se disponía de pesca, pero algunas variedades estaban prohibidas para el consumo (Lv. 11:11–12). El trabajo de los discípulos constituye evidencia de que había pesca en gran escala en aquel tiempo en el mar de Galilea. Los peces eran cosa bien familiar para Jesús para emplearlos en sus parábolas (Mt. 13:47–48; Lc. 11:11). Los huevos no parecen haber sido empleados como alimento hasta finales de la época

Carne sin sangre

A los cristianos del primer siglo se les indicó que debían seguir las leyes dietéticas judías respecto a la eliminación de la sangre del animal. Es difícil saber por qué se les prohibió a los judíos comer sangre. Puede que se tratara de algo puramente ritual, por cuanto la vida y la sangre son identificadas, y la vida pertenece a Dios (Lv. 17:14). Por ello, la sangre se empleaba como medio de expiación ante Dios. La prohibición de comer sangre puede haberse debido a una práctica anterior que era muy cruel. Debido a que la carne no se podía conservar, algunas tribus cortaban partes de un animal y lo guardaban con vida hasta que se necesitaba más carne. El derramamiento de la sangre del animal impedía estas prácticas. Esta prohibición puede haber tenido razones sanitarias para prevenir infecciones y enfermedades portadas por la sangre.

Hechos 15:29

Abajo: Pescadores descargan su pesca de las aguas del mar de Galilea en el puerto cerca de Tiberias.

Derecha: Sacos de granos, legumbres y frutos secos para la venta en el mercado de camellos de los beduinos en Beerseba.

del Antiguo Testamento, aunque eran cosa normal para Jesús (véase Lc. 11:12).

Fruta

La fruta era otra parte necesaria de la dieta. Las aceitunas se cosechaban para comer y para emplear su aceite para cocinar. El aceite de oliva se mezclaba con la harina, y se empleaba para freír (Lv. 2:5). Se podían conseguir higos frescos y secos (1 S. 25:18; Jer. 24:2). Se comían también las uvas frescas (Nm. 13:23), en tanto que otras se secaban como pasas (1 Cr. 12:40). Eran muy apreciadas las granadas (Dt. 8:8), y los melones eran apreciados en Egipto (Nm. 11:5). Las algarrobas eran un alimento dulce, y siempre habían almendras y pistachos a mano (Gn. 43:11). Los dátiles no se mencionan en la Biblia, pero hay abundante referencia a ellos en la literatura judía.

La miel

La miel se empleaba para endulzar porque no había azúcar. Hay muchos ejemplos en la Biblia en los que se emplea la miel de las abejas silvestres. Sansón encontró miel en el cadáver de un león (Jue. 14:8–9). Jonatán encontró miel en un bosque (1 S. 14:25–27), y Moisés la encontró en el agujero de una roca (Dt. 32:13).

Las abejas fueron domesticadas en colmenas en Egipto y Asiria, y esto puede haber sido imitado por los judíos en los tiempos del Nuevo Testamento (véase Lc. 24:41–43). Cuando se hervía el mosto de la uva, se transformaba en un jarabe dulce y pegajoso, y es posible que también se haga referencia a esto como miel en algunos pasajes de la Biblia. Se extendía sobre el pan y a veces se diluía en agua para beberlo. Jacob envió de este producto a José en Egipto (Gn. 43:11), y era exportado a los fenicios (Ez. 27:17).

La sal

La condimentación se limitaba a la sal, que se podía conseguir de inagotables depósitos en las colinas salinas cerca del mar Muerto. Se empleaba para

Izquierda: En las cercanías del mar Muerto había depósitos inagotables de sal.

condimentar y conservar los alimentos (Job 6:6). En la época del Nuevo Testamento había una pujante industria de salazones en Magdala, que era un centro de exportación de pescado salado. No fue hasta la época griega y romana que aparecieron otros condimentos (especias) al alcance de la generalidad de la gente, y esto fue desarrollándose al ir aumentando el tráfico comercial.

Se creía que la sal tenía propiedades terapéuticas (2 R. 2:19–22) y se empleaba también en las ofrendas sacrificiales (Lv. 2:13). Esto puede haber conducido a la costumbre de emplearla en una comida celebrada para celebrar la concertación de un pacto (Nm. 18:19).

Langostas… ¿o algarrobas?

Bajo la ley era perfectamente correcto comer langostas (Lv. 11:22). Pero es mucho más probable que, como no había siempre langostas disponibles y Juan el Bautista tenía que comer a diario, se haga referencia a las algarrobas. Las algarrobas son dulces y pegajosas. El hijo pródigo hubiera estado contento de comer este alimento (Lc. 15:16).

Mateo 3:4

El lavamiento de las manos

Antes de comer, los comensales se lavaban siempre las manos bajo un chorro de agua, porque no existían utensilios como cuchillos, tenedores, cucharas, etc. En una casa rica, esta tarea la llevaba a cabo un esclavo. Eliseo solía echar agua sobre las manos de Elías (2 R. 3:11). Para la época del Nuevo Testamento esto se había convertido en una especie de ritual. Jesús reaccionó en contra de la mera ritualización de la práctica (Mr. 7:1–8). Él asumió la función de un esclavo al lavar los pies, aunque no las manos, de los discípulos en la Última Cena (Jn. 13:4–5). También se lavaban las manos al final de la comida.

La sal hollada

Cuando la sal se recogía en las cercanías del mar Muerto, una parte era buena para salar y cocinar, pero la otra había perdido su sabor. Pero esta sal no se tiraba, sino que se almacenaba en el templo de Jerusalén, y cuando las lluvias del invierno hacían resbaladizas las superficies de mármol de los atrios del templo, se echaba sobre ellos para reducir el peligro de deslizamiento. Por ello, la sal que ha perdido su sabor es hollada por los pies de los hombres.
Mateo 5:13

Se daban gracias por la comida, tradicionalmente la oración: "Bendito tú, Jehová nuestro Dios, Rey del mundo, que haces salir pan de la tierra". Jesús pudo haber empleado esta fórmula en la alimentación de los cinco mil (Jn. 6:11), lo mismo que Samuel muchos siglos antes (1 S. 9:13).

A la mesa

En una casa sencilla había una marmita común del que comía toda la familia, y que se ponía sobre una alfombra, sentándose la familia, con las piernas cruzadas, alrededor de ella. Se empleaba un trozo de pan delgado para ir tomando de su contenido, a modo de cuchara. Cuando Rut fue invitada a comer con los cosechadores, comió de esta manera (Rt. 2:14). Así, la "mesa" mencionada en el Antiguo Testamento no es más que una alfombra extendida en el suelo (Sal. 23:5).

Sólo los ricos podían poseer una mesa y sillas o divanes tal como los conocemos. José agasajaba a sus invitados en mesas así (Gn. 43:33–34), David tenía un puesto a la mesa de Saúl (1 S. 20:5, 18), y Jesús se reclinó a la mesa en casa de Simón el fariseo (Lc. 7:36). En las páginas 218-223 sigue una descripción de

Antes de comer, los comensales siempre se lavaban las manos porque no existían utensilios como cuchillos, tenedores y cucharas.

El pozo de María en Nazaret. El agua se usaba tanto para cocinar como para lavar.

las elaboradas comidas que se ofrecían como parte de la vida social.

Higiene

La dieta judía era generalmente buena para la salud. (Por ejemplo, Daniel y sus amigos tenían una apariencia mucho más saludable con una dieta vegetariana que sus compañeros que comían carne, Dn. 1:5–16). Las leyes dietéticas judías daban un buen grado de protección frente a la posibilidad de envenenamiento alimentario en unos tiempos en que las temperaturas de cocción eran inferiores a las empleadas en la actualidad. El principal problema sanitario tenía que ver con el agua, que era fácilmente contaminada debido al uso que de ella hacían los animales, al lavado, a los residuos y excrementos, y a la suciedad general. Cuando el agua era recogida en una cisterna, pasaba primero por el tejado de barro y ramajes, donde se había depositado todo tipo de cosas. Por esta razón, el vino era una bebida común. Es probable que Pablo tuviera en mente problemas con el agua cuando recomendó a Timoteo: "Usa de un poco de vino por causa de tu estómago" (1 Ti. 5:23).

Las enfermedades

Las enfermedades no eran relacionadas con los alimentos y la bebida en aquellos tiempos. Normalmente, se atribuían a la voluntad (e incluso al juicio) de Dios (Dt. 28:60–61), y por esta razón no se veía a los médicos con buenos ojos. Se consideraba que la oración era más eficaz que la medicina, y Ezequías era un ejemplo principal (2 R. 20).

Los médicos podían por ello llevar a una pérdida de fe en Dios (2 Cr. 6:29). Pero para la época del Nuevo Testamento la capacidad médica de Lucas era apreciada por Pablo (Col. 4:14), aunque el escepticismo de Pedro acerca de ellos, registrado por Marcos, acerca de la mujer que padecía el flujo de sangre, queda patente (Mr. 5:26).

CAPÍTULO 5

La familia

Las unidades familiares de Occidente en el siglo XXI son llamadas *nucleares* porque son pequeñas: madre, padre y uno o dos hijos. Las unidades familiares en los tiempos del Antiguo Testamento eran grandes, e incluían a cada miembro de la familia: tías, tíos, primos y siervos. A éstas se les da el nombre de familias *extendidas*. El cabeza de familia era el *padre*, y el cabeza de un grupo de familias era el *jeque*.

Abraham y sus herederos eran jeques, y en una ocasión Abraham pudo encabezar a 318 hombres de guerra "nacidos en su casa" (Gn. 14:14). María y José parecen haber viajado en el seno de una familia así cuando fueron con Jesús a Jerusalén, cuando tenía doce años. Estaban viajando con "parientes y conocidos" (Lc. 2:44). Los había suficientes como para no poder ver a Jesús un día entero, y María y José tenían unos vínculos suficientemente estrechos con la familia extendida como para no preocuparse acerca de ello.

El padre

La familia era, por tanto, "un pequeño reino" que era gobernado por el padre. Él

Abajo: Viajeros beduinos en camello en el desierto de Sinaí. Abraham y sus herederos eran jeques.

gobernaba sobre su mujer, hijos, nietos y siervos: sobre todos los pertenecientes a su casa. Los hijos eran criados en la aceptación de esta autoridad (Éx. 20:12), y si rehusaban aceptarla, amenazando con ello la seguridad de la unidad familiar, podían ser castigados con la muerte (Dt. 21:18–21).

A la muerte del padre, la sucesión recaía normalmente sobre su hijo primogénito. Isaac fue un caso especial. Según la ley familiar en vigor en tiempos de Abraham, era posible para un hombre tener un hijo mediante una esposa secundaria. Abraham tuvo a su hijo Ismael de esta manera (Gn. 16:1–2). Pero si después de esto nacía un hijo de la primera esposa, entonces este hijo, en nuestro caso Isaac, venía a ser el cabeza de familia. Esta misma ley se aplicó en el caso de Jacob. Raquel siempre había sido designada como la primera esposa. Por ello, fue el hijo mayor de ella, José, quien vino a ser el heredero de Jacob y quien recibió el manto distintivo que lo mostraba (Gn. 37:3–4), a pesar de haber nacido mucho tiempo después de sus medio hermanos.

Las mujeres

La posición de una mujer era siempre de inferioridad con respecto a los varones. Se mantenía fuera de la vista cuando aparecían visitantes (Gn. 18:9), servía a los varones de la familia antes de comer ella, acarreaba el agua, hacía los vestidos, cocinaba, y caminaba en tanto que los hombres cabalgaban. Incluso cuando Lot y su mujer huían a toda prisa de Sodoma, ella caminaba detrás de él (Gn. 19:26). Si José hubiera asumido la posición con que lo presentan muchos artistas, caminando al lado del borrico que llevaba a María, hubiera sido el hazmerreír de sus coetáneos. Esto queda claramente reflejado en los escritos de Pablo, donde "el varón es la cabeza de la mujer" (1 Co. 11:3). Pablo da razones teológicas para ello. Le dice a Timoteo que el hombre fue creado primero, pero que la mujer fue la primera en ser tentada a quebrantar el mandamiento de Dios (1 Ti. 2:13–14).

El área para las mujeres de una tienda beduina. Los hombres desconocidos no tenían permitido ir a esa zona.

Esta posición tradicional no significa que la mujer no fuera amada ni que estuviera sometida al menosprecio y falta de respeto cuando cumplía su papel (Pr. 31). Ella era la única que podía dar a luz a los hijos, y este aspecto de la vida familiar era de tan suma importancia que si ella era infiel a su marido y familia, lo pagaba con la muerte (Lv. 20:10). Pero cuando un marido era infiel a su mujer con una muchacha soltera, aquella muchacha venía a formar parte de la familia (Dt. 22:13–30; cp. v. 22 con vv. 28 y 29).

Tan importante era la maternidad que la posición de una mujer se salvaba literalmente teniendo hijos (1 Ti. 2:15). Junto con su marido, la mujer era considerada representante de Dios para enseñar sus leyes (Éx. 20:12; Dt. 6:7).

Derecha: Escultura de la "sagrada familia" —José, María y Jesús— de Nazaret.

Nombres

El nombre de Dios (*Yahweh* o *Jah*) era frecuentemente incorporado a los nombres personales. Abías (*Abijah*) significa "Jah es su padre"; Elías (*Elijah*) significa "mi Dios es Jah"; Jonatán significa "don de Jah". Otros nombres recuerdan las circunstancias rodeando al nacimiento. *Moisés* significa "sacado", porque fue sacado del río Nilo.

Esto iba a alcanzar un grado de igualdad.

En los tiempos del Nuevo Testamento, las mujeres debían aún someterse a sus maridos, pero el amor que los maridos debían tener hacia sus mujeres (Ef. 5:25) debía ser en sí mismo una especie de sumisión (v. 21). (Esto es cierto por cuanto cuando uno ama a alguien, se somete a lo que sabe que él/ella quiere, al poner positivamente al otro en primer lugar). Al hombre le era posible tener más de una mujer (Dt. 22:28–29), pero parece que lo ideal era una. Los rabinos judíos indicaban que Dios había hecho sólo una mujer para Adán, y Pablo esperaba de los líderes de la iglesia de su tiempo que se ajustaran a esta pauta (1 Ti. 3:2). La unidad familiar en sí era lo importante.

Los esclavos

En tiempos de tranquilidad era posible para las familias más acomodadas aumentar en tamaño adquiriendo esclavos. La mayor parte de ellos debían su condición al hecho de ser cautivos de guerra (Nm. 31:26; Dt. 21:10) o por haber sido comprados en mercados de esclavos. Aunque los esclavos eran considerados como una posesión (Lv. 25:45), estaban cuidadosamente protegidos por la ley. No se les podía oprimir (Dt. 23:15–16), tenían derecho al reposo del sábado (Éx. 20:10) y a asistir a las festividades nacionales (Dt. 16:10–11).

Los esclavos eran frecuentemente bien tratados, como miembros de la familia. Si eran circuncidados gozaban de la mayor parte de los privilegios de la sociedad judía, con la excepción de que no podían adquirir propiedades ni casarse con esclavos foráneos. El buen tratamiento de los esclavos no era sólo una característica judía. La esclava de la mujer de Naamán estaba aparentemente bien tratada (2 R. 5:2–3), y también parece que lo había sido el esclavo romano Onésimo, incluso en un tiempo en que la ley romana castigaba con la muerte la huida de un esclavo (Flm. 17).

A un judío le era posible venir a ser esclavo para pagar deudas contraídas o para restituir bienes robados, o incluso por el mero hecho de que se sintiera más seguro en la casa de otro que en la propia. De esta manera se podía vender también a familias y niños (Éx. 21:7; 2 R. 4:1; Mt. 18:25). Quien así lo hiciera normalmente vendía su trabajo por siete años (Dt. 15:12–18), a no ser que quisiera permanecer como integrante de la familia (v. 16), en cuyo caso su oreja era ceremonialmente clavada al poste de la puerta (v. 17).

Algunos esclavos eran investidos de gran autoridad por parte de sus dueños. Eliezer recibió el encargo de encontrar una esposa para el hijo de su dueño (Gn. 24). La hija de un amo podía casarse con un esclavo (1 Cr. 2:34–35), pero si el yerno decidía finalmente dejar la familia, tenía que dejar detrás de él a su esposa e hijos (Éx. 21:4). Normalmente, los esclavos eran liberados en el año del Jubileo para ser devueltos a sus heredades, que eran liberadas al mismo tiempo (Lv. 25:39–41). Los esclavos podían ser manumitidos en cualquier momento si su deuda era pagada por otro miembro de su familia, o incluso por ellos mismos (Lv. 25:48–49). Sólo las niñas vendidas como esclavas permanecían esclavas de por vida.

Las generosas leyes israelitas con respecto a los esclavos contrastaban intensamente con las duras leyes con respecto a ellos en otras zonas del Oriente Medio. Las economías de los imperios griego y romano se erigieron principalmente sobre la institución de la esclavitud. El Nuevo Testamento aceptó la esclavitud como una realidad de la vida (Ef. 6:8; Col. 3:22; Flm. 16) pero estableció las bases doctrinales que, finalmente, pondrían fin a esta práctica (Gá. 3:28).

En Israel se conocía un tipo diferente de esclavitud; la "servidumbre" o "imposición mediante el trabajo". Las autoridades efectuaban levas por un determinado número de meses al año para las obras públicas. La población cananea original que había sobrevivido a la conquista fue puesta a trabajar en estos proyectos (1 R. 9:21), pero los israelitas tenían que dar tres meses de trabajo al año (1 R. 5:13–14).

Arriba: Un medallón de un esclavo romano. Los imperios griego y romano fueron construidos en gran manera por esclavos.

Ritos de pasaje

Dentro de la familia se daban cuatro ocasiones señaladas que marcaban el progreso de la vida: el nacimiento, la pubertad, el matrimonio y la muerte. Debido a la importancia de tales ocasiones, éstas se señalaban con importantes acontecimientos sociales. Sin embargo, cuando las personas creen que Dios está involucrado en el proceso de la vida, tales importantes acontecimientos adquieren una dimensión religiosa, y se celebran ritos religiosos junto con los sociales. Estos ritos son conocidos como *ritos de pasaje*.

Los niños

Debido a que los padres creían que seguían viviendo en sus hijos, estos eran considerados como una gran bendición (Dt. 28:4; Sal. 128:3). Cuantos más hijos pudiera tener alguien, tanto mejor. "Bienaventurado el hombre que llenó su aljaba de ellos" (Sal. 127:5*a*).

En el caso de que una mujer no pudiera tener hijos, ello era en tal caso considerado como una maldición de Dios, debido a que equivalía a la extinción. Raquel le dijo a Jacob que si no tenía hijos, moriría (Gn. 30:1). Ana pensaba que su esterilidad era un castigo de Dios (1 S. 1:16), y Elisabet se daba cuenta de las miradas de reproche que recibía de la gente, por cuanto creían que algo habría hecho para desagradar a Dios. Cuando Juan nació, supo que el Señor había quitado "mi afrenta entre los hombres" (Lc. 1:25).

Así como todas las criaturas recién nacidas eran causa de gozo, los varones eran una verdadera bendición. Los hombres permanecían en la familia, que aumentaba de tamaño y riqueza con mujeres y más niños. Las niñas, por otra parte, sólo aportaban el trabajo que pudieran hacer de jóvenes, y por el precio que sería pagado por ellas como compensación cuando se fueran a otra familia.

La infancia de Jesús

María y José circuncidaron a Jesús al octavo día. Al cabo de cuarenta días de su nacimiento fueron a Jerusalén (a unos seis km de Belén) para ofrecer los necesarios sacrificios y pagar el dinero de la redención (Lc. 2:22–24). Es evidente que María y José eran muy pobres, por cuanto sólo pudieron ofrecer dos avecillas. Inmediatamente después de esto volvieron a Nazaret con Jesús (v. 39). Si los magos llegaron para la época en que Jesús tenía alrededor de dos años (Mt. 2:16), entonces pudieron haberse dirigido a Nazaret. El gran precio de los dones (que tenían un gran valor simbólico) debe haber sido un gran respiro económico para María y José. Quizá ello les permitió montar un negocio de carpintería y cuidar de Jesús y después de una familia mayor.

Lucas 2:21–39

El nacimiento

La mujer embarazada no debía tomar un baño caliente por cuanto podría causar un aborto, y había ciertas cosas que no podía comer, como verduras, comida salada y grasas, en caso de que afectaran al feto. La comadrona local la asistía durante el parto, que generalmente tenía lugar en el hogar (Éx. 1:15–19; Jer. 20:14–15). El recién nacido era lavado y luego frotado con sal con la creencia de que así se endurecía la piel. La madre judía creía que las piernas y los brazos crecerían rectos y firmes si se envolvían firmemente en "pañales" (tiras de tela) (Lc. 2:7). Se trataba de una especie de vendas con una anchura de diez a doce centímetros y de cinco a seis metros de longitud (véase Ez. 16:4; Lc. 2:12).

La circuncisión

Ocho días después del nacimiento el recién nacido varón era circuncidado bien por el cabeza de familia, bien por un médico. Se pronunciaba la bendición: "Bendito el Señor nuestro Dios que nos ha santificado mediante sus preceptos y nos ha dado la circuncisión". Normalmente había alguna celebración familiar durante los ocho días entre el nacimiento y la circuncisión. Es difícil saber qué sentido tuvo la circuncisión al principio. Antes de ser adoptada por los judíos era, probablemente, un rito de iniciación en el que el vigor y la sexualidad de un hombre joven eran dedicados a su dios. Dios adoptó entonces esta celebración, y la dio

El quebrantamiento de las leyes

Las leyes de Levítico 18 no siempre se observaban en los tiempos bíblicos. Sara era media hermana de Abraham (Gn. 20:12), y Amnón quería casarse con su media hermana Tamar (2 S. 13; cp. Lv. 18:11). Los padres de Moisés eran sobrino y tía (Éx. 6:20; cp. Lv. 18:12–13). Jacob se casó con dos hermanas (Gn. 29:16–30; cp. Lv. 18:18).
Levítico 18

a los judíos como señal de que toda la nación le estaba dedicada desde el principio (Gn. 17:10).

Imposición del nombre

El acto de la circuncisión iba frecuentemente acompañado del de la imposición del nombre al niño. Esto tuvo lugar así en el caso de Jesús (Lc. 2:21). Normalmente, los nombres tenían alguna clase de significación en la familia, y es interesante seguir los nombres cuando aparecen en el margen de nuestras Biblias. Tan importantes eran el nacimiento y la imposición del nombre que con frecuencia se cambiaban los nombres a los padres. El padre venía a ser "el padre de x", y la madre, "la madre de y".

Después del nacimiento, la madre se quedaba en casa: siete días para un niño, y catorce para una niña. Treinta y tres días después (sesenta y seis en el caso de una niña) debía ofrecer los sacrificios acostumbrados. Normalmente, se ofrecía un cordero con un palomino o una tórtola como ofrenda por el pecado, para restaurar la comunión de la mujer con Dios (Lv. 12). En caso de pobreza, se podía dar otro palomino o una tórtola en lugar del cordero. La ofrenda por el pecado parece haber indicado que la mujer había sido ritualmente impura, como lo era durante la menstruación (Lv. 15:19–24). La impureza ritual no se debía

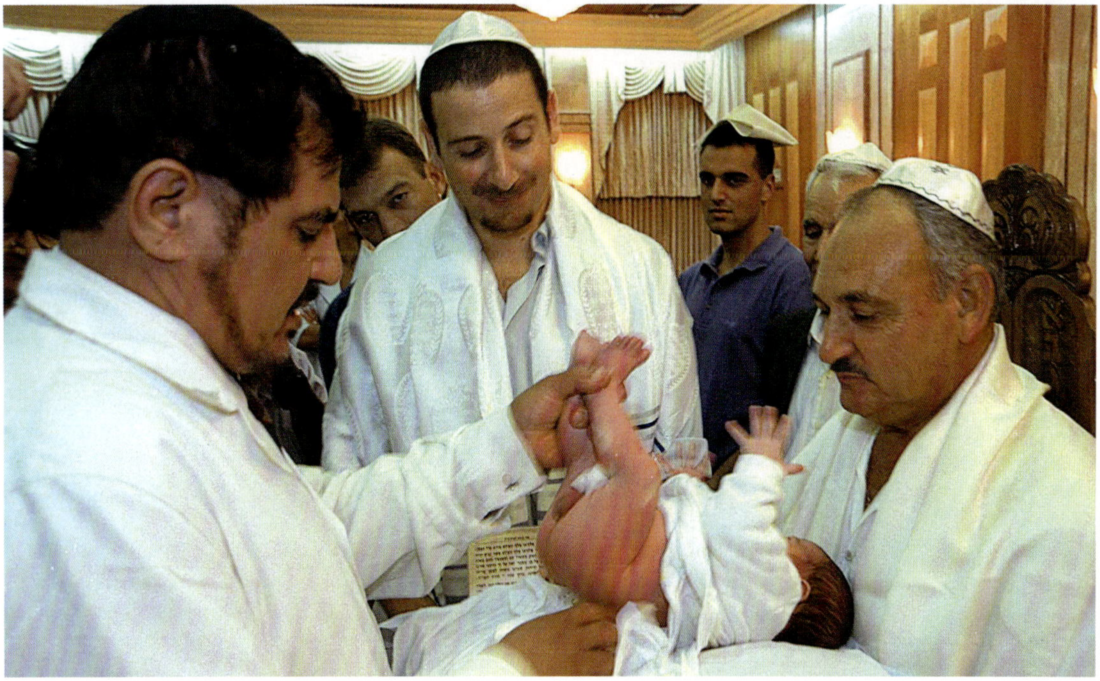

Circuncisión de un bebé varón judío.

a una verdadera contaminación debido al parto, sino que era un medio de proteger a la mujer de las relaciones sexuales en tiempos de debilidad y de posible turbación. En el caso de un primogénito, se tenía que pagar el precio de redención de cinco siclos, porque desde la preservación de los primogénitos judíos en la primera pascua, todos los primogénitos pertenecían a Dios (Nm. 18:15–16).

Los recién nacidos eran normalmente criados a pecho por la madre (o, si era necesario, por una nodriza), y esta crianza duraba generalmente varios años (véase 1 S. 1:24; Sal. 131:2; 2 Mac. 7:27). El día en que el niño era destetado demandaba una celebración (Gn. 21:8).

Abajo: Un muchacho judío durante su ceremonia de bar mitzvá en el muro occidental de Jerusalén. Esta ceremonia religiosa marca su paso a la edad adulta. Nótese el chal de oración y la mezuzá en la frente del rabino.

La introducción en la edad adulta

El muchacho judío era reconocido como entrando en la edad adulta a los trece años, pero no hay certidumbre acerca de cuándo comenzó esta práctica. Para la época del Nuevo Testamento, un muchacho de trece años venía a ser un "hijo de la ley". El significado de Jesús permaneciendo en el Templo es el de mostrar que estaba dejando la infancia (Lc. 2:41–49). Fue la última vez que asistiría a la Pascua como un niño. Sólo después de los trece años podía el muchacho venir a ser uno de los diez hombres que podían constituir una sinagoga.

La poligamia

Aunque se permitía el matrimonio con más de una mujer a la vez, como cuando Jacob se casó con Lea y Raquel, teniendo además relaciones sexuales con las siervas de ellas, la poligamia no era una práctica común en Israel en los tiempos bíblicos. Una de las razones para ello era que un marido tenía que ser bastante rico para permitirse más de una mujer. Por ello, tendían a ser los miembros de la casa real los que tenían muchas mujeres. David tuvo muchas, incluyendo a Mical, Abigail y Betsabé, y Salomón tuvo más aún durante la parte más esplendorosa de su reinado.

El sumo sacerdote podía tener sólo una mujer (Lv. 21:13–14), y otros personajes principales del Antiguo Testamento fueron monógamos: Noé, Isaac, José y Moisés. Los rabinos indicaban que la posesión de más de una mujer llevaba a problemas (Lea y Raquel, Gn. 30; Ana y Penina, 1 S. 1).

El arreglo de los matrimonios

Por lo general, no eran los jóvenes los que decidían con quién se casarían.

La novia lucía una vestimenta elaborada. Una novia judía-yemenita con su tocado tradicional.

Primero, era el matrimonio, y el amor venía después. Aunque por ello había más "voluntad" que "romance", ello tendía a producir la estabilidad en las relaciones matrimoniales (Gn. 24:67). Esaú tuvo problemas por casarse en contra de los deseos de sus padres (Gn. 26:34–35). La práctica de arreglar los matrimonios no significaba que los padres no consideraran los sentimientos de sus hijos (Gn. 24:58), ni que el amor no se despertara en ocasiones antes del casamiento (Gn. 29:10–20).

"Un amigo del novio" (Jn. 3:29) negociaba en nombre del pretendiente y de su padre con un representante del padre de la novia. Se tenían que hacer unos pagos como compensación (el *mohar*) por la pérdida de trabajo que significaba la cesión de la hija, que se debía pagar a la familia de la muchacha, y se debía pagar una dote al padre de la muchacha. Él podía emplear el interés de la dote, pero no podía gastar el capital (véase Gn. 31:15) porque se guardaba en depósito para la esposa en caso de que ésta quedara viuda o fuera divorciada. Cuando estas sumas no se podían pagar debido a la pobreza del pretendiente, se pagaba en especie, como por medio del servicio (Gn. 29:18) o de la eliminación de enemigos (1 S. 18:25).

Llegó a hacerse costumbre que parte de la dote consistiera en unos conjuntos de monedas que se cosían al tocado de la cabeza de la mujer. Venían a ser un símbolo como una alianza actual, y por ello la pérdida de una de estas monedas (Lc. 15:8–10) era causa de gran preocupación. Como parte del contrato matrimonial, el padre de la novia hacía un regalo de bodas (la dote) a su hija (Gn. 24:59–61; Jue. 1:12–15).

Los matrimonios se arreglaban, cuando era posible, con miembros de la propia parentela. Abraham envió a un siervo para que encontrara esposa para Isaac de su propia parentela (Gn. 24:3–4), y Jacob fue enviado al mismo lugar para que encontrara esposa (Gn. 28:2; 29:19). Los padres de Sansón se desagradaron de que Sansón no hubiera elegido a una

La fidelidad

El hombre era exhortado a la fidelidad, y recibía la muerte si violaba una mujer casada (Lv. 20:10). Pero no era castigado si violaba a una muchacha soltera: tenía que casarse con ella (Dt. 22:28). En cambio, la mujer casada era castigada con la muerte si mantenía relaciones sexuales con otro que no era su marido, a no ser que su marido la perdonara. A esto se le llamaba "el gran pecado". Esto se debía a que la mujer era el centro fundamental de la familia y su infidelidad llevaría a la destrucción de la familia. Esto no era considerado así en el caso del hombre.

Proverbios 5

esposa de su propio clan (Jue. 14:3). En algunas ocasiones se contraía matrimonio fuera del clan (Gn. 41:45; Rt. 1:4), y ello generalmente tenía lugar por razones políticas (1 R. 11:1; 16:31). Pero nunca era aprobado, por cuanto los miembros de otros clanes daban culto a diferentes deidades, y ello afectaba a toda la vida religiosa de la gente (1 R. 11:4). Los matrimonios entre parientes cercanos estaban prohibidos. Las leyes que prohíben contraer matrimonio con parientes cercanos están registradas en Levítico 18:6–18.

Esponsales

Una vez que se había concluido el compromiso matrimonial, se celebraban unos esponsales mucho más vinculantes que el acto de petición de mano en nuestra sociedad contemporánea. Un hombre desposado con una mujer, aunque no estuviera aún casado, quedaba exento de servicio militar (Dt. 20:7). Si una muchacha ya desposada era violada por otro hombre, no podía venir a ser la esposa de este otro, como sería el caso en ausencia de compromiso previo (Dt. 22:28–29), porque ya pertenecía a su futuro esposo. Tal violación involucraba la pena de muerte sobre el violador (Dt. 22:23–27).

La fórmula formal de desposorio era, probablemente, la pronunciada por Saúl cuando Mical y David se desposaron: "Tú serás mi yerno" (véase 1 S. 18:22). El desposorio sólo podía romperse con una transacción legal (de hecho, un divorcio), y la base para tal rompimiento era el adulterio (véase Dt. 22:24). Los esponsales duraban alrededor de doce meses, durante los cuales se preparaba la casa del novio, y la novia preparaba su ajuar. La familia de la novia preparaba la fiesta de la boda.

María y José estaban desposados cuando se descubrió que estaba embarazada. José no quería denunciarla públicamente, porque, como supuesta adúltera, María habría sido apedreada hasta morir. Debe haber sentido un gran afecto hacia María y un elevado grado de confianza en Dios que le habló en sueños para finalmente recibirla como mujer. Quizá ello sea una indicación del carácter del hombre que Dios deseaba en el hombre que iba a cuidarse de la crianza de Jesús (Mt. 1:18–20). En los tiempos del Nuevo Testamento, un hombre como José quedaba formalmente desposado cuando le daba un regalo a la muchacha y le decía: "Por esto, tú quedas separada para mí conforme a las leyes de Moisés y de Israel".

La boda

La boda se componía de varias partes importantes. Se trataba de una ceremonia

Una novia judía con su tocado tradicional.

esencialmente no religiosa, aparte de la bendición que se pronunciaba sobre la pareja ("Hermana nuestra, sé madre de millares y millares, y posean tus descendientes la puerta de sus enemigos", Gn. 24:60). El matrimonio involucraba la redacción y aceptación de un contrato legal. Esto sigue siendo así en las bodas judías actuales. Puede que cause asombro entre algunos cristianos saber que no fue hasta tiempos relativamente recientes que se hizo necesaria la presencia de un rabino o sacerdote en las bodas.

La celebración de una boda implicaba también el vestirse con las mejores galas. La novia era adornada literalmente como una reina (véase Ap. 21:2). Era bañada, y su cabello trenzado con tantas piedras preciosas como poseyera la familia o pudiera pedir prestadas (Sal. 45:14–15; Is. 61:10; Ez. 16:11–12). Las muchachas que la habían vestido la acompañaban como "compañeras". También el novio iba vestido de gran gala y enjoyado (Is. 61:10) e iba acompañado por el "amigo del novio" (Jn. 3:29). Las galas empleadas para la celebración de la boda eran tan importantes que eran inolvidables (Jer. 2:32). La novia y el novio parecían un rey y una reina, y como tales actuaban.

Otro importante elemento de la boda era la procesión al final del día. El novio salía de su casa para buscar a su esposa en la casa de los padres de ella. En este

La novia y el novio se sientan como un rey y una reina bajo un dosel durante su fiesta nupcial.

La fiesta nupcial

Al llegar a la casa, la novia y el novio se situaban bajo un dosel. Desde allí presidían el convite nupcial en el que se pasaba mucho tiempo comiendo y bebiendo (Cnt. 2:4 puede que haga alusión al dosel). En la boda de Caná, Jesús proveyó cuatrocientos ochenta litros de vino para los invitados, pero estos ya habían bebido tanto que el que estaba al cargo de las provisiones (el "maestresala") pensó que era una pena que aquel excelente vino nuevo hubiera sido dejado para el final, cuando los comensales no podrían apreciarlo debidamente (Jn. 2:6–10).

Las festividades duraban a menudo siete días (Jue. 14:12), o quizá más. Los invitados estaban allí para ser testigos de que el matrimonio había sido consumado (Gn. 29:22–23); las cubiertas de la cama manchadas de sangre se exhibían para demostrar que la esposa había sido virgen (Dt. 22:13–21). (Parece que el velo no fue quitado a Lea hasta después de haberse consumado el matrimonio; Jacob no supo que era Lea hasta la mañana siguiente, Gn. 29:25.) Durante el festejo, se invocaba la bendición de Dios sobre la pareja, y bien puede ser que por esta razón se extendiera la invitación a Jesús a la boda en Caná (Jn. 2:2). En las familias muy ricas los invitados eran provistos de "vestidos de boda" (Mt. 22:12).

La procesión

En el día de la boda, se realizaba una procesión. El novio, con su mejor vestimenta decorada con joyas, caminaba con sus amigos desde su casa hasta la casa de la novia. Ella esperaba, vestida luego de ser bañada por sus damas de honor (Sal. 45:14–15). Llevaba un velo que cubría su cara.

momento la novia llevaba un velo. En un punto de la ceremonia, el velo le era quitado y puesto sobre el hombro del novio, haciéndose la declaración: "El dominio será sobre su hombro". Entonces salía una procesión de la casa de la novia hacia el nuevo hogar de la pareja, y la oscura calle se iluminaba con lámparas de aceite sostenidas por los invitados a la boda. En la historia contada por Jesús, la novia y el novio llegaron más tarde de lo esperado, por lo que el aceite de las lámparas comenzó a agotarse. Sólo las que tenían aceite de reserva pudieron rellenar sus lámparas y dar la bienvenida a la novia y al novio (véase Mt. 25:1–13, esp. vv. 8–9). Se cantaba y se hacía música por el camino (Jer. 16:9), y en ocasiones la misma novia se unía a la danza (Cnt. 6:13).

El divorcio

Los matrimonios podían romperse, y se rompían, y el hombre podía repudiar a su mujer si podía encontrar "alguna cosa indecente" en ella (Dt. 24:1). Los intérpretes judíos de la ley daban distintas explicaciones a esta frase. En tiempos de Jesús, los seguidores de Shammai creían que con ello se hacía referencia al adulterio o a una mala conducta sexual. Los seguidores de Hillel creían que esta frase podía incluso incluir haber cocinado mal una comida. En la sociedad de aquel tiempo un hombre podía simplemente declarar a su mujer que era repudiada, pero a los judíos se les exigía dar por escrito una "carta de divorcio" que anulaba el contrato matrimonial original.

Una parte de la carta (o escritura) de divorcio permitía que la mujer volviera a contraer matrimonio (Dt. 24:1–2), pero una muchacha que se hubiera casado con un hombre por haber sido

Mujeres judías-yemenitas celebran la fiesta de bodas en su forma tradicional.

violada por él no podía ser repudiada (Dt. 22:28–29). Un hombre que hubiera acusado falsamente a su mujer de no ser virgen cuando se casaron tampoco podía divorciarse de ella (Dt. 22:13–19). Si una mujer divorciada se volvía a casar, y su nuevo marido moría o la repudiaba, el primer marido no podía volver a tomarla en matrimonio (Dt. 24:3–4), pero si ella no se había casado de nuevo, entonces su primer marido sí podía volver a casarse con ella (Os. 3). Al pueblo de Dios no se le dejó en la incertidumbre: el divorcio era inaceptable para Dios (Mal. 2:16), y Jesús reiteró que lo que Dios había unido, el hombre no debía separarlo (Mt. 5:31–32; 19:6). A las mujeres no se les permitía la iniciación del divorcio.

La muerte

La vida del hombre llegaba a su término a los setenta años (Sal. 90:10). La mayor parte de las personas morían antes de esto, pero había algunas notables excepciones. La muerte era el último acontecimiento para el que había ritos de pasaje. No había certidumbre acerca de la vida tras la muerte en las primeras etapas de la vida israelita. Se creía que los padres podían vivir en sus hijos de manera que el escritor de Hebreos puede decir que cuando Abraham pagó diezmos a Melquisedec, Leví estaba ya en Abraham; por ello, Leví pagó diezmos al rey de Jerusalén, por lo que se considera que su sacerdocio era inferior al de Melquisedec (He. 7:9–10).

Se creía que los que morían iban a un mundo inferior (Seol), donde las personas eran sombras de su pasado. No fue hasta la época de Daniel que se reveló que habría una resurrección, algunos a vida eterna, y otros a castigo eterno (Dn. 12:2). Nada se hizo claro del todo hasta que Jesús abrió el reino de los cielos a todos los creyentes y vino a ser "primicias de los que durmieron" (1 Co. 15:20). No sólo tiene el Nuevo Testamento que explicar esto a los cristianos de entonces, sino que los que estaban fuera de la fe cristiana eran "los más dignos de conmiseración de todos los hombres" por cuanto sus esperanzas se limitaban sólo a esta vida.

A partir del momento en que moría una persona, había un tiempo dedicado a las lamentaciones y al llanto. El llanto era el anuncio al vecindario de que había tenido lugar una muerte. Los egipcios tuvieron tantos muertos en la primera Pascua que sus lamentaciones pudieron oírse por toda la tierra de Egipto. Luego, la familia se reunía para la lamentación: un tiempo de grandes alharacas de llanto, como si los que quedaban vivos quisieran asegurar a la sombra del muerto que estaban verdaderamente tristes. Miqueas dice que el sonido de estas lamentaciones era como el chillido de los chacales y de los búhos (Miq. 1:8), y Jesús estaba al tanto de esto cuando acudió a resucitar a la hija de Jairo en la sinagoga de Capernaúm (Mr. 5:38). Las expresiones de dolor de David por Absalón constituyen un ejemplo típico. Las familias ricas contrataban a grupos de plañideras profesionales que añadían al barullo (Jer. 9:17–18; Am. 5:16). Los parientes del difunto se vestían de ropas de pelo de cabra (cilicio) para sentir incomodidad; se golpeaban el pecho (Lc. 23:48) y se

La sepultura de Jesús

Debido a que la envoltura de Jesús estaba rígida por las especias y ungüentos, se puede comprender por qué los discípulos vieron y *entonces* creyeron en la resurrección, y por qué no se había robado el cuerpo. Este había pasado a través del envoltorio tal como lo hizo después a través de la puerta cerrada del aposento alto. Mirando rápidamente desde la entrada del sepulcro, Juan creyó que el cuerpo estaba aún allí, porque podía ver la envoltura, y por ello no quería entrar. Sólo cuando Juan y Pedro entraron y vieron que el sudario que había cubierto la cabeza estaba separado y vacío, se dieron cuenta de lo que había sucedido.

Juan 20

Derecha: Parte de un ataúd del período asmoneo descubierto durante excavaciones arqueológicas en Israel.

Izquierda: Esta tumba en las afueras de Jerusalén, conocida como la tumba de Herodes, tiene una puerta de piedra en forma de disco, similar a la tumba en la que Jesús fue sepultado.

rasgaban las vestiduras para demostrar lo dolidos que se sentían (2 S. 3:31).

La sepultura

La sepultura tenía que hacerse rápidamente, debido a que lo caluroso del clima llevaba a una rápida descomposición. Sin embargo, nunca se hacían entierros en sábado ni en un día santo (Jn. 11:39; 19:31). Por lo general, se lavaba el cuerpo, que era envuelto holgadamente en un lienzo de lino, y era llevado al sepulcro sobre unas andas de madera (Lc. 7:14). El enterramiento podía efectuarse en una cueva natural o bien en una artificial (sepulcro) (Gn. 49:29–32; Jue. 8:32). Las cuevas naturales eran ensanchadas y se hacían en ellas nichos o plataformas donde los cuerpos podían ser dejados. Debido a que había una cantidad limitada de cuevas, cuando los cuerpos se habían descompuesto se quitaban los huesos y se ponían en urnas de piedra llamadas osarios. Estas urnas

Duelo

Estos versículos reflejan un dolor extremado, muy semejante al que se sentía ante la pérdida de un ser querido. El salmista llora ríos de agua porque sabía lo que seguía al quebrantamiento de la ley.

Salmo 119:136; Jeremías 9:1

eran guardadas en una esquina, y los nichos quedaban disponibles para posteriores enterramientos. La entrada del sepulcro se cerraba bien con una piedra en forma de disco que bajaba por una entalladura inclinada delante de la cueva, bien con una gran piedra redonda que se hacía bajar al agujero de entrada. En todo caso, la piedra era muy difícil de mover una vez estaba en su lugar. Las cuevas funerarias y los sepulcros eran pintados de blanco como advertencia a los vivos de que allí estaban los muertos (Mt. 23:27). Una persona viva no podía siempre rendir culto a Dios tras haber tenido contacto con los muertos.

El enterramiento también se efectuaba poniendo las andas sobre el suelo, y rodeando el cuerpo con cantos rodados de unos cincuenta centímetros de diámetro en una disposición más o menos oblonga. Luego, el cuerpo era cubierto de tierra, formando los cantos rodados los límites del enterramiento. (Este tipo de enterramientos no era frecuente debido a la dureza del suelo). Los sencillos cementerios estaban siempre fuera de los pueblos o ciudades (Lc. 7:12); sólo la realeza era enterrada dentro de la ciudad (1 R. 2:10).

En casos excepcionales, el cuerpo era cubierto de especias y ungüentos, que se mantenían sobre el cuerpo con varias capas de "bandas de lino". La pasta

Arriba: Catacumbas excavadas en la roca en el sitio de sepultura judío en Bet Shearim, Israel.

Derecha: Una caja para huesos, u osario, del tiempo de Jesús.

que se formaba impregnaba estas bandas hasta que se formaba una especie de caparazón protector alrededor del cuerpo. Se ponía una cubierta sobre la cabeza, y a menudo se mantenía la mandíbula en su sitio mediante un vendaje debajo del mentón. Esto fue hecho así en el caso de Jesús por parte de dos ricos que se cuidaron de su sepultura, después del enterramiento inicial en el simple lienzo (Jn. 19:40). En el caso de Lázaro, parece que le habían atado manos y pies antes de ser cubierto con un lienzo. Su mandíbula había sido atada con una venda (Jn. 11:44). En Egipto se hacía un embalsamamiento propiamente dicho, en el que tenía lugar la extracción de los órganos internos del muerto. El cuerpo se llenaba con una pasta y los órganos se guardaban en una jarra (véase Gn. 50:2, 26). En Israel, después de la sepultura se hacía un banquete funerario para concluir el período de duelo (Jer. 16:7), a menudo de una semana o más (Dt. 34:8).

Una mujer que sobreviviera a su marido se encontraba en una situación muy difícil. No podía heredar de su marido. Podía permanecer en la familia de su marido si el pariente más cercano del mismo contraía matrimonio con ella. Con mucha frecuencia la viuda se encontraba sin medios económicos. Es por ello que la ley ordenaba que las viudas fueran protegidas (Dt. 10:18; 24:17–21). En la iglesia primitiva se recogía dinero para el cuidado de las viudas (Hch. 6:1), porque en la sociedad de aquel tiempo la prostitución era casi la única manera en que las mujeres podían conseguir dinero para vivir. Pablo esperaba de las familias que sustentaran a sus viudas (1 Ti. 5:3–4, 8). La iglesia local debía poner en una lista de caridad los nombres de las viudas que hubieran vivido piadosamente y que tuvieran más de sesenta años (1 Ti. 5:9–11).

CAPÍTULO 6

La educación

La educación es algo necesario, a fin de que las habilidades y el conocimiento adquiridos por una generación puedan pasar a la siguiente. Esta educación siempre tiene lugar en las familias, pero al irse desarrollando más y más los oficios y el conocimiento, y al aparecer el dinero en la economía para poderla pagar, se puede dar una educación más amplia a mayor número de personas. En la Biblia se pueden ver reflejos de este proceso.

La educación sumeria

Cuando Abraham fue llamado por Dios a dejar la ciudad de Ur en Sumer para ir "a la tierra que te mostraré" (Gn. 11:31—12:5), su salida fue un acto de fe. Ur era una ciudad sumamente civilizada, y Abraham fue llamado a dejarla en pos de algo desconocido. Las escuelas de Ur se usaban para dar instrucción a los alumnos en los campos de la religión, del comercio y de la administración gubernamental. El plan de estudios incluía las matemáticas, gramática, geografía, botánica y dibujo.

La escritura se hacía por medio de un estilo en forma de cuña con el que se hacían marcas sobre tabletas de arcilla blanda. Se han descubierto tabletas de la ciudad de Mari con los ejercicios de los niños y las correcciones de los maestros en la arcilla. "Un padre escolar" dirigía la escuela con un auxiliar que preparaba los ejercicios. Había también especialistas para enseñar cada asignatura. Una tableta de las descubiertas dice lo que un muchacho hacía en la escuela: "Leí mi tableta, comí mi merienda, preparé mi tableta, la inscribí, la acabé". Los problemas disciplinarios se resolvían mediante la vara. La educación tenía que ser pagada por los padres.

No hay evidencias de que Abraham asistiera a alguna de estas "casas de tabletas", como eran llamadas las escuelas,

Esta tableta de arcilla es típica de las empleadas para escribir en la antigüedad. Contiene parte de la Crónica Babilónica sobre la caída de Nínive.

De izquierda a derecha: Cinco métodos de escritura en los tiempos bíblicos.

1. Cincelar jeroglíficos en tablas de piedra.
2. Escribir con un estilo sobre una tableta encerada.
3. Grabar jeroglíficos en tabletas de arcilla húmeda.
4. Escribir con pincel sobre papiro.
5. Escribir con un estilo (punzón) sobre papel.

Dos eruditos judíos estudian las Escrituras hebreas escritas en rollos de pergamino.

pero desde luego siguió las leyes de los sumerios. La costumbre de que una mujer estéril pudiera tener hijos por medio de una esclava (Gn. 16:1–2) era sumeria. Pero también había una ley de que cuando el niño había nacido, la muchacha no debía ser maltratada por la esposa (Gn. 16:6). Cuando Sara quería que Agar e Ismael fueran despedidos del hogar familiar, Abraham no estaba bien dispuesto a ello, y precisó de la certidumbre dada por Dios de que debían marchar (Gn. 21:10–12).

La educación egipcia

Por haber sido criado por la hija de Faraón, Moisés "fue enseñado en toda la sabiduría de los egipcios" (Hch. 7:22), y según la tradición judía ello incluía aritmética, geometría, poesía, música, astronomía y muchas otras materias. En Egipto, las escuelas eran asociadas con los templos, y eran administradas por sacerdotes. La medicina y la religión eran asignaturas clave si el niño debía llegar a ser un sacerdote.

Moisés sería criado por el "maestro de los niños del rey" en la corte real, y habría aprendido a escribir jeroglíficos egipcios con tinta sobre papiro. Es muy probable que aprendiera también la escritura cananea, porque en aquella época Canaán tenía estrechas relaciones con Egipto. Cuando se ordenó a Moisés que enseñara la ley al pueblo, lo llevó a cabo mediante repetición y ejemplo (Dt. 11:19), lectura pública (Dt. 31:10–13) y el empleo de composiciones para ser cantadas (Dt. 31:19). Por

Dos tabletas enceradas unidas para mayor conveniencia.

Más dulce que la miel

En los tiempos del Nuevo Testamento, cuando un niño acudía a la escuela por primera vez, bajaba a la sinagoga cuando era todavía oscuro para escuchar la historia de cómo Moisés recibió la ley. Luego era llevado a la casa del maestro para desayunar, y allí recibía tortas con letras de la ley escritas sobre ellas. En la escuela, el niño recibía una tableta con pasajes de las Escrituras escritos en ella. La tableta estaba untada de miel. Tenía que reseguir las letras en la miel con su pluma, y era natural chupar la punta de la pluma mientras estaba en ello. El propósito de todo ello era que se diera cuenta de que el objeto para el que iba a la escuela era el de absorber las Escrituras. Esta práctica pedagógica parece haberse basado en una antigua costumbre a que David hace referencia en este salmo.

Salmo 19:9–10

cuanto en Egipto era práctica común cantar lecciones, esto probablemente sea un reflejo de la manera en que Moisés fue enseñado. Puede ser importante señalar que Dios llamó a Moisés al liderazgo desde una base de una cuidada educación, como también fue el caso de Pablo siglos más tarde, cuando fue llamado a conducir la iglesia.

La educación judía

Cuando el pueblo judío pasó del desierto a Canaán, no tenían un sofisticado sistema educativo. Este sistema fue desarrollándose al irse desarrollando su civilización, y estuvo influenciado por las prácticas de las naciones que tenían alrededor. Por ello, en sus primeras etapas la educación se centraba en el hogar. La educación de los niños y de las niñas era responsabilidad de la madre durante los tres primeros años de vida (probablemente hasta el destete). Luego, enseñaba a las niñas sus deberes domésticos a lo largo de la infancia.

A los niños el padre les enseñaba la ley desde los tres años, y eran responsables de enseñar un oficio a sus hijos. Una vez cierto rabí dijo: "Quien no enseña a su hijo un oficio útil lo está criando para ladrón". Jesús no era simplemente el hijo del carpintero (Mt. 13:55) sino que era también carpintero él mismo (Mr. 6:3). Esto explica por qué había grupos de trabajadores del lino y alfareros que vivían en un mismo lugar (1 Cr. 4:21–23). Las muchachas podían ejercer profesiones como la de comadrona (Éx. 1:15–21) y el canto (Ec. 2:8).

La educación era básicamente religiosa, lo que posibilitaba a los niños comprender la naturaleza de Dios por

Niños judíos aprenden a leer y escribir.

Cómo hacer el papiro

Las plantas de papiro son juncos largos, de más de 4 metros de alto. Crecían abundantemente junto al río Nilo y se encontraban también a las orillas del río Jordán en Israel.

Juncos de papiro.

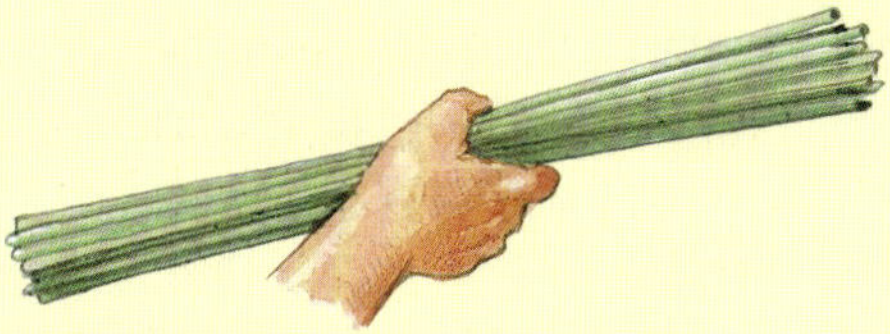

1. Cortar una cantidad de juncos.

2. Pelar el tallo de los juncos.

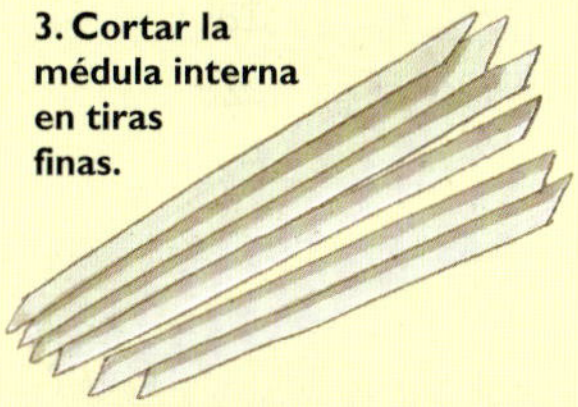

3. Cortar la médula interna en tiras finas.

4. Colocar las tiras una al lado de la otra, solapándolas parcialmente.

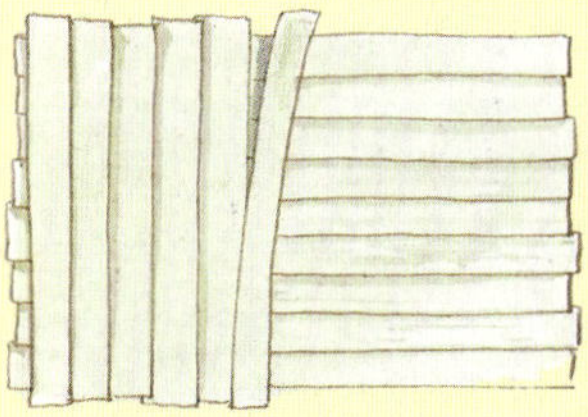

5. Sobreponer una segunda capa, perpendicular a la primera.

6. Golpear las capas con un mazo hasta que formen una hoja lisa y plana.

7. Alisar la hoja con una espátula.

8. Unir las hojas solapando las orillas y golpeándolas con un mazo.

medio de lo que había hecho y por lo que demandaba en la ley. Deuteronomio 6 es un pasaje clave: las palabras del *shema* (credo), "Oye, Israel: Jehová nuestro Dios, Jehová uno es. Y amarás a Jehová tu Dios de todo tu corazón, y de toda tu alma, y con todas tus fuerzas", debían ser enseñadas, se debía tener conversación acerca de ellas, debían ser empleadas en el culto para declarar simbólicamente

Juncos de papiro.

La antigua sinagoga Abuav en Safed, en el norte de Galilea. La sinagoga parece haber tenido sus comienzos durante el exilio cuando la gente se reunía (literalmente, "sinagogar") para aprender la Torá.

que formaban parte de la mente y de la acción, y debían ser empleadas como recordatorio cada vez que se entrara y saliera de la casa (Dt. 6:4–9; véase Sal. 121:8). Los hijos eran estimulados a hacer preguntas acerca de las razones para las fiestas (Éx. 12:26; Dt. 6:20–25) presentándoles objetos desacostumbrados (Éx. 13:14–15; Jos. 4:6). De esta manera se hacía cosa natural enseñarles los actos de Dios.

Cuando los santuarios comenzaron a formar parte de las vidas del pueblo judío, el personal que trabajaba en ellos probablemente comenzó a proveer alguna especie de educación formal. Samuel probablemente recibió su educación a manos de Elí, el sacerdote de Silo (1 S. 1:24). Samuel mismo estableció una escuela de profetas en Ramá (1 S. 19:18–21), y una especie de escuelas teológicas se derivó de ella (2 R. 2:5–7; Is. 8:16). Éste es el origen de la práctica de llamar "padre" a un sacerdote. Ejercitaba el papel del padre en la enseñanza de los niños (2 R. 2:3, 12).

La redacción de las crónicas históricas era importante en estos centros. Aunque la gente seguía oyendo la lectura de la ley (Dt. 31:9–13) había ahora mucha gente que sabía leer y escribir. En Jueces 8:14 se cuenta de un joven que pudo escribir una lista de nombres para Gedeón. Cuando Ezequías hizo construir un túnel de aguas bajo la ciudad de Jerusalén, los obreros dedicados a ello escribieron una inscripción en el punto en que los tuneleros se encontraron. Frecuentemente se escribía con tinta sobre trozos rotos de jarras (óstraca). Las plumas se hacían de cañas duras, aguzadas (Jer. 17:1). La tinta empleada se hacía de hollín, resina, aceite de oliva y agua.

Influencias asirias y babilónicas

Fue el exilio de los judíos a Asiria y Babilonia lo que llevó a adicionales desarrollos educativos. Cuando volvieron y su tierra vino a constituir parte del imperio griego, se hicieron aún más adelantos. Los reyes asirios recogieron miles de tabletas de arcilla en una biblioteca en Nínive. En ellas se contiene todo tipo de conocimiento, botánica, geometría, química, astronomía, medicina, matemáticas, derecho, religión, y dan una indicación de hasta dónde había llegado el sistema educativo asirio. En Daniel 1 se dice que los miembros de la jerarquía israelita fueron educados en la corte de Babilonia. Durante tres años aprendieron la lengua, y luego debieron pasar por un examen oral puesto por el rey (Dn. 1:3–9, 19–20). A fin de preservar su identidad nacional, los judíos del exilio vieron necesario familiarizarse del todo con su propia ley. Por ello, parece que maestros sacerdotes y profetas se dedicaron a esta tarea educativa, y que la prosiguieron cuando los judíos volvieron a su propia tierra.

Los escribas

Al volver, Esdras, sacerdote y escriba (intérprete de la ley), recibió el encargo del emperador de Persia de enseñar a los judíos la ley (Esd. 7:12–26). Todos los que volvieron estuvieron una mañana de pie escuchando la ley (Neh. 8:1–8). Los maestros iban entre la multitud explicándosela. Como resultado de ello, los escribas adquirieron importancia en la comunidad como maestros de la ley. Los escribas también actuaban como escribientes para la gente, para escribir sus cartas, y podían ser reconocidos por los tinteros que llevaban en sus cintos (Ez. 9:2). Estos hombres eran considerados como los profetas anteriores, y eran llamados "hombres de la gran sinagoga".

La sinagoga misma parece haber tenido sus inicios durante el exilio, al reunirse la gente (literalmente, "sinagogar") para aprender la Torá y los otros escritos sagrados. Cuando los judíos volvieron a su patria siguieron esta práctica de oír la lectura de las Escrituras y su interpretación (véase Lc. 4:16–22). Los edificios en que esto se hacía vinieron a ser también centros de culto.

Aprendizaje por repetición

Isaías escribió que la gente se quejaba acerca de la forma en que el profeta los estaba enseñando, porque era "mandamiento tras mandamiento, mandato sobre mandato… un poquito allí, otro poquito allá". Literalmente, significa "s tras s, q tras q", y se refiere al método de enseñar por repetición. El maestro decía una s, y todos los alumnos tenían que repetirlo a coro.
Isaías 28:9–10

Algunos de los escribas diferían acerca de la interpretación de la ley. La escuela de Hillel tendía a adoptar una interpretación tolerante de la ley (por ejemplo, una mujer podía ser repudiada por una falta mínima), pero la escuela de Shammai adoptó una línea más rigurosa. Las enseñanzas de los escribas fueron recogidas en voluminosas colecciones, y finalmente quedaron plasmadas en la Misná.

Un escriba judío. El escriba escribía cartas para la gente y era reconocido por el tintero que llevaba en su cinto.

Niños judíos en la escuela

Véanse los rollos sobre la mesa baja delante del maestro. La educación era básicamente religiosa, lo que permitía a los niños comprender la naturaleza de Dios por medio de lo que Él había hecho y por lo que demandaba en la ley.

Parte de las paredes y las columnas de basalto reconstruidas de una sinagoga en Capernaúm del tercer siglo d.C.

La cultura griega

No pasó mucho antes de que los exiliados devueltos a su tierra entraran en contacto con el pensamiento y la cultura de Grecia, bajo el dominio de su país, alternativamente, por parte de los seléucidas (en Siria) y de los ptolomeos (en Egipto). Las familias ricas y las sacerdotales aceptaron esta cultura, empleando la lengua y literatura griegas e incluso permitiendo juegos griegos en Jerusalén. Al igual que los griegos, rechazaban la creencia tradicional en los ángeles, la resurrección y la providencia de Dios, y vinieron a ser conocidos como los helenistas. Se dio una intensa reacción contra esta postura, y ello de manera particular con la introducción de los juegos griegos en la ciudad. Algunos reaccionaron con el fin de renovar un sentimiento de orgullo nacional, pero otros, conocidos como los hasidim, estaban mucho más preocupados por la edificación de una sólida fe judía. La situación llegó a ser candente cuando los helenistas aceptaron instalar un gimnasio griego (escuela) en Jerusalén en 175 a.C., y muchos judíos ricos enviaron a sus hijos a que recibieran una educación griega.

La colina del Areópago, Atenas. El "comité educativo" de la antigua Atenas era llamado el Areópago.

Los niños griegos iban a la escuela a los siete años, si los padres podían pagar las cuotas. Estudiaban las asignaturas básicas (lectura, escritura, cuentas), música (poesía, danza, instrumento musical) y educación física (lucha, boxeo, carrera, arrojamiento de jabalina y disco; véase 1 Co. 9:24–27). A los dieciséis pasaba al gimnasio a estudiar literatura, filosofía y política.

Los adultos interesados que vivían en el lugar eran invitados a las clases para

Un niño judío lee de las Escrituras hebreas en una Yeshivá, o escuela judía, en Jerusalén.

discusiones. Prominentes maestros establecían sus propias escuelas en la ciudad de Atenas, y los que lo deseaban iban a la ciudad para aprender de ellos. Esto tenía lugar bajo la supervisión general de un comité educativo llamado el Areópago. Pablo empleó el sistema ateniense, poniendo su propia escuela en la ciudad (Hch. 17:16–34). Por ello, tuvo que dar cuenta de sí mismo al Areópago (Hch. 17:22). En Éfeso empleó la escuela de un maestro llamado Tirano como base para su predicación (Hch. 19:9–10).

Los fariseos

El rey seléucida responsable de la escuela griega en Jerusalén fue derrotado en batalla en el año 164 a.C. Los hasidim (o hasideos), que comenzaban a ser conocidos como fariseos, conducidos por Simeón ben Shetah, insistieron que desde aquel momento todos los muchachos judíos asistieran a "la casa del libro" para que tuvieran una educación judía. Ésta debía ser dirigida por un maestro pagado por la sinagoga. Los maestros debían ser hombres casados y de buen carácter. La educación superior se podía conseguir en una "casa de estudio". Esta escuela era un adjunto al Templo, y allí fue encontrado Jesús cuando tenía doce años (Lc. 2:41–52).

Jesús habría asistido a una casa del libro en Nazaret a los seis años, sentado como parte de un semicírculo de alumnos en el suelo, de cara al maestro. Mucha de la enseñanza se hacía por repetición, y la memorización llevó a la práctica de leer en voz alta (véase Hch. 8:30). Se escribía sobre cera en una tableta de madera (Lc. 1:63) o incluso sobre el suelo (Jn. 8:6). El único texto era la Tanach: la Ley, los Profetas y los Escritos, que recibe entre los cristianos el nombre de Antiguo Testamento (2 Ti. 3:15).

La ley tradicional era enseñada desde la edad de diez años hasta los quince, y después de esto la ley judía. Los niños más brillantes, como Pablo, podían ir a Jerusalén a una de las escuelas de la ley. Se sentaban a los pies de los grandes maestros (Hch. 22:3) cuando éstos asistían a las reuniones del Sanedrín, el consejo rector de los judíos. No fue hasta el 65 d.C. que la escuela fue hecha obligatoria para todos los chicos. El sumo sacerdote Gamala ordenó que los niños de seis años en adelante de cada población asistieran a la escuela; demasiados muchachos se habían dedicado a truhanear durante la vigencia del sistema voluntario. La primitiva comunidad cristiana era demasiado pobre para proveer escuelas para sus niños.

CAPÍTULO 7

La agricultura

Cuando los judíos entraron en Canaán y se dedicaron a la agricultura tras una vida seminómada de cuarenta años en el desierto, comenzaban una tarea que en su propia historia se remontaba a cientos de años y ello en un país extremadamente rico en vida vegetal. Ur de los caldeos, de donde provenía Abraham, se sostenía gracias a un sistema agrícola sano basado en acequias de regadío procedentes del río, rejas de arado de piedra y hoces de sílex. Con esta tecnología, los caldeos obtenían dos cosechas cada temporada.

La agricultura era también característica de Egipto. Cada año, el Nilo inundaba las tierras ribereñas, y la tierra quedaba cubierta con un cieno llevado por el río que enriquecía la tierra para aquel año. En la estación seca se empleaba la irrigación. El agua se recogía del Nilo mediante una pértiga que llevaba un cubo en uno de sus extremos, y se dirigía mediante un sistema de acequias que se controlaba con unos taponamientos de fango que se podían poner y quitar a voluntad.

La agricultura cananea

En Canaán no existía esta regularidad ni certidumbre; allí las buenas cosechas no dependían de la crecida de los grandes ríos, sino de las lluvias invernales, que variaban según los años, y de la

Las orillas fértiles del río Nilo, cerca de El Cairo, Egipto.

Mapa de Palestina en relieve

Economía del Antiguo Cercano Oriente
Cobre
Sal
Cobre
Cobre
(Tabriz)
Hierro
Tarso
Harán
Carquemis
Hierro
Nínive
Marfil
Madera
ELISA
Ugarit
Marfil
Papiro
Nuzi
Eufrates
Tigris
Cobre
Mari
Cobre
Tint., acuñ. mon.
Hierro
Madera
M A R
G R A N D E
Tiro
Damasco
Papiro
Hazor
Susa
Babilonia
Hierro
Gaza
Sal
Ur
Metalurgia
Cobre
Nof
(Menfis)
Elat
Nilo
MAR BAJO
Turquesa,
Cobre
Akhetaton
(El-Amarna)
M A R
R O J O
Tebas
Marfil,
Oro
Perfume
Crianza de ovejas
Crianza de caballos
Crianza de camellos
Pesca
Fabricación de textiles
Granos (trigo, cebada)
Frutas (dátiles, higos, aceitunas)
MAR NE
T U
MONTAÑAS TAURO
MONTAÑA
Mte. Líbano
CHIPRE
LÍBANO
MAR GRANDE (MAR MEDITERRÁNEO)
ISRAEL
Jordán
Mar Muerto
JORDAN
E G I P T O
Nilo
MAR BAJO
(EL GOLFO)
M A R
R O J O

El Creciente Fértil y las fronteras actuales

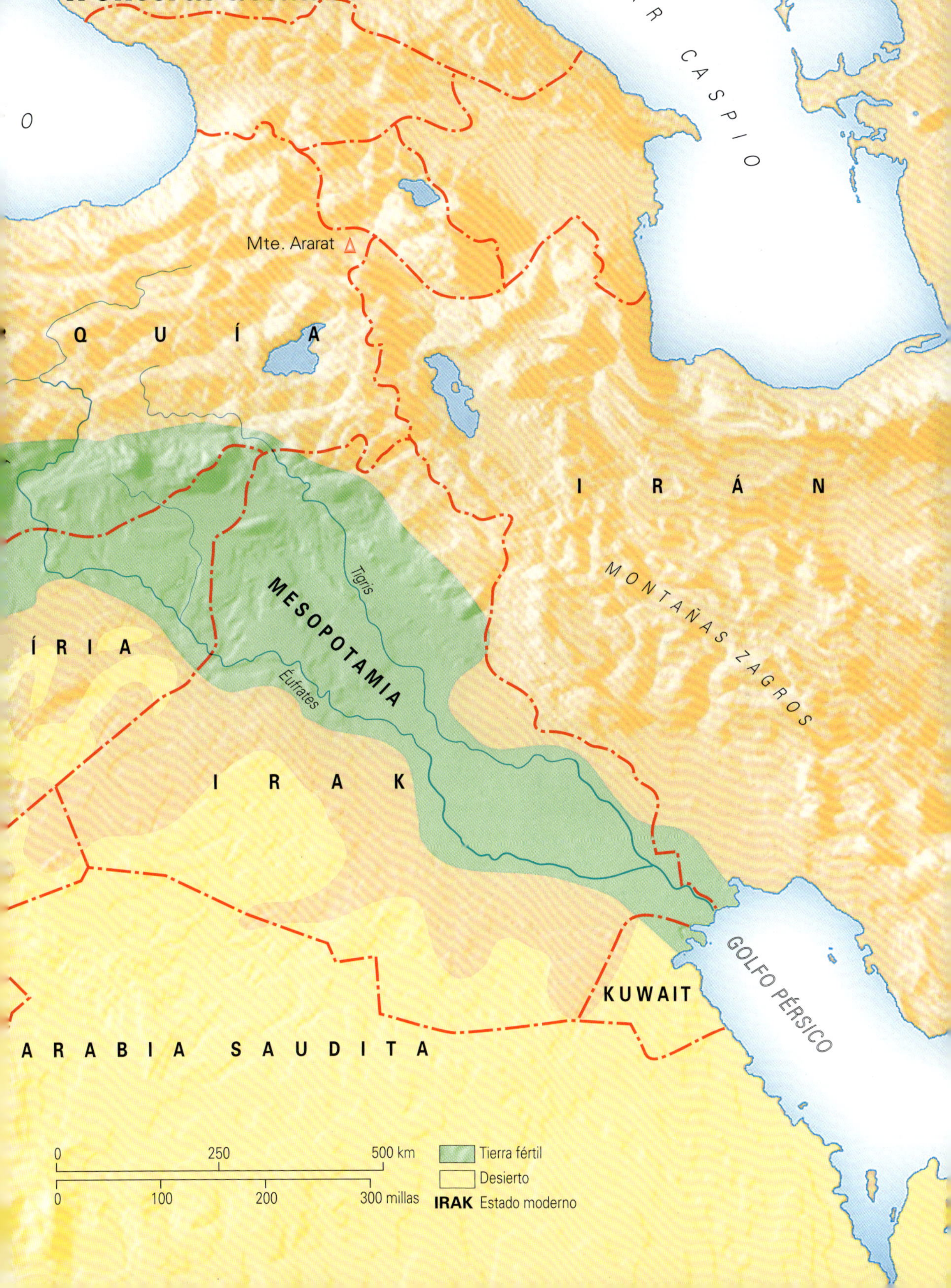

conservación del agua. Moisés advirtió al pueblo judío que la climatología era incierta, y que su seguridad estaría en Dios, que proveería las lluvias anuales (Dt. 11:10–15). Tan incierta era la lluvia que la religión cananea estaba basada en una forma de magia armónica que aseguraba la fertilidad del suelo. Baal era un dios de la tormenta (véase Dt. 11:16–17).

El irregular suministro de agua no era lo único que causaba incertidumbre en la agricultura cananea. El cálido viento del desierto, procedente del sudeste, quemaba todo lo que estuviera creciendo (Jon. 4:8; Lc. 12:55). Otro serio problema eran las langostas, una variedad grande del saltamontes que acudía en enjambres de millones (véase Jue. 6:5; 7:12) y se comían todo lo verde delante de su paso. En Joel 2 se da una terrible descripción de una plaga de langostas. Fue una plaga de langostas la que atacó a Egipto como uno de los estímulos para la demanda: "Deja ir a mi pueblo" (Éx. 10:13–15). Cuando las langostas llegaban, parecían un ejército vengador (Pr. 30:27), permaneciendo en el lugar si el día era frío (Nah. 3:17). Otro problema era el de la erosión. Las lluvias del invierno tendían a arrastrar la cubierta de buena tierra montaña abajo. Se tenían que construir paredes de retención.

La agricultura comenzó cuando los primeros hombres se dieron cuenta de que en lugar de recolectar granos y plantas silvestres, podían recoger sus semillas y sembrarlas en un mismo lugar. Los primeros lugares empleados para cultivar cosechas fueron aquellos en los que crecían las variedades silvestres, lugares con buena irrigación y drenaje, con una temperatura adecuada y terreno también adecuado. Fue sólo con el desarrollo de los instrumentos agrícolas y de las técnicas de irrigación que comenzó a avanzar la agricultura.

El calendario de Gézer

Para el tiempo en que los judíos desposeyeron a los cananeos había ya una considerable cantidad de cosechas. Un niño de aquellos tiempos escribió una redacción del tipo de "treinta días tiene septiembre", y esta redacción fue descubierta en Gézer. Nos dice lo que se hacía durante el año agrícola (véase la página derecha).

Con la posesión de ovejas, y quizá de

algunas cabezas de ganado mayor, y cada uno en su propia tierra, el sistema agrícola podía ser denominado agricultura mixta autárquica. Esto cambió en los primeros tiempos de la monarquía hebrea, al ir los nobles acumulando tierra a expensas de los agricultores originales. Se desarrolló un sistema de arrendatarios reales, y se designaron administradores que se encargaran de los viñedos, olivares, graneros y de la crianza de los ganados (1 S. 8:14). Los profetas protestaron en contra de este estado de cosas (Is. 5:8), y Nehemías obligó a una devolución de las tierras a los dueños originales (Neh. 5), situación que persistió hasta la conquista del país por los ejércitos de Grecia y Roma, cuando fue posible volver a acumular tierras (Lc. 12:18–19).

Empleando el antiguo calendario de aquel escolar echaremos ahora un vistazo a algunas de las cosechas que se cultivaban.

Ríos y arroyos de Palestina

Cultivo de granos

Los dos cereales más importantes eran el trigo y la cebada, pero también se cultivaba el mijo (Ez. 4:9). El trigo se cultivaba en la llanura costera filistea, en el valle del Jordán y en el valle de Jezreel. La cebada se podía cultivar en terrenos

El calendario de Gezer

Los dos meses son cosecha de aceituna	(sept./oct.)
Los dos meses son siembra de grano	(nov./dic.)
Los dos meses son siembra tardía	(ene./feb.)
El mes es salladura del lino	(marzo)
El mes es cosecha de la cebada	(abril)
El mes es cosecha y festejo	(mayo)
Los dos meses son cuidado de la vid	(junio/julio)
El mes es fruto de verano	(agosto)

(En enero y febrero lo que se plantaba eran el mijo, las lentejas, los guisantes, los melones y los pepinillos.)

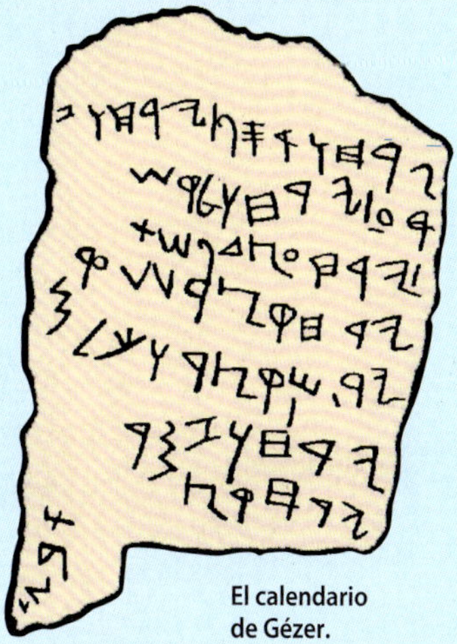

El calendario de Gézer.

La labranza

Un agricultor de los tiempos bíblicos arando con un par de bueyes. Véanse la hoja del arado y la aguijada del labrador.

A menudo se combinaban en una las operaciones de arar y sembrar. El grano era lanzado y esparcido desde un cesto abierto, que iba siendo rellenado de un saco atado al lomo de un asno. Se precisaba de alrededor de catorce kilogramos de semilla por hectárea, aunque los babilonios habían inventado una tosca sembradora que economizaba semilla. La semilla era a continuación recubierta de tierra con el arado, para que no se la comieran las aves (Mt. 13:4). Este método de sembrado subyace a la parábola del sembrador en Mateo 13, donde había un camino duro y espinos esperando la acción del arado.

El arado mismo se hacía con dos piezas largas de madera unidas en forma de T. La parte horizontal de la T se uncía al yugo que estaba sobre el cuello de los animales. El yugo era simplemente una tosca barra de madera atada a través de los cuellos de un par de animales y sostenida en su lugar por dos palos verticales que descendían a cada lado del cuello y que se ataban por debajo (véase Jer. 28:13).

Los animales empleados eran bueyes cuando ello era posible, y si se empleaba un toro, éste se castraba. La ley prohibía la mezcla de animales, como el buey y el asno (Dt. 22:10), posiblemente porque se habría dado un empuje desigual que habría causado sufrimiento al animal más débil. La norma que prohíbe la asociación de los creyentes con los incrédulos en 2 Corintios 6:14 ("No os unáis en yugo desigual con los incrédulos") no era meramente exclusivista; se dio con el conocimiento del sufrimiento que tal cosa podría causar.

La medida unitaria de la tierra vino a ser la extensión que podía ser labrada en un día por un par de bueyes (1 S. 14:14; Is. 5:10). En los primeros tiempos de la agricultura el extremo aguzado del arado era poco más que un palo en punta. Se hizo un gran adelanto cuando se pudo fundir el cobre y ponerse una hoja de cobre a la punta del arado. Un adelanto mucho mayor fue cuando los filisteos introdujeron el hierro, incluso si ello significaba que los hebreos tenían que llevar sus rejas de arado y otros artículos de hierro a los filisteos para su afilado (1 S. 13:20).

Un sembrador esparce semillas sobre el terreno preparado y arado. Lleva la semilla en una bolsa.

Un modelo proveniente de una tumba egipcia mostrando a un granjero arando con dos bueyes.

más pobres y precisaba de un tiempo más corto de cultivo, y era también un cereal menos apreciado que el trigo (Sal. 81:16).

El ciclo del cultivo de cereales comenzaba cuando llegaban las lluvias tempranas en octubre/noviembre y ablandaban el suelo para poderlo trabajar. Las lluvias persistían luego intermitentemente en fuertes aguaceros a lo largo del invierno. Joel las llama "la lluvia temprana" y "la lluvia tardía" (esto es, las lluvias de otoño y de la primavera, respectivamente, Joel 2:23). Sin lluvia, el arado no podía ser empleado, porque la tierra quedaba endurecida por el sol de verano (Jer. 14:4). No era un trabajo placentero, por cuanto las lluvias invernales eran intensas y frías, y siempre era tentador esperar a que llegaran días más suaves (Pr. 20:4).

Arados

Los primitivos arados eran ligeros. Aunque eran portátiles y podían ser llevados hasta cierta distancia sobre el hombro, podían arañar la superficie de la tierra hasta una profundidad de sólo 7 a 10 cm. La razón de que el labrador no debía mirar atrás (Lc. 9:62) no era porque pudiera torcer los surcos. Más bien se debía a que precisaba de toda su concentración para empujar fuerte y profundizar lo suficiente en la tierra. Tenía que vigilar la aparición de piedras o cantos rodados también, puesto que podían dañar una herramienta tan

Una mujer árabe ara su campo con un buey y un asno, algo prohibido en el libro de Deuteronomio. (Fotografía del siglo XIX por el francés Bonfils.)

Arriba: Un campesino ara su campo con un arador tirado por un asno, cerca de Belén.

ligera, aunque su ligereza sí significaba que podía levantar el arado sobre el obstáculo.

La operación de arar se hacía en ocasiones en equipo, aportando cada granjero su propio arado y bueyes hasta que se cubrían todos los campos de un pueblo. Eliseo estaba arando con otras once personas y veinticuatro bueyes cuando fue llamado a su ministerio profético (1 R. 19:19).

Los arados no se podían emplear en las laderas, cerca de los árboles o en tierras excepcionalmente duras. En tales casos se empleaba un azadón, una herramienta parecida a una azada, con una hoja en ángulo recto al mango (Is. 7:25). Había un método alternativo de sembrar y arar en el que la tierra se araba primero y se sembraba después. Esto exigía otra pasada de arado en ángulo recto a la anterior, o bien pasar una traílla uncida a dos bueyes.

Si los bueyes no estaban dispuestos a

Izquierda: Este arado es similar a los usados en tiempos bíblicos.

Extrema derecha: Cosecha manual del trigo en los campos cerca de Shoham, Israel.

Derecha: Una mujer árabe prepara la tierra, rompiendo terrones en el campo listo para sembrar.

Un agricultor de los tiempos bíblicos siega grano empleando una hoz de hierro.

moverse o eran demasiado lentos para el labrador, los avivaba con una aguijada, un palo largo y puntiagudo. Ésta aguijada era lo suficientemente recia como para poder ser empleada como arma (Jue. 3:31). Jesús empleó una simbólica aguijada para llevar a Pablo al punto de la conversión. "Dura cosa te es dar coces contra el aguijón", le dijo (Hch. 26:14).

El trigo se sembraba al principio, luego la cebada, y seguían las otras cosechas: el mijo, las lentejas, los guisantes, melones y pepinillos. Era necesario mantener el suelo libre de malas hierbas a golpe de azada desde diciembre hasta febrero. Éste era un tiempo cuando, excepto en la zona montañosa, era imposible ir de un lugar a otro debido a que las lluvias transformaban las planicies en un fangal. Luego, al comenzar a subir las temperaturas al final de marzo y comienzos de abril, llegaban las lluvias tardías (véase otra vez Joel 2:23). Estas lluvias hacían crecer el grano, y para fines de abril la cebada estaba lista para la siega.

Los campos estaban divididos mediante lindes, y estaba permitido recoger las espigas del grano que crecía al lado de los lindes. Esto se hacía particularmente en la primavera, cuando el grano estaba todavía tierno. Los doce discípulos de Jesús comieron de este grano aún tierno un sábado (Lc. 6:1–2). No fueron criticados por tomar el grano, porque esto estaba permitido en la ley (Dt. 23:25). Sin embargo, los había que opinaban que incluso este recogimiento de grano podía ser considerado como "trabajar" en sábado.

Izquierda: Un trillo. Hecho de madera con pedernales, un buey o un asno lo arrastraba sobre la tierra para separar el grano de la paja.

La cosecha

El lino era cosechado en marzo y abril cortando las cañas con una azada a ras de tierra. Tan pronto como esto terminaba, la cebada estaba lista para la siega. La cebada se cortaba con una hoz, una herramienta con forma de luna creciente, con un filo muy cortante en su interior, y manejada a mano con una empuñadura. En los primeros tiempos, esta herramienta se hacía de madera o incluso con una gran quijada de un animal, poniéndose afiladas piedras de sílex a lo largo del filo interior. Posteriormente, se pudo disponer de hoces metálicas (Jer. 50:16; Jl. 3:13).

Los tallos se cortaban cerca de la parte

Una era en el valle del Jordán.

Derecha: Trilla del grano empleando una rastra tirada por dos bueyes.

superior, y el resto se dejaba en el suelo para que pastaran las ovejas (véase p. 126). Se ataban en gavillas (Gn. 37:7 y Sal. 129:7) y se cargaban sobre lomos de asnos (Gn. 42:26–27) o se ponían en carros para ser llevadas a trillar. En ocasiones, el grano se arrancaba. La siega la hacía normalmente un grupo de segadores que trabajaban juntos, pero las esquinas de los campos se dejaban a los pobres (Lv. 23:22). A los pobres se les permitía también ir tras los segadores para recoger o "espigar" aquello que los segadores hubieran dejado atrás (Dt. 24:19–22). La historia de Rut tiene este trasfondo. Y pudo llenar la gran falda de su manto con lo que había recogido (Rt. 2).

El grano estaba extremadamente seco para el tiempo de la cosecha, y había peligro de incendio (véase Éx. 22:6). Este peligro era frecuentemente explotado por los enemigos en caso de guerra, a sabiendas de que este incendio debilitaría seriamente la condición de los poseedores de las cosechas (véase Jue. 6:1–6; 15:4–5).

La trilla

La separación del grano de la paja se hacía en la era. Ésta podía ser cualquier superficie dura y compacta, bien de roca alisada (como seguramente sería la era de Ornán el jebuseo, 1 Cr. 21:18–26) o de tierra apisonada. Las eras de tierra estaban frecuentemente cubiertas de hierba y eran un sitio ideal en el que plantar una tienda. Eran conocidas como "eras de verano".

La trilla se hacía en ocasiones apaleando el grano con mayales si se trataba de pequeñas cantidades. Rut empleó este método (Rt. 2:17), y lo mismo hizo Gedeón cuando empleaba para ello el fondo de piedra del lagar (Jue. 6:11). El salmista imagina hacer esto con sus enemigos (Sal. 18:42).

Los bueyes eran otro medio para hacer la trilla. Se tomaba una yunta de bueyes y el yugo se unía a un poste vertical plantado en medio de la era. Estos eran llevados alrededor una y otra vez por un muchacho, y sus aguzadas pezuñas hacían el resto. La ley decía que no se debía poner bozal a los bueyes mientras hacían esto, para que pudiesen comer (Dt. 25:4), y el Nuevo Testamento usa esta norma para establecer el principio de que los ministros del evangelio deberían siempre poder vivir de su ministerio (1 Co. 9:7–9; 1 Ti. 5:18). El significado de la raíz de la palabra hebrea para "trillar" es "hollar", lo que proviene de esta última manera de trillar (Job 39:15; Dn. 7:23).

En una etapa posterior se inventó el trillo, que los bueyes tiraban tras sí de manera semejante a como lo hacían con el arado. Los trillos se hacían con largas planchas de madera unidas por sus lados. En la parte inferior se hincaban pedernales, que se aseguraban con brea. Este trillo se arrastraba sobre grano acumulado hasta un grosor de medio metro, y se hacía el trabajo de un modo mucho más rápido. El grano caía a través de la paja a la dura superficie al fondo, mientras que la paja quedaba triturada de esta manera. La paja así desgarrada constituía un excelente forraje para los animales, y para mezclarla con el grano. Posteriormente se inventó un trillo más sofisticado, en el que unas ruedas dentadas tomaron el lugar de los pedernales.

Almacenaje

Al día siguiente el grano era medido en vasijas de barro cocido de medidas estándar que tomaban su nombre de sus capacidades. Se ponía todo lo posible dentro de la vasija, hasta que no cabía más (Lc. 6:38). Luego el grano era guardado. Se ponían unas pequeñas cantidades en vasijas de barro, y cantidades mayores en un pozo seco o en una cisterna, en una estancia unida a la casa, o incluso en un granero (Dt. 28:8; Pr. 3:10; Mt. 13:30; Lc. 12:18). Había también graneros públicos (Gn. 41:48).

Recipientes y vasijas de barro para guardar el grano.

Había varias maneras de mantener los granos almacenados a salvo de las plagas. Los almacenes se construían de ladrillo, con gruesas paredes, y la única entrada era por medio de un orificio en la parte superior del edificio. Los interiores estaban revocados con cal. Se empleaban almacenes así para facilitar un lugar central para recibir las ofrendas que sustentaban el ministerio. Se tenía que aportar una décima parte del producto de la tierra (frutos y cosechas) (Lv. 27:30–32; Dt. 14:22–29).

No hay conocimiento de que se emplearan fertilizantes para los cultivos de cereales, aunque sí se empleaba estiércol para otros cultivos. En lugar de esto se daba un reposo a la tierra cada año séptimo o sabático (Lv. 25:1–7). Dios prometió una excelente cosecha cada sexto año para que su pueblo pudiera vivir a través del séptimo (Lv. 25:18–22). Lo que creciera de suyo en el año séptimo era propiedad de los pobres (Éx. 23:10–11). Esta ley no fue observada en los primeros tiempos de la monarquía, y el cronista vio el exilio como la forma de dar a la tierra sus sábados de reposo de que había sido privada (2 Cr. 36:21). Después del exilio Nehemías intentó restaurar la práctica de dar reposo a

El aventado

Al caer la tarde, cuando soplaba la brisa, se apilaban el grano y paja ya desprendidos en un gran montón en el centro de la era para aventar. Para esto, el agricultor empleaba un instrumento de cinco puntas llamado bieldo y otro que era una especie de pala de aventar. Al principio se empleaba el bieldo hundiéndolo en la pila y echando la mezcla de grano y paja al aire. El grano, más pesado, caía al suelo, mientras que la paja era arrastrada por el viento. Cuando lo que quedaba era demasiado poco para poder ser recogido con el bieldo, se empleaba la pala. Si no había viento, era posible, para aventar pequeñas cantidades, generarlo agitando una pieza de tapicería. El tamo era recogido y empleado para encender los fogones domésticos. La paja era guardada para alimento de los animales.

Luego el grano tenía que ser limpiado cribándolo. Los granos de trigo y cebada estaban mezclados con todo tipo de impurezas de la era. Todo era puesto en grandes cribas que dejaban pasar el grano pero que dejaban la mayor parte de las impurezas dentro. También era necesario en este momento eliminar todos los granos de cizaña. La cizaña aparece en la parábola de su nombre en el Nuevo Testamento. Parece idéntica al trigo hasta que el grano madura, cuando se vuelve negra en lugar de amarilla (véase Mt. 13:24–30). Los granos de la cizaña son amargos, y provocan náusea y envenenamiento si se ingieren.

La imagen de la separación de lo bueno y de lo malo se empleó como imagen de lo que Dios hará al juzgar a la gente (Sal. 1:4; Jer. 15:7). Todo este proceso fue utilizado por Juan el Bautista para ilustrar la obra de Jesús (Mt. 3:12). Cuando Jesús dijo que Satanás quería zarandear a Pedro como a trigo (Lc. 22:31), es posible que hiciera referencia al zarandeo físico de la criba. Una vez terminada esta parte del trabajo, el agricultor se quedaba generalmente con el grano por la noche, acampando en la era para cerciorarse de que no le robaban el grano (Rt. 3).

Una criba, usada para separar el grano de la paja.

Un bieldo de madera para aventar, similar al usado en la ilustración (derecha).

Un campesino aventando grano. Véase cómo el trabajador en segundo plano se ha "ceñido los lomos".

la tierra (Neh. 10:31), y ello estuvo en vigor durante el período helénico. En el año 163/162 a.C., los judíos se vieron carentes de provisiones "por cuanto era un año sabático de la tierra" (1 Mac. 6:49, 53).

Hortalizas y otros cultivos

El lino se cultivaba para conseguir su fibra. Los espías que fueron a Jericó en la época de Josué se escondieron bajo unos manojos de lino puestos a secar en el terrado de una casa (Jos. 2:6). El lino se hilaba (Pr. 31:13), pero a Isaías le disgustaban los vestidos de lino que frecuentemente se hacían debido a que su transparencia conducía al estímulo sexual (véase Is. 3:16–24, esp. el v. 23). Los pepinillos, melones, puerros, cebollas y ajo eran probablemente importados de Egipto (Nm. 11:5), y se cultivaban muchas plantas para consumir sus hojas (la malva, la acedera y la alcachofa). Las alubias y las lentejas se empleaban para espesar los cocidos (Gn. 25:34).

Los viñedos

Según Génesis 9:20, Noé fue el primero en cultivar la vid tras el diluvio. A un nivel personal, cada judío anhelaba tener su propia vid. Esta se cultivaba en una alambrera o enrejado alrededor de su casa, y proveía de sombra durante el cálido verano (1 R. 4:25). La posesión de una vid era parte de la vida sedentaria, y por ello era rechazada por los recabitas, que querían testificar de la vida nómada (Jer. 35).

Era muy económico para un pueblo invertir en su propio viñedo. Pero en los lugares de buenos caldos, las pequeñas viñas eran compradas por terratenientes forasteros, y los pequeños agricultores vinieron a ser arrendatarios, recibiendo un porcentaje de su producción como pago (1 R. 21:6; Mt. 20:1; Lc. 20:9–10). Por ello, el cuidado de un viñedo vino a ser algo de la mayor importancia. Era una actividad ya bien desarrollada cuando Moisés envió los doce espías a Canaán (Nm. 13:23).

Una colina en terrazas cerca de Belén. Esto permite al agricultor hacer uso de las laderas empinadas, con su abundante luz solar.

Plantando una viña

Isaías 5:1–2 bosqueja el proceso de plantar una viña:

> *Tenía mi amado una viña en una ladera fértil.*
> *La había cercado y despedregado y plantado de vides escogidas.*
> *Había edificado en medio de ella una torre, y hecho también en medio de ella un lagar.*

(Véase también Mt. 21:33). La viña estaba situada en una ladera, donde había buen desagüe y donde las vides podían tener abundancia de sol. La tierra era primero dispuesta en terrazas empleando para ello las piedras de que estaba lleno el terreno, lo que a la vez constituía una manera de conservar la tierra durante las intensas lluvias. El terreno era a continuación rodeado de una pared y de un foso, sirviéndose de la tierra sacada del foso para hacer la base de la pared. Encima de la pared se ponía una cerca de espinos para mantener fuera a los animales silvestres que podrían causar daño a la viña. (Pr. 24:30–31; Cnt. 2:15). Salmo 80:12–13 menciona a personas que

Cosecha de uvas.

Una torre de vigilancia improvisada en una colina en terrazas cerca del pueblo montañoso de Belén.

Una torre de vigilancia en la colina permite al agricultor proteger sus campos durante el tiempo de la cosecha.

Espadas en rejas de arado

Joel hace referencia a gentes preparándose para la guerra que forjan espadas de sus azadones y lanzas de sus hoces. Isaías 2:4 y Miqueas 4:3 hablan de paz, transformando la gente sus espadas en rejas de arado y sus lanzas en hoces. El metal era tan escaso que en tales ocasiones había necesidad de transformar unos artículos en otros.

Joel 3:10

podrían merodear por los viñedos para robar sus frutos, aunque la ley permitía recoger uvas siempre y cuando no fueran llevadas en un recipiente (Lv. 19:10; Dt. 23:24). El suelo era preparado a golpes de azadón (Is. 5:2).

Finalmente, se construía una torre de vigilancia, que servía como residencia de verano, un lugar en el que la familia residía durante el verano mientras se efectuaba la vendimia. No se trataba de una construcción barata. Jesús contó una vez una historia acerca de un hombre que se quedó sin dinero durante la construcción de una torre (Lc. 14:28–30). El último piso de la torre se empleaba como atalaya (Is. 5:2). Si el dueño no podía edificar una torre, los trabajadores levantaban una tienda.

Los vástagos se plantaban a una distancia de unos cuatro metros de distancia entre sí para dar suficiente espacio para el crecimiento de los sarmientos. Si la viña estaba en terreno llano, se dejaba así suficiente espacio para poder pasar el arado entre las hileras. Algunas variedades se dejaban que se extendieran sobre el suelo, pero otras eran sostenidas por toscos enrejados de cañas. Una vez que la vid crecía, se podaba con una pequeña hoz de podadera (Jl. 3:10) durante los meses de invierno, para eliminar las ramas débiles, rotas o enfermas, para que la vid produjera las mejores uvas posibles. Este proceso era conocido como "limpiar la vid". Nosotros somos podados, o limpiados, mediante la enseñanza que Jesús nos ha dado (Jn. 15:3). Los buenos pámpanos que no están produciendo mucho son quitados (Jn. 15:2) del suelo, y puestos en una mejor posición, más favorable para la producción de buen fruto.

La vendimia

La vendimia comienza en julio y dura hasta septiembre. Todo el pueblo puede ir a los viñedos (como en Jue. 9:27) debido a que se trata de un trabajo que tiene que llevarse a cabo con rapidez. La vendimia era un trabajo duro en los tiempos bíblicos, pero había cantos, bailes y festejos. Los festejos eran una parte fundamental de la vendimia, hasta el punto de que la ausencia de los mismos sería considerada como una señal del juicio de Dios (Is. 16:10). Cada participante en la vendimia llevaba grandes cestos (Jer. 6:9) donde se ponían las uvas. Algunas uvas se comían

frescas o se prensaban para conseguir jugo de uvas fresco. El copero, en la interpretación del sueño que le dio José, exprimía un racimo de uvas en la copa de Faraón (Gn. 40:11). El jugo de uvas fresco se empleaba como laxante. Algo del jugo se convertía también en vino, conocido como "mosto" (Os. 4:11).

Otras uvas eran secadas para conseguir pasas. Se tendían en un rincón de la viña, y se volvían a diario, rociándolas con aceite de oliva. David recibió grandes cantidades de uvas pasas en varias ocasiones (1 S. 25:18; 2 S. 16:1; 1 Cr. 12:40) porque eran un alimento normal. Había demasiada uva para poderla secar toda como pasas. La mayor parte de ellas se prensaba para conseguir el jugo.

El lagar

El lagar era una cisterna tallada en una roca, con un orificio de salida al fondo.

Jóvenes israelitas reviven la manera antigua de pisar las uvas.

El jugo salía por el orificio recogiéndose en una tina o en otros recipientes. Varias personas a la vez subían al lagar y pisaban las uvas con grandes risas y regocijo. La primera parte de Isaías 65:8, "Como si alguno hallase mosto en un racimo, y dijese: No lo desperdicies, porque bendición hay en él", puede haber formado parte de alguno de los cánticos que se

La ilustración muestra el antiguo método de hollar las uvas en un lagar. Los hombres se sujetan de las cuerdas para mantener el equilibrio. La vendimia era un tiempo de celebración. Véase el jugo de la uva saliendo por los tubos.

cantaban durante la vendimia. A semejanza de Isaías, Jeremías ve juicio en el tiempo en que no haya regocijo o canción al aplastarse las uvas (Jer. 48:33). Isaías presenta una triste imagen de un hombre pisando las uvas solo porque sus compañeros se habían ido (Is. 63:3). Una imagen aún más violenta de juicio se ve cuando se pone a personas en el lagar de Dios y son entregadas para ser holladas. Los ropajes de Dios están cubiertos de sangre en lugar del rojo zumo de las uvas (Is. 63:3–6; Ap. 19:13, 15).

Algo del jugo de las uvas se hervía para preparar un espeso jarabe llamado *dibs*. Esto bien puede ser lo que recibe el nombre de miel en la mayor parte de pasajes bíblicos. Ello se debe a que las abejas no fueron explotadas en colmenas hasta los tiempos romanos. La miel normal se conseguía de abejas silvestres (véase p. 50). La miel que "fluía" en la tierra es por ello más probablemente asociada con la uva. En ocasiones se extiende sobre pan, y a veces se diluye con agua para preparar una bebida.

La mayor parte del jugo de la uva se convertía en vino. Esto no se hacía simplemente por placer: se trataba de una necesidad. El agua no era segura para la bebida a no ser que manara de un manantial, y el suministro de leche era limitado. Cuando Pablo le dijo a Timoteo que bebiera un poco de vino por causa de su estómago, no porque el vino fuera a hacerle un bien a su estómago, sino porque el agua podría hacerle daño (1 Ti. 5:23).

Elaboración del vino

El jugo de la uva se dejaba durante seis semanas en los recipientes donde había sido recogido, donde fermentaba. En el fondo de estos recipientes se formaba un sedimento conocido como *heces*. Entonces se decantaba gentilmente a unas jarras sin remover el sedimento (véase Jer. 48:11). Las jarras eran selladas con arcilla, pero había un pequeño orificio cerca del asa que permitía la salida de los gases que se liberaban durante el resto de la fermentación. Cuando el proceso quedaba terminado, se cerraba el agujero con un poco de arcilla húmeda, y se ponía el nombre o sello del dueño en la arcilla. Era posible poner el vino en cueros (cueros de cabra), pero si un cuero viejo no se expandía para dar

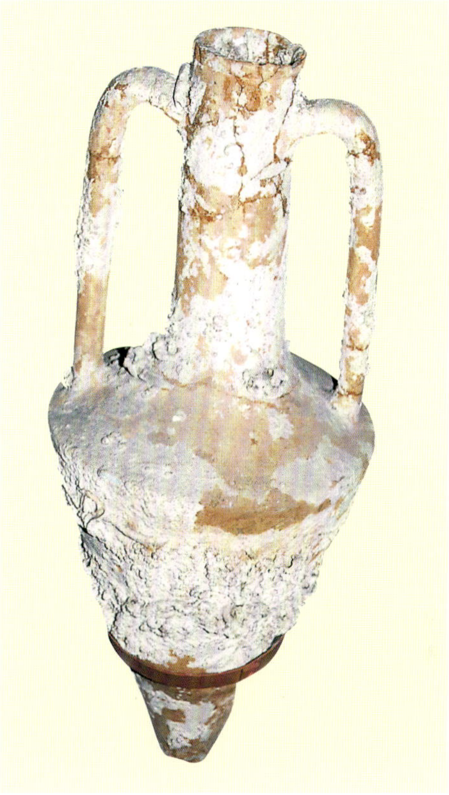

Izquierda: Jarras romanas, o ánforas, para guardar vino, con su forma distintiva y elegante. Se colocaba la base cónica en un hoyo para mantener la jarra en posición vertical.

sitio a los gases, reventaba, y se perdía el vino. Esto es lo que expone Jesús en su ilustración en Mateo 9:17.

En los tiempos del Nuevo Testamento se importaban vinos a Judea desde todas partes del mundo mediterráneo. Los ricos tenían bodegas en sus casas y guardaban el vino en jarras estrechas llamadas *ánforas*. Los aguzados extremos se enterraban en el suelo para mantener en fresco el vino. El vino también se conseguía de dátiles, granadas, manzanas y grano. El vino conseguido de grano es probablemente lo que en la Biblia se conoce como "sidra" (Lv. 10:9; Is. 56:12).

Había varios usos del vino además del evidente. Se empleaba como desinfectante para limpiar heridas antes de cubrirlas del terapéutico aceite de oliva (Lc. 10:34). El vino barato (el vino de soldado), producido antes de terminar la fermentación en las jarras de tierra cocida, se mezclaba con mirra o hiel para aminorar el dolor (Mt. 27:34).

El simbolismo de la vid

La vid tenía una gran importancia en la religión de Israel. Se empleaba como símbolo de la vida religiosa misma de Israel, y con frecuencia una talla de un racimo de uvas adornaba el exterior de la sinagoga, a la entrada. El simbolismo se basaba en pasajes como el Salmo 80 e Isaías 5:1–5, donde Israel es la vid de Dios. La importancia de la vid es la razón por la que los fariseos se encolerizaron tanto ante la historia que Jesús explicó acerca de los viñadores malvados (Mt. 21:33–41, 45–46). Jesús era la vid verdadera, como cumplimiento de todo lo que Israel hubiera debido ser para Dios (Jn. 15:5–7).

La vid era también importante porque

La cubierta de esta lámpara de aceite romana muestra a dos hombres pisando uvas.

Relieve de un racimo de uva procedente de la antigua sinagoga de Capernaum.

daba enseñanzas acerca del uso correcto e incorrecto. El vino era una de las buenas cosas que Dios había dado (Gn. 27:28; Jue. 9:13) y como tal le debía ser devuelto en acción de gracias (Éx. 29:40). Si un agricultor vivía demasiado lejos del santuario central para poder entregar el diezmo del vino, éste debía ser vendido, y su precio empleado en comprar algo mediante lo que rendir gracias a Dios (Dt. 14:22–26).

Sin embargo, se debía hacer abstención del vino con propósitos disciplinarios. Un

Fotografía del siglo XIX de olivos en el huerto de Getsemaní, Jerusalén. El nombre "Getsemaní" probablemente significa molino o prensa de aceite.

nazareo no tomaba en absoluto del fruto de la vid (Nm. 6:3). Juan el Bautista no bebía vino (Lc. 1:15), y estaba prohibido a los sacerdotes cuando debían ministrar delante del Señor (Lv. 10:5–9). El vino podía ser usado para bien (Gn. 14:18; Sal. 104:15; Ecl. 10:19) o para mal (Gn. 9:21; Is. 5:11; 28:7). Lo que está condenado en la Biblia son los excesos de conducta que van con el exceso de vino y no el beber en sí (Ro. 13:13; 1 Co. 11:21; 1 Ti. 3:8; Tit. 2:3).

El cultivo de la aceituna

Los olivos iban asociados con las vides; también ellos eran un elemento vital de la alimentación. El Salmo 128:3 habla de la bendición de Dios sobre las familias que se confían a él: "Tu mujer será como vid que lleva fruto a los lados de tu casa; tus hijos como plantas de olivo alrededor de la mesa". El olivo de la familia podía crecer al lado del hogar familiar en la heredad, pero con el paso del tiempo se plantaron olivares junto con los viñedos y los campos de cereales, cuando se empleaba el aceite para pagar los impuestos. Los olivos crecían tan bien que la tierra era a veces designada como "tierra de olivos, de aceite" (Dt. 8:8).

Los olivos se conseguían insertando un injerto de un árbol cultivado a un

Arriba: Olivos en el monte de los Olivos, Jerusalén.

Arriba derecha: Un olivo antiguo en el bosque de Ben-Shemen, Israel.

Abajo derecha: Un molino de aceite antiguo. Las aceitunas eran colocadas en el recipiente y prensadas por el tronco pesado.

tronco silvestre, que era cortado a ras de tierra. Las raíces del olivo se hunden muy profundamente en el suelo rocoso, y puede que esto sea lo que subyazca a Deuteronomio 32:13, que hace referencia a chupar aceite del duro pedernal. El olivo precisa de alrededor de quince años para llegar a la madurez, y luego da fruto durante siglos. Las viejas raíces dan frecuentemente vástagos nuevos, lo que dio al profeta la imagen del tronco de Isaí que da como renuevo al Mesías (Is. 11:1). Los nuevos vástagos eran injertados en troncos. Pablo dice que cuando el cristianismo vino a tomar el puesto del judaísmo del Antiguo Testamento, fue como si, al revés de la práctica normal, se injertara un olivo silvestre en un tronco de olivo cultivado (Ro. 11:24).

El olivo

El olivo no es atractivo por sí mismo. Cuando alcanza su máxima altura tiene alrededor de seis metros. La corteza es retorcida, y las hojas de un color verde oscuro mate. Pero dan un lustre plateado a la luz del sol, lo que probablemente hacía que el árbol pareciera hermoso para las gentes de los tiempos bíblicos (Sal. 52:8; Jer. 11:16; Os. 14:6). El árbol se cubre de flores blancas en la primavera, y la caída de los pétalos parece como una nevada (Job 15:33).

El fruto está listo para su recolección, en la que toman parte mujeres y niños, en septiembre/octubre. Se deposita un gran lienzo al pie del árbol, y se varean las ramas para hacer caer las aceitunas al lienzo. En los tiempos del Antiguo Testamento, las que no caían debían ser dejadas en el árbol para que las recogieran los pobres (Dt. 24:20; Is. 17:6). El vareado de las ramas destruía casi seguramente los tiernos brotes, por lo que había una cosecha pobre al año siguiente. Ello tenía como resultado una alternancia de cosechas buenas y malas.

El aceite de oliva

El aceite de oliva se empleaba para untar el pan y para freír, y por ello era de gran importancia para la dieta (Ez. 16:13). Por ello, formaba parte de la oblación (Lv. 2:1). Se empleaba como combustible para las lámparas (Mt. 25:3, 4), y cuando se hervía con sosa daba jabón. Se empleaba también el aceite para frotarlo en la piel para hacerla brillante, y para ungir la cabeza para hacer que el cabello brillara.

La belleza conseguida mediante el

aceite puede que subyazca a su empleo en la vida religiosa, porque aquellos objetos que se consagraban al servicio de Dios eran ungidos con aceite. También el profeta (1 R. 19:16), sacerdote (Lv. 8:12) y rey (1 S. 16:13; 1 R. 1:34) eran ungidos con aceite por cuanto eran separados, o consagrados, para el servicio de Dios. Su empleo ritual era tan importante que era un pecado conducente a la excomunión emplear el aceite de la unción santa para fines comunes (Éx. 30:32–33), y la persona que hubiera recibido esta unción debía ser obedecida (1 S. 24:6). El profeta se dirigía al pueblo de parte de Dios, el sacerdote representaba al pueblo ante Dios, y el rey mantenía la ley de Dios.

La palabra para "untar" o "ungir" es *Maseiah*, y por tanto el término Mesías significa "el Ungido". Jesús reunió en sí mismo la triple función de profeta,

El molino de aceite

Un agricultor hace mover la rueda de piedra de su molino aceitero. En ocasiones se empleaba un asno para esta tarea.

Se consumían muchas aceitunas con pan de cebada, y eran el desayuno normal del trabajador. Su conservación se hacía posible sumergiéndolas en agua salada. Pero la principal importancia de la cosecha de aceitunas era el aceite. El molino de aceite consistía en una piedra plana y cilíndrica que se ahuecaba en la parte superior para hacer un cuenco somero donde poner las aceitunas. Se ponía encima una rueda de piedra que, con la ayuda de un asno, se hacía girar dentro del cuenco, aplastando las aceitunas que caían debajo. La pulpa resultante se trataba a continuación para extraer el aceite.

Un método de obtención de aceite era poniendo la pulpa resultante en cestos, uno encima de otro, y prensándolos juntos en una prensa para ello, bien mediante la operación de un tornillo, o bien por la acción de una viga que se hacía bajar

Un antiguo molino de aceite de piedra.

Este tipo de prensa de aceite empleaba un tornillo para hacer bajar un madero sobre el cesto de aceitunas para aplastarlas.

empujando contra un marco de madera. Otro método era poner la pulpa de las aceitunas dentro de bolsas que luego se pisaban. El aceite pasaba a través del paño. El aceite que salía se guardaba en jarros y se dejaba reposar hasta que se depositaba el sedimento. Luego se decantaba y se almacenaba en un lugar fresco. El fruto de un sólo árbol podría producir alrededor de ochenta litros de aceite. Getsemaní, en el monte de los Olivos, significa "el molino de aceite", porque debió haber habido un molino de aceite en aquel lugar. Era posible pisar las aceitunas como las uvas en el lagar, pero debido a que las aceitunas eran mucho más duras que las uvas, era poco el aceite que se conseguía de esta manera (Mi. 6:15).

Este molino de aceite de piedra era operado por un asno vendado que daba vueltas y vueltas.

sacerdote y rey. Mucho simbolismo está encerrado en esto. El aceite parece haber sido reconocido como un don de Dios; un olivo creciendo en un terreno pedregoso dará abundancia de aceite. Por ello, el aceite es asociado con el don de Dios y con el derramamiento del Espíritu de Dios. Jesús dijo que el Espíritu de Dios estaba sobre Él porque el Señor lo había ungido (Is. 61:1; Lc. 4:16–21).

La consagración de la persona a Dios se hacía mediante la unción porque se creía que el aceite mismo procedía de Dios y porque el aceite en la piel y en el cabello daba su mejor apariencia a las personas. También los cristianos reciben una unción (1 Jn. 2:27), que tiene que ser también el Espíritu Santo por cuanto resulta en aprender la verdad de Dios (Jn. 14:26).

También se empleaba el aceite con fines terapéuticos. Cuando el buen samaritano ayudó al hombre que había sido víctima de los bandidos en el camino de Jerusalén a Jericó, echó en sus heridas vino y aceite. Esta propiedad terapéutica puede subyacer al empleo del aceite en la unción cristiana a enfermos. Los cristianos primitivos recibieron instrucciones de ungir a los enfermos con aceite y orar (Stg. 5:13–16). Otras personas creen que la unción era la manera de consagrar, o entregar, al enfermo al cuidado de Dios. En Marcos 6:13 se nos dice que cuando los Doce salieron de dos en dos en su ministerio, tomaron consigo aceite para sanar.

La madera del olivo se emplea para piezas pequeñas de ebanistería y para tallas. El retorcido estado del tronco hace imposible hacer vigas con él. La madera es atractiva, con un grano oscuro sobre un fondo amarillento. Los querubines del templo se hicieron de madera de olivo junto con las puertas interiores y exteriores.

Los escudos se untaban con aceite

(2 S. 1:21) para impedir que el cuero se agrietara. Actuaba del mismo modo que un conservante de cuero o como nuestro betún para los zapatos.

Las higueras

Las higueras eran apreciadas por su fruto y sombra. Lo mismo que la vid, la higuera vino a ser símbolo de seguridad y prosperidad (1 R. 4:25; Mi. 4:4; Zac. 3:10). Cuando Jesús se encontró por primera vez con Natanael, éste había estado sentado bajo una higuera (Jn. 1:48). Crecen silvestres, y en su estado silvestre las grandes flores hembra tenían que ser polinizadas por una avispa que crecía dentro de los incomestibles cabrahigos, que crecían varias veces al año. Cuando la higuera era cultivada por un período de tiempo (véase Lc. 13:6–9), no precisaba de polinización con el insecto. El árbol cultivado se plantaba frecuentemente en una viña (Lc. 13). Si se dejaba que el árbol creciera hasta su máxima altura, podía llegar a diez metros, pero

El ciclo vital de las higueras

No es fácil relacionar las referencias bíblicas con el ciclo vital de la higuera. La referencia en Cantar de los Cantares es probablemente a las brevas, porque están listas en la época en que las vides han florecido. Los higos malos vistos por Jeremías pueden ser los incomibles cabrahigos macho, que alojan a las avispas de los higos mientras se desarrollan. Jesús puede haber estado buscando quizá los higos supervivientes del invierno o las primeras brevas. Lo que no apareciera indicaría que el árbol era infructífero y que no daría una cosecha buena al llegar el "tiempo de higos". Jesús confirmó su inutilidad haciendo que se secara.

Cantar de los Cantares 2:13; Jeremías 24:2; 29:17; Mateo 21:18

Escena de la Natividad hecha de madera de olivo, en el zoco de Jerusalén. La madera del olivo se emplea para piezas pequeñas de ebanistería y para tallas.

Un sicómoro viejo en la ciudad de Netanya, Israel.

si se encontraba en terreno rocoso o era podado con regularidad se podía limitar a un arbusto.

Las hojas de la higuera eran lo suficientemente grandes como para servir de cubiertas a Adán y Eva (Gn. 3:7). Las hojas crecían al acabar la primavera, a fines de abril, y eran por ello señal de que se acercaba el verano (Mt. 24:32). Se podía encontrar fruto en el árbol durante alrededor de diez meses al año. Los primeros higos maduros (Os. 9:10) estaban disponibles en junio, pero la principal cosecha quedaba madura en agosto. Luego había una pequeña cosecha de higos de invierno que muchas veces persistía hasta la primavera. Los higos se podían consumir frescos o se podían prensar para hacer un pan de higos, o bien se podían secar (1 S. 25:18; 1 Cr. 12:40). Fue en esta última forma que Ezequías empleó los higos como un emplasto (2 R. 20:7).

El sicómoro

Otra forma de árbol frutal, similar a la higuera, era llamado sicómoro. En los tiempos de David los sicómoros eran lo suficientemente numerosos para llevarlo a designar un supervisor que se cuidara de ellos (1 Cr. 27:28). Fue de uno de estos árboles que Zaqueo oyó la invitación de Jesús a que descendiera para poder recibirlo como invitado (Lc. 19:1–4). Este árbol tenía unos diez metros de altura, y se plantaba para obtener su madera, ligera y duradera, así como por su fruto. Los árboles jóvenes eran podados para estimular el crecimiento de la madera en múltiples ramificaciones, que eran podadas al cabo de siete años.

La Misná permitía al que tomara en arriendo un terreno con un sicómoro que cortara las ramas sólo en el primero de los siete años de un arriendo. La importancia del árbol era tan grande que cuando Egipto perdió los suyos debido a una helada, el suceso constituyó un desastre (Sal. 78:47). Amós era recolector del fruto del sicómoro así como ganadero (boyero; Am. 7:14–15). El fruto del sicómoro tenía necesidad de cuidados especiales: para que madurara tenía que ser pinchado y frotado con aceite. El dueño de una plantación de sicómoros permitiría que un pastor llevara a sus animales a pastar bajo sus árboles a cambio de que el pastor se dedicara a esta monótona tarea.

CAPÍTULO 8

La recolección de alimentos

El hombre primitivo, que vivía en cuevas, cazaba o atrapaba su alimento. Fue sólo en la primera revolución agrícola, cuando se dieron cuenta de que se podían sembrar semillas de grano en un lugar y cosecharse en aquel lugar su fruto, que comenzaron los establecimientos sedentarios. Se hizo necesario vivir en los campos, y los mejores campos no estaban siempre cercanos a zonas de cuevas. Posteriormente la caza descendió hasta un nivel relativamente pequeño, aunque Nimrod (Gn. 10:9) y Esaú (Gn. 27:5) eran cazadores. Isaac dijo a Esaú que tomara sus armas, su aljaba y su arco y fuera al campo a cazar para él (Gn. 27:3).

Cuando los judíos ocuparon Canaán, la caza parece haber sido una necesidad, porque había tan poca población que había la posibilidad de que los animales salvajes se multiplicaran contra ellos (Éx. 23:29). Los montes del Líbano y de Siria estaban llenos de vida silvestre; lo mismo sucedía con el valle del Jordán. El valle del Rift en el Jordán tiene una empinada garganta a dos niveles. En el nivel inferior, el río inundaba las tierras ribereñas en la primavera, y ello, combinado con el intenso calor del verano, llevaba a una densa jungla tropical que era guarida de otros animales salvajes. Las aguas de Merom (lago Hulé) eran bien conocidas por sus leones (Jer.

Relieve asirio de una leona herida, del palacio de Asurbanipal, Nínive. La leona es víctima de una expedición de caza.

Pantano con papiros en el lago Hulé, las aguas de Merom, un área bien conocida por sus leones en los tiempos bíblicos.

Arriba derecha: Relieve asirio de una caza con perros.

49:19), e incluso el desierto parece haber sido un lugar que albergaba seres salvajes (Mr. 1:13).

En Egipto y Asiria parece que la caza había sido un deporte. Los reyes asirios mantenían grandes reservas de caza, y se hacían grandes cacerías en el valle del Nilo. En los tiempos romanos se cazaban fieras para ser empleadas en la guerra y en los juegos circenses.

La caza

La caza no era una actividad fácil. Se cavaban fosos en los que atrapar animales grandes. Se cubrían con ramaje, y a menudo se construían accesos cerrados por los que los animales pudieran ser empujados hacia el foso. Ezequiel habla de cómo un león devorador de hombres fue atrapado en un foso de estos. Lo emplea como imagen de lo que sucedería a los príncipes de Israel (Jer. 48:44; Ez. 19:1–4). En otras ocasiones se empleaba una red. En ocasiones se colgaba sobre un foso y en otras se disponía con estacas sobre el suelo. En algunos casos es probable que la red cubriera el animal.

Job 18:8–10 se refiere a algunos de los métodos de tender trampas, en este caso con respecto a un hombre malvado:

Red será echada a sus pies, y sobre
mallas andará.
Lazo prenderá su calcañar; se
afirmará la trampa contra él.
Su cuerda está escondida en la
tierra, y una trampa le aguarda
en la senda.

Cuando el animal era atrapado, se le daba muerte con un flechazo, o bien con una lanza o un cuchillo (véase también Ecl. 9:12; Is. 51:20; Ez. 12:13; Am. 3:5).

Las leyes dietarias del Antiguo Testamento prohibían consumir la carne de muchos animales (Lv. 11), y otras leyes establecían la manera en que los animales debían ser muertos antes de ser consumidos (Lv. 17:13; Dt. 12:15). El animal debía ser desangrado antes de ser consumido. Si el cazador comía algo que él no hubiera matado, porque hubiera muerto de forma natural o hubiera sido muerto por otro animal, quedaba ritualmente contaminado (Lv. 17:15–16).

La pesca

Los antiguos judíos no parecen haber sido muy buenos navegantes, aunque les gustaba el pescado (Nm. 11:5). La única flota que tuvieron se hundió en el puerto, en Ezión-geber, durante una tormenta (1 R. 22:48). Los filisteos llegaron por mar desde Chipre, y los fenicios eran una nación marinera, pero es poco lo que se sabe acerca de la pesca.

No es hasta los tiempos del Nuevo Testamento que se desarrolla la pesca, y entonces en el mar de Galilea. Magdala era uno de los centros de la industria de la pesca; el nombre Magdala significa realmente "salazón de pescado". Había un gran mercado en la misma Galilea.

Cuando se ven fotografías de la actual Galilea rural, es difícil darse cuenta de que el lago estaba rodeado de grandes ciudades con desarrollos en línea a lo largo de la

El pez de San Pedro

El pez era un tipo de tilapia (hoy día conocido como "Pez de San Pedro"). Estos peces llevan sus huevos, y después a su progenie joven, dentro de la boca. Incluso cuando comienzan a buscar alimento por sí mismos, los jóvenes siguen volviendo a la boca de la madre en busca de protección. Cuando la madre pez quiere mantenerlos fuera recoge un objeto (preferiblemente brillante) y lo guarda en la boca para impedir su regreso. En este caso el pez había tomado una moneda de un siclo.

Mateo 17:24–27

Barcos pesqueros en el muelle de Acre, la ciudad bíblica Aco, que todavía conserva aspectos bíblicos.

Un pescador arroja un esparavel para atrapar un banco de peces en el agua poco profunda.

Pescadores remendando sus redes en el muelle de Acre en la costa mediterránea.

costa entre ellas, y que no le era nada fácil a Jesús encontrar un lugar solitario alrededor del lago donde pudiera descansar alejado de las multitudes. Pedro, Andrés, Jacobo y Juan, socios en un negocio de pesca, no eran pobres, sino accionistas en una industria rentable. La pesca nunca se desarrolló en el mar Muerto. A cuatrocientos metros por debajo del nivel del Mediterráneo, la evaporación de agua se mantiene en equilibrio con la aportación que recibe, y su agua se ha ido enriqueciéndose más y más con sales. Sólo en un área muy limitada donde las corrientes de agua dulce entran en el mar Muerto se puede encontrar algún pez.

Había varias maneras de atrapar los peces, que se describen a continuación.

Pesca con caña

Isaías dice cómo se secará el río Nilo como parte del juicio de Dios (Is. 19:5–8) y hace referencia a "todos los que echan anzuelo en el río". Cuando Jesús dijo a Pedro que echara el anzuelo para atrapar un pez con una moneda de un siclo en la boca para pagar el impuesto del Templo, tenemos un ejemplo del Nuevo Testamento (Mt. 17:24–27): "Ve al mar, y echa el anzuelo, y el primer pez que saques, tómalo…".

Pesca con arpón

Dios le preguntó a Job qué medio emplearía él para atrapar al leviatán, la gran criatura marina: "¿Cortarás tú con cuchillo su piel, o con arpón de pescadores su cabeza?", le pregunta (Job 41:7). Los hombres salían de noche en una barca con una linterna colgando de la proa de la embarcación. Al subir los peces, atraídos por la luz, eran atravesados a arponazos desde el bote.

Pesca con red arrojadiza (esparavel)

El esparavel era una red circular de unos cinco metros de diámetro, con pesos en sus bordes. Cuando se veía un banco de peces en aguas someras, se echaba esta red sobre ellos. Los pesos arrastraban la red hacia abajo, y los peces quedaban atrapados. La red era a continuación arrastrada hacia la orilla. Pedro y Andrés estaban empleando sus esparaveles cuando fueron llamados por

Puertos pesqueros de Galilea

"¡Calla, enmudece!"

Cuando Jesús dijo: "¡Calla, enmudece!" empleó la palabra *phimothete*, que normalmente era la empleada para exorcizar malos espíritus. Jesús reconoció el intento del diablo contra su vida en la tormenta, y escogió sus palabras en consecuencia.

Marcos 4:39

Jesús (Mr. 1:16–17). Los esparaveles se echaban también desde las barcas y se arrastraban hasta la orilla a través de las aguas someras.

Cuando una persona está de pie por encima de la orilla, muchas veces puede ver con facilidad bancos de peces que son difíciles de ver cuando se está al mismo nivel de la orilla. Así, es posible para uno que está en un punto más elevado sobre la orilla indicar a un pescador dónde echar la red. Esto es lo que puede haber sucedido cuando Jesús dijo a los discípulos de qué lado de la barca debían echar las redes (Jn. 21:4–6). Estaban pescando

Arriba: Un pescador lanza su red en las aguas pacíficas del mar de Galilea.

Derecha: Este antiguo barco galileo del tiempo de Jesús fue descubierto por arqueólogos en el lodo del lago. Ha sido cuidadosamente preservado usando productos químicos especiales.

Arriba: Una fotografía evocativa del siglo XIX de pescadores árabes en su barca saliendo al mar de Galilea.

Izquierda: Una vista del pueblo de Tiberias junto al lago en el siglo XIX. Se ve el mar de Galilea a la izquierda.

Pesca con red barredera

La red barredera tenía alrededor de tres metros (casi 10 pies) de anchura y tenía una longitud de alrededor de cien metros hasta doscientos. Se suspendía en el agua como una valla de red, mantenida a flote mediante corchos, y se tensaba hacia abajo mediante pesos de piedra para mantenerla vertical. Se podía formar un gran círculo con una sola barca, o bien se suspendía entre dos barcas y efectuaban un barrido hacia la costa. Cuando la red se cerraba en un círculo cerrado, era posible tirar de la cuerda inferior de manera que la red formara una gigantesca bolsa de la que los peces no podían escapar.

Las barcas que se empleaban para pescar no eran generalmente de gran tamaño, cabiendo en ellas cuatro hombres holgadamente. Una gran vela triangular se izaba en un mástil de madera con una cruz que podía moverse para poder tomar el viento. El gobierno de la embarcación se hacía desde la popa, con un gran remo que actuaba de timón. Dos hombres eran suficientes para tripular la barca, y a menudo trabajaban en sociedad con otra barca. La barca que Jesús empleó con los doce discípulos sería del mismo diseño pero mayor. Cuando los discípulos se designan a pares en la Biblia (Simón y su hermano Andrés; Jacobo hijo de Zebedeo, y su hermano Juan; Felipe y Bartolomé; Tomás, y Mateo el publicano; Jacobo hijo de Alfeo, y Tadeo; Simón Zelote y Judas Iscariote, el que lo traicionó—Mt. 10:2–4), los pares

pueden representar el orden en que se sentaban en la barca y remaban, como se podía ver desde la posición de Jesús, sentado en la popa (Mr. 4:38).

Debido al pequeño tamaño de las barcas, eran muy vulnerables a las tormentas. El mar de Galilea está a unos doscientos metros (600 pies) por debajo del nivel del Mediterráneo, y está rodeado de montes. Bajo el cálido sol del verano, el agua se evapora. Si la corriente termal vertical choca con el aire más fresco del Mediterráneo, se forma una gran turbulencia, y se desata una tormenta inesperada. Esto es lo que pudo haber sucedido cuando los discípulos se vieron envueltos en una repentina tormenta en el lago (Mr. 4:35–41). Cuando el viento cesa, el lago se calma bastante rápidamente, porque no es una gran masa de agua (una longitud de unos veinte km. [12 millas] y unos diez km. [6 millas] en su punto más ancho).

Cuando terminaba la pesca, se extendían las redes sobre la orilla para que se secasen (Ez. 26:5), y se reparaban las mallas rotas.

Ezequiel 26:5; Habacuc 1:15; Lucas 5:4

Derecha: Pasta de almendra con miel, un plato de postre dulce con ingredientes de los tiempos bíblicos.

en aguas someras, porque Pedro pudo ir andando hasta la orilla para presentarse ante Jesús, y estaban a una distancia desde la que se podían oír.

La red arrojadiza arrastraba todo lo que se encontrara en el fondo del lago, por lo que cuando era arrastrada hasta la costa era necesario separar los buenos peces de los desperdicios, que se volvían a echar en el agua (Mt. 13:47–48).

La miel

Aunque los egipcios practicaban la apicultura, esta práctica no fue desarrollada por los judíos hasta los tiempos de los romanos. Una razón para ello podría ser que la tierra estaba llena de miel de las abejas silvestres (Éx. 3:8; 13:5), aunque *miel* pueda también designar el jarabe de la uva (véase p. 102). Un enjambre de abejas podía instalarse en un tronco hueco (1 S. 14:25–27), en un agujero de la roca (Sal. 81:16; Dt. 32:13) e incluso en el cadáver de un animal (Jue. 14:8–9). Juan el Bautista pudo encontrar miel en el desierto (Mt. 3:4).

La miel se empleaba también como edulcorante natural en ausencia de azúcar. Así, las palabras de Dios son dulces como la miel (Sal. 19:10), las palabras agradables son como ella (Pr. 16:24), y así lo es la sabiduría para el alma (Pr. 24:13–14). Se empleaba como alimento además de como edulcorante. Jesús consumió algo de un panal de miel que formaba parte de la comida, poco después de su resurrección (Lc. 24:41–43).

CAPÍTULO 9

El pastoreo

Cuando Abraham salió de Ur y adoptó una forma de vivir nómada, transformaría todas sus riquezas en rebaños y ganado, para que sus riquezas pudieran viajar con él (Gn. 13:2). El beduino seguía a sus rebaños de pasto en pasto, de pozo en pozo, y el estilo de vida era tan diferente del de un agricultor asentado que frecuentemente se daban malentendidos, tensiones y conflictos entre ambos. Este conflicto puede verse reflejado en la historia de Caín y Abel (Gn. 4:2), y se hace explícito en Génesis 43:32, donde José (un egipcio) no puede comer en la misma mesa que unos pastores nómadas.

Cuando el grueso de la población hubo abandonado la vida nómada y vivía en ciudades y pueblos, seguía habiendo necesidad de pastores. La etapa nómada de vida nunca fue olvidada; en su afirmación de fe, el pueblo judío comenzaba así: "Un arameo a punto de perecer fue mi padre" (Dt. 26:1–5).

Las ovejas eran necesarias para obtener lana, carne y recipientes de cuerno. En ocasiones se empleaba el vellón mismo como prenda de vestir. El escritor de Hebreos recordaba a

Un pastor con su rebaño cerca de la ciudad bíblica de Ur. Cuando Abraham salió de Ur, adoptó una forma de vivir nómada.

Arriba: Una cabra y su cría.

Derecha: Una pastora beduina con su rebaño en el Negev.

las personas perseguidas en el pasado que fueron errantes vestidas de pieles de ovejas y de cabras (He. 11:37). La carne era consumida en ocasiones especiales y como participación en los sacrificios, y era normalmente hervida, y ocasionalmente asada; el cordero de la Pascua era siempre asado entero (Éx. 12:9). Las ovejas también suministraban leche, e incluso los cuernos de los carneros eran empleados como contenedores de aceite (1 S. 16:1; 1 R. 1:39) o como bocina o shofar (Lv. 25:9; Nm. 29:1; Jos. 6:4).

Ovejas y cabras

En la Biblia un *cordero* podía ser de las ovejas o de las cabras; en muchas ocasiones se emplea el mismo término para designar a ambas indistintamente. La ley de las cabras no era sólo importante debido a la cantidad que se conseguía

Una tienda beduina hecha de pelo de cabra.

Reyes pastores

Miqueas miraba adelante al tiempo en que los reyes pastorearían a sus pueblos como un pastor se cuidaba del rebaño. "Apacienta tu pueblo con tu cayado, el rebaño de tu heredad". El cayado simboliza la protección del pueblo, y fue a su tiempo estilizado en forma de cetro.

Miqueas 7:14

Arriba: Ovejas y cabras guiadas por su pastor desde el mercado en Belén.

(alrededor de tres litros por cabra y día) sino también porque se empleaba para elaborar una especie de yogurt (*leben*) y de queso (Pr. 27:27). Por ello, se guardaba una cabra con la familia, aunque las otras fueran con el pastor, y muchas veces llegaba a ser la mascota de la familia. La carne puede que no fuera tan sustanciosa como la de cordero o ternera (véase Lc. 15:29), pero era sustanciosa y se empleaba frecuentemente en las comidas (Jue. 6:19) y por ello se empleaba con propósitos sacrificiales (Lv. 1:10).

El pelo de cabra se tejía para hacer una tela de saco que se empleaba para hacer las cubiertas de las tiendas, así como también para confeccionar prendas bastas. Con pelo de cabra se hizo una de las cubiertas del tabernáculo (Éx. 26:7; 35:23, 26). Se empleaba para relleno de artículos como almohadones (1 S. 19:13), y la piel misma proporcionaba un excelente cuero. Cuando se mataba una cabra, su piel era frecuentemente embadurnada con grasa y cosida para hacer de ella un recipiente para el acarreo de agua (un cuero).

El problema con el asentamiento era que las gentes no podían llevar sus rebaños a los pastos. Para ello se contrataba entonces a un pastor que se cuidara de las ovejas de todo el pueblo. No valía la pena deshacerse de las propias ovejas, porque proporcionaban más seguridad de lo que en principio parecía. Proverbios 27:23–27 expone la sabiduría del beduino: la verdadera riqueza no reside en las joyas sino en los rebaños; las ovejas proveen vestimenta y las cabras alimento y dinero rápido.

Había probablemente varias antiguas razas de ovejas en los rebaños de

La tarea del pastor

En primavera, tras las lluvias invernales, había gran abundancia de pastos cerca del pueblo. Cuando se segaba el grano las ovejas podían pastar en lo que quedaba. Cuando aquello se acababa, tenían que abandonar la zona en busca de la hierba reseca que pudiera quedar bajo el sol agostador (1 Cr. 4:39–40). Los verdes prados, donde hubiera agua disponible (hasta estancada, si la había) hacían posibles estos desplazamientos (Sal. 23:2). Cuando el agua superficial desaparecía, era necesario emplear el agua de los pozos para las ovejas. Se solía cubrir la boca del pozo con una gran piedra que precisara de varios hombres para quitarla, con lo que se salvaguardaba el derecho a los pozos. (La historia de Jacob da un ejemplo de esto; Gn. 29:10 indica la increíble fuerza que Jacob tenía, que también se puede observar en otras secciones de su historia).

Los rebaños precisaban de una constante protección, debido a que en los tiempos bíblicos había abundancia de peligros para los animales por causa de las fieras que había en la selva alrededor de la garganta del Jordán. Eran comunes los leones y los osos (Jue. 14:8; 2 R. 2:25), y las aventuras de David para proteger su propio rebaño eran cosa común (1 S. 17:34–36). Amós habla de un pastor que intentó liberar a una oveja de la misma boca del león (Am. 3:12). También eran comunes las hienas y los chacales. No fue accidentalmente que Jesús dijo que el Buen Pastor tenía que dar su vida por las ovejas (Jn. 10:11). El pastor tenía que plantar cara, porque en otro caso él tenía que compensar las pérdidas a los propietarios (Gn. 31:39; Éx. 22:10–13). Los ayudantes asalariados que el pastor tuviera no se encontraban con esta condición (Jn. 10:12–13).

Un pastor conduce a su rebaño por una tierra inhóspita. Nótense la vara y el cayado del pastor. En su rebaño hay ovejas y cabras.

cada pueblo. Abraham trajo consigo el musmón asiático de Sumer, y las ovejas patilargas de Egipto estarían en el éxodo. Una de las razas más importantes tenía una cola grande y gruesa que se comía frita (Éx. 29:22; Lv. 3:9).

La honda

Como armas, el pastor empleaba un recio bastón y una honda. Este bastón es mencionado como una "vara" en el Salmo 23:4, pero se trataba de un arma pesada, y a menudo llevaba pedernales clavados (más tarde clavos metálicos) en su pesado extremo inferior, para hacerlo más eficaz. La honda se hacía con una bolsita de cuero que podía sostener una piedra de alrededor de cuatro centímetros de diámetro. Este receptáculo iba unido a dos ataduras de tendones, cuerda o cuero de una longitud de alrededor de 60 cm. Esta piedra se ponía en la bolsa de cuero, que se hacía girar con rapidez. La piedra quedaba retenida en su sitio por la fuerza centrífuga. Cuando se dejaba ir uno de sus extremos, la piedra salía de la bolsa con una gran fuerza. En manos de un pastor con tiempo para practicar, la honda podía ser manejada con suma destreza y precisión. La honda se empleaba también para controlar a las ovejas. Una piedra bien colocada que cayera delante de una oveja que se estuviera desviando del grueso del rebaño la volvería otra vez a él. Cuando una oveja estaba cansada o enferma, el pastor la llevaba sobre sus hombros (Lc. 15:5), y cuando se perdía, el pastor iba en su búsqueda (Sal. 119:176; Is. 53:6; Lc. 15:3–6).

El cayado

El pastor estaba también equipado con un cayado, pero éste no era un arma, aunque ocasionalmente se empleaba como tal. El cayado tenía una longitud de alrededor de dos metros, y en ocasiones tenía un extremo curvado. Normalmente era empleado para ayudar a las ovejas a atravesar los territorios escabrosos o montañosos. Se empleaba frecuentemente para ayudar a controlar las ovejas. Cuando las ovejas pasaban por una entrada angosta como, por ejemplo, cuando entraban por la noche en el redil, eran contadas tal como iban entrando bajo la vara o el cayado. Ezequiel emplea este término para decir que Dios impedirá que los rebeldes regresen a sus

La natividad de Jesús

Nadie conoce el día exacto del nacimiento de Jesús. El 25 de diciembre fue elegido como el "cumpleaños oficial" debido a que coincidía con la fiesta judía de la Hannuká (25 de Quisleu), que era una fiesta de la luz, y con muchas otras fiestas que fueron inventadas para contrarrestar los oscuros inviernos del hemisferio norte. El hecho de que hubiera pastores en los montes de Belén indica que Jesús nació en los alrededores de la pascua, porque se guardaban ovejas en las laderas de Belén para proveer los corderos de la pascua en Jerusalén. El hecho de que no hubiera lugar para que Jesús pudiera nacer en un *kataluma*, un tosco albergue que era también preparado para los peregrinos que no podían encontrar sitio en la ciudad en el tiempo de la pascua, es evidencia adicional de ello. Debido a que Dios envió a su Hijo "cuando vino el cumplimiento del tiempo" (Gá. 4:4) y a que toda su vida estaba ligada en la imaginería del cordero, los hay que creen que el tiempo de la pascua habría sido el más apropiado para su nacimiento.

Lucas 2:8

Un pastor con su cayado guía su rebaño en las montañas cerca de Belén.

hogares tras el exilio. Sólo los que le hubiesen sido fieles pasarían bajo la vara (véase Ez. 20:37–38). Se empleaba también para marcar las ovejas. Su extremo se mojaba en un tinte, y al ir pasando las ovejas bajo el cayado, cada décima oveja era marcada para ser dada a Dios como diezmo (Lv. 27:31–33).

Dos bolsas

Abigail hizo un interesante contraste entre las dos bolsas empleadas por el pastor. "Aunque alguien se haya levantado para perseguirte y atentar contra tu vida, con todo, la vida de mi señor será ligada en el haz de los que viven delante de Jehová tu Dios, y él arrojará la vida de tus enemigos como de en medio de la palma de una honda". El haz de los que viven es la bolsa que contenía la comida; la palma de la honda es la bolsa que contenía la piedra.

1 Samuel 25:29

El zurrón

El pastor llevaba una segunda bolsa de cuero de un tamaño considerablemente mayor que la empleada en la honda, conocida como zurrón. Se usaba para llevar la comida mientras estaba alejado de las poblaciones. David debía ya haber comido cuando llenó su zurrón con piedras, una de las cuales fue empleada para abatir a Goliat (1 S. 17:40).

Entre las posesiones del pastor estaba también una zampoña o flauta de caña. Estaba hecha de dos segmentos de caña huecos. El sonido se generaba soplando a través de un extremo estrecho, y las

Un pastor beduino apacienta su rebaño en el desierto del Neguev.

notas se controlaban obturando los orificios correspondientes con los dedos en cada segmento. Podían dar una alegre música en las procesiones de las festividades santas (1 R. 1:40) y también música triste (Jer. 48:36). Eran fáciles de hacer y también muy frágiles, por lo que cuando quedaban averiadas, el pastor normalmente las desechaba y hacía otra. Cuando dijo Jesús que "la caña cascada no quebrará" (Mt. 12:20) se quiere decir con ello que, en contra de la práctica usual, la manera en que Jesús actúa es reparando lo quebrantado en lugar de descartarlo.

El redil

De noche, el pastor reunía sus ovejas para llevarlas a un sitio seguro, y vigilaba el rebaño (Lc. 2:8). Las cuevas eran un lugar seguro, y frecuentemente se construía una pared parcialmente a través de la boca de la cueva para formar una tapia delante de ella. La pared se hacía con piedras locales y se coronaba con espinos. Fue en una cueva así que entró a dormir el rey Saúl (1 S. 24:3). Si no había cuevas, se erigía una pared de piedra en campo abierto, usándose espinos en lugar de piedras si era necesario (Ez. 34:14). El pastor se tendía a través de la abertura, viniendo a ser realmente la puerta de las ovejas (Jn. 10:7). Era una vida dura. Jacob describió la sed, las heladas y la carencia de sueño que

El cuidado de las ovejas

"Cuando pases por las aguas, yo estaré contigo; y por los ríos, no te anegarán" es posiblemente una referencia al cuidado que el pastor tiene que tomar cuando lleva el rebaño a través de una corriente de agua (Is. 43:2). Isaías 40:11 emplea la acción del pastor de llevar sobre sí los corderos y de no acuciar demasiado a las ovejas que acaban de parir para demostrar el cuidado de Dios por su pueblo: "Como pastor apacentará su rebaño; en su brazo llevará los corderos, y en su seno los llevará; pastoreará suavemente a las recién paridas". Todas las heridas abiertas que padecieran las ovejas eran tratadas con aceite de oliva (Sal. 23:5), el mismo método que se empleaba para tratar las heridas de las personas (Lc. 10:34).

El macho cabrío de la expiación

Generalmente se da por supuesto que cuando Juan hace referencia al "cordero de Dios, que quita el pecado del mundo" está refiriéndose a Isaías 53:7, "cordero llevado al matadero". Sin embargo, y debido a que ovejas y cabras son lo mismo por lo que a lenguaje respecta, puede haber estado haciendo referencia al macho cabrío de la expiación, a Jesús quitando el pecado del mundo mediante su muerte y abandono del mundo.
Juan 1:29

comportaba (Gn. 31:40). Aunque el pastor llevaba su tienda consigo (Cnt. 1:8), no se trataba de una excursión de placer.

Frecuentemente se levantaban rediles en el pueblo de origen en un lugar soleado, para que cuando el rebaño regresara pudiera ser guardado a seguro. El redil era un edificio bajo con arcadas y con una tapia de piedra cerrándolo. Así, el rebaño podía mantenerse bajo techo o al aire libre, según el tiempo que hiciera. Se ponía un vigilante que guardara los animales. Jesús se refería a esta disposición al decir que los ladrones y salteadores no emplean la puerta, sino que saltan por encima del muro (Jn. 10:1–3, 10). La criminal práctica de entonces era la de trepar por la pared, dar muerte a tantas ovejas como se pudiera sin ser descubierto, y echarlas a los cómplices en el exterior.

El buen pastor

Vivir y trabajar con ovejas en tal aislamiento lleva a una estrecha relación entre el pastor y sus ovejas. Los pastores llegan a conocer tan bien a sus propias ovejas que responden en el acto a ellas. El pastor tiene un nombre para cada oveja, siendo el significado de ello que el nombre dice algo acerca del carácter y forma de actuar de cada oveja. Jesús dijo que él *conoce* a sus ovejas (Jn. 10:14*a*). Sus

Un pastor árabe cuida a sus ovejas en el campo a las afueras de Belén.

Una escultura romana desgastada de un pastor acarreando una oveja en sus hombros, de Cesarea Marítima. La iconografía cristiana temprana representaba muy a menudo a Jesús como el Buen Pastor.

ovejas también lo conocen (Jn. 10:14*b*), de modo que cuando son llamadas responden a su voz (Jn. 10:4–5).

El detallado conocimiento del pastor le posibilitaba la separación de las ovejas en diferentes rebaños, si era responsable de los de más de un pueblo, y poderlas devolver a cada familia determinada. En Juan 10:16 Jesús se refiere al hecho de que tiene ovejas que no son de este redil (con "este redil" puede estar haciendo referencia a la nación judía). Jacob encontró que había tres rebaños junto a un pozo, esperando que fuera quitada la piedra de la boca del pozo (Gn. 29:1–3). Llamándolas, y con el empleo de las piedras en la honda, el pastor podía mantener juntas las ovejas (Ez. 34:1–3), aunque también había los que empleaban perros (Job 30:1). Cuando un pastor guiaba el rebaño (Sal. 23:3) el perro siempre iba en la parte de atrás, asegurando que las ovejas no fueran atacadas por fieras y que se mantuvieran junto

El pastor

Este versículo describe a uno de los conductores de la iglesia como "pastor". El pastor tiene una relación con el Príncipe de los pastores (1 P. 5:4) como la que habrían tenido con el supervisor de los rebaños en los días del reino de Israel.

Efesios 4:11

al pastor (Is. 52:12 contempla a Dios en una doble relación con su pueblo. Los conduce yendo al frente y a la vez los guarda desde atrás).

Jacob vivía en una época en que su conocimiento de las técnicas de cría y selección fue puesto en práctica. Él sabía que las ovejas fuertes producían corderos fuertes (Gn. 30:41), pero no se dio cuenta de que el que las ovejas fueran totalmente blancas (con lo que daban la lana más valiosa) o listadas dependía también de la herencia. Él creía que el medio en el momento de la concepción era lo determinante para la coloración de las ovejas (Gn. 30:42). Afortunadamente para Jacob, Dios predominó sobre el desconocimiento de Jacob asegurando que se hiciera justicia y que Jacob consiguiera las mejores ovejas a partir de un compromiso que inicialmente le perjudicaba (Gn. 31:5*b*–9).

Las cabras

Las cabras eran conducidas por el pastor normalmente por delante de las ovejas. Por ello, una cabra iba delante, y dio a Isaías la imagen de los reyes conduciendo a las gentes (véase Is. 14:9; Dn. 8:5; Zac. 10:12). La relación entre las cabras y las ovejas pudiera subyacer a las palabras de Jesús de que Él separaría

Un pastor árabe encuentra refugio del sol ardiente para sí mismo y su rebaño bajo una vieja higuera.

a las gentes como el pastor separa a las ovejas de las cabras (Mt. 25:32), aunque se empleaba el cayado para separarlas, haciéndose ir a las cabras hacia un lado y a las ovejas hacia el otro: "bajo la vara". Ovejas y cabras se guardaban juntas porque las dos clases necesitaban pastos y porque comían más o menos lo mismo.

Había varias diferencias entre ambos animales. Las cabras eran generalmente oscuras y las ovejas, blancas. Las cabras pueden acomodarse bien a los montes y peñas, pero las ovejas prefieren los valles. Las cabras comen las hojas de los árboles (frecuentemente ayudadas por el pastor, que abate ramas pequeñas con su garrote), en tanto que las ovejas prefieren la hierba. Las cabras pastan todo el día, pero las ovejas se tienden a la sombra en las horas más calurosas del día (Cnt. 1:7).

La cabra era siempre menos popular que la oveja para la mayoría de la gente. Era una cabra la que venía a ser la ofrenda de expiación, llevándose los pecados del pueblo al desierto (Lv. 16:22). Las "cabras" quedan reservadas para destrucción en la descripción que hace Jesús de la venida del Hijo del Hombre (Mt. 25:33, 41). Esta impopularidad puede ser debida a que la cabra es destructora; las cabras arrancaban el pasto más a ras de tierra, destruyéndolo. Los griegos creían en unas criaturas míticas, medio hombre y medio cabra, llamadas sátiros. Baco era medio cabra y medio hombre. La profecía de Isaías del juicio sobre Babilonia hace mención de las cabras (Is. 13:21; 34:14).

El esquileo

Había dos ocasiones de gran importancia cada año para el pastor: el tiempo de la parida de los corderos y el esquileo. La época de la parida era entre enero y febrero. El esquileo tenía lugar después del verano, cuando se hacía la distribución de beneficios y seguían varios días de celebración. 1 Samuel 25 da el relato de un esquileo en el que todos los implicados en el cuidado de las ovejas (que en este caso pertenecían a una gran finca) fueron invitados a los festejos. Tan

Restos del estanque de Betesda, Jerusalén, empleado en tiempos bíblicos para bañar a las ovejas.

abundante era la bebida y el regocijo que era un tiempo adecuado para un asesinato (2 S. 13:23).

El pastoreo no era siempre en pequeña escala. Los grandes propietarios empleaban a pastores que cuidaran de sus enormes rebaños. Mesa, rey de Moab, tenía que pagar al rey de Israel cien mil corderos y la lana de cien mil ovejas como precio de protección (2 R. 3:4). Al final de su prueba, Job poseyó catorce mil ovejas (Job 42:12), y Salomón sacrificó ciento veinte mil ovejas para la dedicación del Templo (1 R. 8:63). En la esquina noroccidental de Jerusalén se abrió una puerta especial para introducir a las ovejas en la explanada del templo para ser sacrificadas. Recibía el nombre de Puerta de las Ovejas (Neh. 3:1), y allí cerca estaba el estanque conocido como estanque de Betesda, que se empleaba en los tiempos del Nuevo Testamento para bañarlas (Jn. 5:2). Nabal, con sus tres mil ovejas, era un propietario relativamente pequeño (1 S. 25:2, 7).

En ocasiones el cuidado de las ovejas no se encomendaba a un verdadero pastor. Las familias más pobres empleaban a los niños más pequeños para cuidar de las ovejas. David tenía esta ocupación cuando Samuel acudió al hogar de Isaí en busca del futuro rey de Israel (1 S. 16:1). Las familias más humildes intentaban comprar dos corderos en la pascua. Uno de ellos era consumido según la ley, pero el otro era guardado y engordado durante el verano. Venía a ser la mascota de la familia de una forma en que una cabra nunca lo llegaba a ser. A menudo dormía con los niños, e incluso bebía de las mismas vasijas. Era un día trágico para los niños cuando la oveja era muerta y guardada en la grasa de su propia cola. Es esta práctica la que subyace a la parábola de Natán en 2 Samuel 12:1–7.

CAPÍTULO 10

Artesanos y comerciantes

Cuando los judíos se establecieron en Canaán después de su etapa seminómada, que había sido interrumpida sólo por su establecimiento y esclavitud en Egipto, tuvieron que desarrollar muchos conocimientos prácticos que ya habían sido desarrollados por los cananeos, a los que desposeyeron. Algunas capacidades tecnológicas eran de difícil adquisición. Nunca llegaron a la misma destreza en la fabricación de artículos de barro que la mostrada por otras naciones, y por ello muchas vasijas eran importadas. Las vasijas judías eran suficientemente sólidas, pero nunca alcanzaban las elevadas cotas de decoración de otras procedencias. La primera vez que se menciona la alfarería en la Biblia es cuando David estaba huyendo de Absalón y atravesó el Jordán para alcanzar la ribera oriental. Allí los gaaladitas y amonitas le llevaron camas, tazas y vasijas de barro con artículos que necesitaba (2 S. 17:27–28).

Después de que algunos hubieron adquirido las técnicas, éstas se transmitían dentro de sus propias familias y clanes, hasta que llegó a ser usual encontrar juntos los distintos grupos artesanales. Había una puerta de los Alfareros en Jerusalén, que daba al valle de Hinom, en tiempos de Jeremías, probablemente porque había alfareros en sus cercanías (Jer. 19:2). Cuando se reparó el muro de Jerusalén en tiempos de Nehemías había una torre de los Hornos (Neh. 3:11; 12:38), seguramente porque allí habría hornos de alfarería o de pan. Al irse desarrollando la tecnología y los materiales, y al ir aumentando la población, había un mayor mercado para los bienes. Por ello, los artesanos se reunían para conseguir métodos de producción masiva, protegidos por gremios. Los centros artesanales ponían sus marcas comerciales sobre los productos que elaboraban. En la Éfeso del Nuevo Testamento, el gremio de plateros era lo suficientemente poderoso como para poder desencadenar una manifestación tumultuaria contra Pablo, cuya predicación estaba afectando la venta de modelos obscenos de diosas hechas a mano (Hch. 19:23–29).

El valle de Hinom en Jerusalén, visto desde las murallas de la Ciudad Vieja.

Los alfareros

La arcilla se extraía de la misma localidad, y se dejaba expuesta a los agentes atmosféricos hasta que quedaba lista para su uso. Luego se mezclaba con agua y se pisaba hasta conseguir un barro maleable. Después, era llevada a un banco de trabajo donde, mediante una cuidadosa adición de agua, se le daba la consistencia adecuada para trabajarla. A veces se añadían aditivos como limolita pulverizada para que el artículo acabado pudiera soportar mejor el calor y ser empleado para cocinar. Isaías describe el pisado del barro en Isaías 41:25.

Cuando los judíos aprendieron el arte de la alfarería, se introdujeron en un oficio que tenía ya una larga historia. Hacia mil quinientos años se habían conseguido las primeras vasijas colocando un largo "gusano" de barro, anillo sobre anillo, hasta terminar un cuenco o jarro. Luego se suavizaban las rugosidades en el exterior y se decoraba el artículo. Era muy difícil conseguir una forma uniforme en el exterior de la vasija. Después se descubrió que estas vasijas se podían hacer en un agujero circular en el suelo, haciéndolos girar contra el orificio.

Cerámica del primer siglo d.C. descubierta durante una excavación arqueológica en Tel Bareket, Israel.

Vasijas de barro de los tiempos bíblicos de Hazor, al norte de Israel.

La rueda del alfarero

El proceso de rotación fue desarrollado un paso más por alguien a quien se le ocurrió colocar el barro sobre una rueda horizontal. En los tiempos del Antiguo Testamento se hacía girar una rueda plana de madera, barro cocido o limolita horizontalmente sobre un banco de trabajo, sobre un eje que atravesaba el banco. El movimiento se imprimía a mano. Una persona daba movimiento a la rueda mientras que otra daba forma al barro sobre ella. Cuando Jeremías fue a la casa del alfarero y vio hacer una vasija, y luego vuelta a hacer al salir un defecto en ella, estaba contemplando una rueda de este tipo. No fue hasta el 200 a.C. que se les ocurrió a los de este oficio que se podía añadir una segunda rueda al eje bajo el banco a nivel de los pies, y que podría ser entonces movida por la misma persona que estaba haciendo la vasija. Así es en el libro de Eclesiástico, uno de los apócrifos que fueron escritos

Un alfarero de los tiempos bíblicos en su rueda. Hace girar la rueda con los pies.

Ilustración de una lámpara de aceite sobre un almud.

durante este mismo período, tenemos una descripción de esta segunda rueda: "Lo mismo también el alfarero, que, sentado a su tarea, da vueltas al torno con los pies... con sus manos modela la arcilla y con sus pies ablanda su dureza" (Eclesiástico 38:32, 33, versión Nácar-Colunga).

Decoración de las vasijas

Los cuencos y cántaros se hacían sobre la rueda y se ponían a un lado para dejarlos endurecer. Cuando la vasija estaba seca, se podía añadir cualquier decoración que se quisiera. Algunas decoraciones se hacían rasguñando la superficie. En algunos casos ello se conseguía apretando artículos como una cuerda sobre su superficie antes de que la vasija fuera quitada de la rueda. Otras vasijas eran decoradas con barro coloreado, que se ponía sobre la superficie, bien en franjas o siguiendo un diseño. Normalmente, para ello se empleaba arcilla negra o roja. Otro método decorativo era el del "bruñido". Se devolvía la vasija a la rueda, y mientras se hacía girar, se sostenía sobre su superficie una pieza de hueso, metal o barro cocido para darle un brillo que se mantenía cuando el artículo salía del horno. (En otras tierras se consiguieron vidriados conseguidos con vidrio líquido. Se precisaba para ello de sosa, plomo, estaño, cobre y plata, pero este arte no fue desarrollado por los judíos).

Se podían hacer combinaciones con cualesquiera de los métodos de decoración. Había muchas posibles variaciones en la forma y en la decoración, hasta tal grado que es ahora posible datar el período en que fue hecha una vasija, por su forma y decoración. Esto ha sido empleado por los arqueólogos para datar la destrucción de ciertos edificios, porque no se encontraba cerámica más allá de cierto estilo en las ruinas. La cerámica cananea que precedió a la ocupación de los judíos era redondeada y tenía decoraciones pintadas, pero después del establecimiento de los judíos en la tierra, las formas eran mucho más angulares, y el bruñido había reemplazado los diseños pintados. Después de la destrucción del Templo de Jerusalén por Nabucodonosor, la alfarería declinó (lo cual es explicado por Jer. 52:15–16: "Entonces Nabuzaradán, capitán de la guardia, llevó al destierro... al resto de los artesanos... Pero Nabuzaradán, capitán de la guardia, dejó a algunos de los más pobres de la tierra para que fueran viñadores y labradores"), con muy poca variedad de forma y sin decoración, aunque los alfareros comenzaron a hacer vasijas con bases en punta, que eran diferentes a los anteriores. Cuando Alejandro Magno conquistó el país, las

Una vasija griega de los tiempos bíblicos decorada y vidriada.

vasijas adoptaron formas griegas; las jarras se hacían con cuellos largos y las vasijas se hacían con bordes, para poder adaptar tapaderas y tapones.

Además de la rueda, los alfareros empleaban también moldes de madera en los que se apretaba el barro. Los sellos (Job 38:14) se hacían de esta forma, y las dos mitades de las lámparas de aceite se hacían en moldes antes de unirlas. También se podía modelar el barro a mano. Así se hacían los juguetes, las figurinas y adornos, así como los hornos de tierra cocida más grandes que se producían para uso doméstico. Los alfareros hacían también reparaciones de trozos rotos de vasijas, empleando alambre y remaches para lograr una unión, que era a continuación cubierta con barro húmedo.

Vasijas sin vidriar

La cerámica no vidriada era sumamente importante. Al evaporarse el agua a través de los poros, mantenía fresco el líquido dentro. Esto es lo que subyace a la descripción del agua como agua fría.
Mateo 10:42

El horneado del barro

Cuando los objetos estaban secos y, si era preciso, decorados, se cocían en una de varias clases de horno. Una de ellas era un horno de barro cocido abovedado que se colocaba en el fondo de un pozo poco profundo, midiendo alrededor de un metro y cuarto de profundidad y 3 metros de diámetro. Las vasijas se ponían debajo de esta bóveda, y la bóveda era a continuación cubierta de broza, que se encendía a continuación. Otros hornos se hacían donde las vasijas se ponían en estanterías, y se encendía fuego debajo. El escritor de Eclesiástico describe también esta parte del proceso: "Pone su atención en acabar el vidriado, y su diligencia en calentar el horno" (38:34, versión Nácar-Colunga). Las vasijas así hechas eran muy frágiles. Una jarra descargada pesadamente sobre la boca del pozo se podía romper fácilmente (Ecl. 12:6), y lo final de la rotura se empleaba frecuentemente como imagen de la finalidad del juicio venidero (Sal. 2:9; Jer. 19:10–11; Ap. 2:27).

Los trozos rotos no eran totalmente inútiles. Se empleaban como rascadores, y también como soportes de mensajes escritos. De esta forma nos han llegado escritos conocidos como *ostraca*. Los trozos más grandes podían ser empleados para transportar diferentes cosas. Isaías dice que el juicio será tan severo que no se encontrarán trozos grandes: no se pueden emplear ni para sacar agua de la cisterna ni para sacar ascuas de un fuego (Is. 30:14).

Al irse desarrollando la alfarería, se consiguieron métodos de producción en masa. Los aprendices hacían vasijas toscas que eran acabadas por los maestros artesanos. Se ponían sobre las ruedas

Los carpinteros

Taller de carpintería. Véanse las diferentes herramientas. El carpintero está haciendo una rueda de carro, mientras que su hijo, al fondo, hace parte de un bieldo. Quizás el taller de José fuera similar.

Jesús fue carpintero (Mr. 6:3), y debido a ello en ocasiones se ha idealizado el trabajo del carpintero en los tiempos bíblicos. La carpintería era un trabajo rudo y duro que demandaba mucho esfuerzo y resistencia física, así como una gran habilidad. El trabajo de carpintería tenía dos aspectos: la construcción de edificios y la fabricación de objetos más pequeños, lo que incluía el mobiliario.

Hasta que los romanos inventaron el tejado arqueado, los tejados se construían poniendo vigas de madera de pared a pared y rellenando los huecos con un ramaje que se recubría de barro. El carpintero tenía que cortar árboles y desbastarlos para poder emplearlos como vigas. Esto se hacía bien a mano con una azuela (una herramienta parecida a un hacha, empleada principalmente para dar forma a la madera) o bien cortándolo en toda su longitud con una primitiva sierra. De cualquiera de las maneras involucraba un pesado trabajo físico.

Las cabezas de las hachas se hacían de bronce (posteriormente de hierro) y se ataban fuertemente a un mango. El defectuoso filo de la herramienta y su fijación relativamente insegura llevaban a que la cabeza de la herramienta se soltara bastante frecuentemente del mango. Esto se da como ejemplo de homicidio involuntario en Deuteronomio 19:5. Si se perdía la cabeza era un desastre, debido al coste del recambio (2 R. 6:5). Las hojas de sierra se hacían al principio con pedernales delgados montados sobre un marco de madera, y se necesitaban dos hombres trabajando uno a cada lado para poder serrar el tronco de un árbol. Posteriormente se emplearon hojas metálicas, disponiéndose los dientes de manera que cortaran con el golpe del empuje. En Isaías 10:15 se menciona la sierra junto con el hacha.

Izquierda: Una selección de herramientas de un carpintero del antiguo Egipto. Entre ellas se encuentran una sierra, un hacha y punzones.

Carpinteros de los tiempos bíblicos usando una sierra de mano y taladro. Véase las otras herramientas alrededor del banco de trabajo.

Derecha: Una selección facsímil de herramientas de un carpintero de los tiempos bíblicos.

Debido a que los judíos habían vivido como seminómadas, la carpintería no era una técnica que poseyeran de antaño. Por ello, el nivel de la carpintería en general en Canaán descendió notablemente después de la ocupación israelita, hasta que los fenicios fueron llamados en su ayuda (1 Cr. 14:1). Ellos eran expertos carpinteros y habían podido así construir su flota mercante. Al prestar su tecnología para la edificación del templo de Salomón y otros edificios públicos, enseñaron muchos de sus conocimientos a los judíos, incluyendo el artesonado, revestimiento y talla (1 R. 5:18). Aunque los judíos adoptaron la carpintería de modo que su trabajo es descrito por Isaías como involucrando el empleo de la regla, del marcador, de los formones y del compás (Is. 44:13), y que eran lo suficientemente habilidosos como para ser llevados al exilio por Nabucodonosor tras la destrucción del templo, su trabajo cayó en calidad cuando terminó su alianza con Fenicia.

El carpintero se dedicaba asimismo a trabajos de menor entidad, trabajando en el suelo fuera de su morada; los bancos no fueron empleados hasta la época romana. Se hacían marcos de puertas, puertas, celosías y cerraduras para edificios, y taburetes, mesas bajas y baúles para los interiores de las casas. También eran producto del carpintero los utensilios agrícolas como el yugo, el arado y las palas. Debido a que las herramientas eran muy burdas, un buen acabado era una tarea que exigía una gran pericia. El martillo (Jue. 5:26) era normalmente un trozo de piedra. Los clavos empleados para unir piezas de madera (Jer. 10:4) se hicieron primeramente de bronce, y posteriormente de hierro. Se hacían los agujeros con una lezna, aunque su empleo en la Biblia se limita a agujerear los lóbulos de los oídos (Éx. 21:6; Dt. 15:17).

grandes masas de barro, y se hacían artículos en base de la parte superior del montón. Se desarrollaron especialistas en la preparación del barro y en el mantenimiento de su consistencia, de su diseño y de su secado y cocido. Parece que David estuvo organizando las cosas en esta dirección durante su reinado (1 Cr. 4:23).

Trabajadores del metal

Los trabajadores del metal tienen un origen muy remoto. Caín significa "forjador", y fue uno de sus descendientes, Tubal-caín, quien fue descrito como "artífice de toda obra de bronce y de hierro" (Gn. 4:17, 22). Caín fue el padre de la tribu madianita de los ceneos, que parecen haber estado involucrados en muchos aspectos de la historia de Israel (véase, por ejemplo, Gn. 15:19; 1 S. 15:6). Parecen haber explotado el cobre del Sinaí con los egipcios. Los artefactos de factura cenea han provisto mucha de la información arqueológica que conocemos acerca del antiguo trabajo de los metales.

El oro fue uno de los primeros metales en ser extraído y empleado debido a que se encuentra en un estado relativamente puro, y puede ser fundido a bajas temperaturas y derramado en moldes. Era refinado (como la plata) calentándolo en un crisol de barro, rasando la superficie del líquido para eliminar las impurezas (Zac. 13:9). También era convertido en finas láminas, a golpes de martillo, para trabajos de revestimiento (Jer. 10:3–4), y las delgadas láminas eran cortadas en delgadas bandas, lo suficientemente finas para ser tejidas como hilo de oro (Éx. 39:3). El arte y la pericia israelita alcanzaban su mayor esplendor en la elaboración de pequeños objetos, y por ello los orfebres eran un importante gremio (Neh. 3:8).

Timna, cerca del golfo de Akaba. Esta zona era minada para sacar cobre en los tiempos bíblicos.

El cobre se extraía de su mineral mediante calentamiento. Era batido y conformado por martilleo en frío. Se extraía de minas con pozos de una profundidad de cincuenta metros, y la descripción del trabajo en la mina que aparece en Job 28:2–11 parece haber sido escrita en base de una experiencia. El mineral era quebrantado en trozos pequeños en morteros de piedra, y fundido en un sencillo horno encendido con madera de acacia. El horno consistía básicamente en una depresión del suelo donde finalmente se recogía el lingote de cobre, rodeado por tres paredes bajas de piedra y barro. El tercer lado dejaba paso a los fuelles y al viento dominante. Se han encontrado restos de morteros, hornos y montones de escorias, en abundantes cantidades, a lo largo del golfo de Akaba.

Los primeros artífices del metal

La metalurgia fue adoptada por los judíos, y los metalistas vinieron a ser la élite de los artesanos, y fueron llevados cautivos a Babilonia (2 R. 24:15–16). Salomón empleó a sus metalistas para crear utensilios para emplearlos en el Templo (1 R. 7:45–47). Pero no queda claro dónde aprendieron los judíos este oficio. Algunos académicos creen que lo aprendieron de metalistas ambulantes del clan de los ceneos, una tribu que iba ambulante con los fuelles atados a asnos. El metalista ambulante era reconocido por una cruz metálica que llevaba en la frente. Se ha sugerido que esta pudiera ser la "marca de Caín" para indicar que los descendientes de Caín (que significa "forjador") deberían ser artesanos, no gobernantes de tribus.
Génesis 4:15

Una selección de objetos de metal del mercado de la Ciudad Vieja en Jerusalén.

Una máscara romana de bronce para desfiles, del segundo siglo d.C.

Alrededor del 2000 a.C. los trabajadores del metal habían descubierto que, añadiendo hasta un cuatro por ciento de estaño al cobre, obtenían un metal más duro con un punto de fusión inferior que podía ser vertido en moldes. Era el bronce. En lengua hebrea no hay distinción entre bronce y cobre. Debido a que el bronce era atractivo y más barato que el oro, se empleaba en ocasiones como sustitutivo en la decoración (véase 1 R. 14:27). La industria del cobre desapareció en el sur debido a la carencia de combustible; los árboles de acacia fueron todos quemados. No se reavivó esta industria en el país hasta la época romana.

El hierro fue al principio quitado del cobre como impureza. No fue hasta que se lograron ciertos adelantos tecnológicos que se pudo extraer el hierro de su mineral. Se precisaba de más calor tanto para su extracción como para su forja (Is. 44:12; Jer. 6:28–29). Los hititas desarrollaron el hierro los primeros, y lo exportaron, así como su tecnología, a los cananeos y a los filisteos. Debido a que el hierro era mucho más fuerte que el bronce y a que los cananeos tenían

Página derecha: Un artesano de los tiempos bíblicos fabricando sandalias afuera de su taller. Véanse sus herramientas especiales sobre el banco de trabajo.

Los trabajadores del cuero

Las tiendas se hacían al principio con pieles; sólo más tarde tomó el lugar de ellas el tejido de pelo de cabra. Por ello, un fabricante de tiendas era un trabajador en cuero, y el nombre permaneció (Hch. 18:3), a pesar de que el cuero se empleaba para hacer recipientes para líquidos, cintos, y equipamientos militares como cascos, escudos y hondas. Un fabricante (o trabajador del cuero) tenía primero que desollar el animal, luego eliminar los pelos de la piel, curtirla y a veces también teñirla. Los cabellos eran eliminados con una combinación de rascado, macerado y con la aplicación de cal. Las pieles se empapaban a continuación en agua conteniendo raspaduras de roble y hojas de zumaque, frotadas con estiércol de perro, y martilladas. El olor que se desprendía en esta actividad era tan malo que el curtidor tenía que trabajar fuera de la ciudad en dirección del viento dominante, y era una actividad personalmente tan mala que era causa de divorcio. Cuando los siervos de Cornelio llegaron buscando la casa de Simón el curtidor en Jope, no debieron tener problemas en encontrarla (Hch. 10:6).

Dos fabricantes de tiendas cosiendo una piel de cabra. Pablo trabajó por un tiempo junto al equipo de marido y mujer, Aquila y Priscila.

Página derecha: Pesos de telar del Medio Oriente, del período Calcolítico, 4500–2100 a.C.

Los trabajadores del textil

Los tejidos de lino y de lana se desarrollaron muy tempranamente. Entre los judíos, lo normal era el tejido de lana. Después de lavarse la lana de la oveja, se peinaba para prepararla para hilarla. Se hilaba empleando un palo o huso de madera, que tenía una ranura o gancho en su extremo. El otro extremo iba cargado con una pesada piedra con un agujero en medio de su centro, llamada tortero. El tortero se hacía de barro cocido, de piedra o de hueso, y daba impulso al huso cuando se le hacía girar. La hiladora tiraba de algunas fibras de la lana peinada sostenida bajo su brazo izquierdo y enganchaba las fibras a la ranura o gancho. Luego hacía girar el huso y lo dejaba caer hasta que casi llegaba al suelo. En su caída y giro el huso tiraba de un hilo de lana que quedaba enrollado alrededor del huso antes de repetirse el proceso una y otra vez. Aunque se empleaban colores naturales al tejer, era también posible teñir el hilo. El hilo, en tal caso, era lavado con lejía y jabón antes de la tinción (Jer. 2:22).

Teñido

El color escarlata (Éx. 25:4) se conseguía de huevos de piojos molidos. El índigo se obtenía de la piel de la granada. El púrpura se obtenía del molusco murex (Hch. 16:14). Se aplastaban las conchas, y se cocían en sal, y se dejaban al sol para que la secreción se volviera de color púrpura (véase también Nm. 15:38; Est. 8:15). El azul se conseguía también del murex, pero se añadía un aditivo durante la cocción. El amarillo se obtenía en Egipto del cártamo, y los romanos lo extraían del croco. Los tintes se hacían preparando una solución de agua, potasa y cal. Después de dos días se añadían los pigmentos, y la tinción se hacía en vasijas de barro o en bacías de piedra. Después, el hilo o la piel teñidas eran lavados en agua clara, y se colgaban para secar.

Una tejedora trabajando en su telar al aire libre.

Tejeduría

El arte de tejer se desarrolló durante todo el período del Antiguo Testamento. Al principio se empleó un telar horizontal, que se fijaba en el suelo mediante estacas. Posteriormente se desarrolló un telar vertical, aunque hubo tiempos y lugares en los que se empleaban indistintamente ambos tipos de telar. El telar horizontal se fijaba sobre el suelo con los largos hilos de la urdimbre formando la longitud de la proyectada tela. A continuación se iba entrecruzando el hilo de la trama por medio de un palo delgado de modo alternativo por los hilos de la urdimbre. Este proceso era acelerado mediante el empleo de una pieza plana de madera que ya se había pasado a través de hilos alternados. Cuando se ponía sobre el canto, se separaban los hilos de la urdimbre, de modo que había lugar suficiente para pasar el hilo de la trama con su palo. En la pasada de vuelta se tenía que pasar el palo por encima y debajo de cada hilo sucesivo.

Finalmente, se vio que si los mismos hilos de la urdimbre que se empujaban hacia abajo con la pieza plana de madera podían ser halados hacia arriba uniéndolos con lazadas a otra pieza de madera, el palo podría ser también pasado rápidamente en la otra dirección. Esto hizo posible remplazar los palos por la lanzadera. La lanzadera se empleaba en tiempos de Job (Job 7:6), y el telar horizontal en la época de los jueces, porque fue utilizado por Dalila para tejer el cabello de Sansón en una pieza de tejido (Jue. 16:13). La "estaca" mencionada en este relato era empleada para apretar la trama a fin de espesar la tela.

El problema del telar horizontal era que la anchura de la pieza de tela quedaba limitada por la longitud del brazo del tejedor, porque el tejedor tenía que sentarse o agacharse para hacer su trabajo. La invención del telar vertical posibilitó la fabricación de tejidos más anchos porque el tejedor podía caminar a lo largo de la superficie del tejido. En este caso se construía un pesado marco de madera (véase 1 S. 17:7) como un marco de una puerta, y los hilos de la urdimbre se colgaban de la madera travesera y se tensaban con una serie de piedras agujereadas o bolas de barro cocido, los pesos del telar. Entonces se tejía el material de arriba abajo, y se empleaba la estaca para espesar la trama en la parte superior del telar.

El desarrollo final del telar fue aquel en que los pesos fueron sustituidos por un rodillo con el que poder arrollar el tejido acabado. Entonces se hacía el tejido de abajo arriba. Estos telares no se prestaban a la fabricación de diseños coloreados complicados, e incluso "las ropas bordadas" (Jue. 5:30; Ez. 26:16) puede hacer referencia a ropajes compuestos cosiendo juntas telas de diferentes colores. Sin embargo, esto significaba que el tejido podía ser modelado sobre el mismo telar variando el número necesario de los hilos de la urdimbre.

Una mujer de los tiempos bíblicos tejiendo al aire libre en su telar vertical. Nótense los pesos del telar colgando de los hilos de la urdimbre.

herrajes en sus carros (Jue. 1:19), los judíos tenían ahí un problema. En un período posterior, los filisteos, que numéricamente no eran grandes, pudieron dominar a los judíos debido a su monopolio del hierro (1 S. 13:19–22). En el 1500 a.C., el hierro era tan novedoso que se empleaba para hacer joyas, pero para el año 1000 a.C. estaba siendo empleado como componente de las armas (1 S. 13:19–22). David tenía abundante hierro para los materiales de construcción del templo (1 Cr. 22:3).

Albañiles

Los albañiles eran los colaboradores de los carpinteros en la construcción. La albañilería era otro oficio que tuvieron que aprender los judíos. Después de destruir los judíos las grandes y bien fortificadas ciudades cananeas (Nm. 13:28) no aprendieron a reconstruirlas hasta que, en tiempos posteriores, recibieron la ayuda de los fenicios. La obra del albañil comenzaba en los cimientos, donde se llenaba la excavación con roca y cal, y se dejaba asentar (Lc. 6:48). Luego se edificaban las paredes maestras sobre estos cimientos. Lo que Pablo quería expresar con que en la predicación no edificaba sobre el fundamento puesto por otro se basa probablemente en una costumbre contemporánea de que el hombre que echaba los cimientos construía también las paredes (Ro. 15:20).

En un buen edificio se ponían piedras principales en cada esquina, grandes y bien talladas en forma cuadrada. Debido a que estas grandes piedras no eran apropiadas para el resto de la edificación, podían ser echadas a un lado por los edificadores, sólo para descubrir más tarde que eran necesarias para dar solidez y forma al edificio (Sal. 118:22). Estas piedras o "principales" devinieron metáforas para designar a los hombres destacados y estables de la comunidad (Jue. 20:20; 1 S. 14:38).

Fabricación de joyas

Los judíos desarrollaron el arte de la fabricación y grabado de joyas. El marfil era tallado y empleado para incrustaciones (1 R. 10:22; 22:39; Am. 3:15). Se entallaban pequeños cilindros, que eran empleados como sellos personales. Este oficio se desarrolló espontáneamente porque como nómadas no era posible llevar una gran cantidad de material encima. *Éxodo 28:9–14*

Un enorme silo recubierto de piedra, excavado en Meguido. En los tiempos bíblicos solo se construían de piedra los edificios y las ciudades principales.

Judíos en oración frente al muro occidental ("el Muro de los Lamentos") en el perímetro de la zona del Monte del Templo en Jerusalén. Los bloques inferiores de mampostería datan de la época de Herodes.

Cuando se estaba edificando un buen edificio, se cortaban bloques de limolita en una cantera. La limolita era siempre más blanda cuando se cortaba bajo tierra; se endurecía en contacto con el aire. Por ello, la norma era cortar los bloques dándoles su forma y tamaño aproximados en la cantera, y terminarlos en el mismo sitio de construcción eliminando lo sobrante. Cuando se edificó el templo de Salomón las piedras se acabaron en la cantera, donde se podía conseguir un acabado más preciso por cuanto los bloques eran aún blandos (1 R. 6:7).

Los muros se hacían verticales empleando la caña y la plomada. La caña era recta y medía unos siete metros (20 pies) (Ez. 40:3). La plomada era un cono de plomo invertido unido mediante un cordel a una vara de madera del mismo diámetro que la base del cono. Cuando se ponía la vara sobre la superficie del muro de un edificio, si la pared estaba bien el borde de la base del cono debía tocar apenas la pared más abajo (Am. 7:8). Se empleaba un cordón de esquina a esquina, y se edificaba una capa de piedras hasta la línea antes de pasar a la siguiente (2 R. 21:3).

La piedra no se empleaba para muchas casas. Amós consideraba las casas de piedra como un lujo hecho posible por la explotación de los pobres (Am. 5:11). Normalmente, sólo se edificaban con piedra estructuras públicas como el templo, las murallas de la ciudad y las ciudades almacén como Meguido. Es probable que los constructores fenicios ayudaran en estas empresas. La calidad del edificio debía saltar a ojos vista.

En los tiempos romanos el albañil trabajaba en la construcción de arcos y acueductos. Con el desarrollo del arco, la piedra angular sostenía el arco. En su tiempo este impresionante acueducto proveía agua a Cesarea.

Para hacer más sólidas las paredes, se empleaban "claves" y "tizones", y las piedras estaban frecuentemente tan bien talladas que no había rendijas entre ellas y no se precisaba de mortero. Sin embargo, los albañiles de los tiempos bíblicos tenían problemas para abrir ventanas en una pared de piedra. Jeremías consideraba las ventanas un lujo inaceptable (Jer. 22:14).

La mayor parte de casas se edificaban con ladrillo de barro, que se hacía con barro y paja en moldes de madera, y que se dejaban secar al sol. Luego se empleaba barro tanto como mortero como para revocar el interior y exterior de la obra. Otras casas más burdas se construían con una mezcla de piedras y barro. El albañil estaba también involucrado en la construcción de graneros, pozos, cisternas, edificios públicos, arcos, carreteras y acueductos (las últimas tres obras en la época romana). Con el desarrollo del arco, era la piedra culminante la que sostenía todo el conjunto. Es posible que Simón Pedro tuviera este concepto en mente cuando presentó a Jesús como aquel que sostendrá unida la fe judía, impidiendo su desmoronamiento (Hch. 4:11).

Leyes sanitarias

Dios dio al pueblo judío varios mandamientos cuya significación médica ha sido apreciada sólo en tiempos recientes. Deuteronomio 23:13 aseguraba que el soldado llevara una pala a fin de poder enterrar todo excremento humano. Levítico 13 asegura el aislamiento de todos los leprosos. Se ha sugerido que la insistencia en la circuncisión ha llevado a una incidencia muy pequeña de cáncer de la cervix uterina, y que la prohibición de matrimonios por ciertos grados de parentesco tenía la intención de controlar una variedad de enfermedades hereditarias.

Los profesionales de la medicina

A los judíos se les prometía la salud si obedecían las leyes de Dios (Éx. 15:26), y les fueron dadas una serie de leyes sanitarias (reposo y relajamiento periódicos, alimentos adecuados, evitación de agua contaminada, limpieza, separación de las enfermedades contagiosas) que, cuando eran obedecidas, conducían a un elevado nivel de salud. Si las leyes eran desobedecidas, el resultado era la enfermedad (Dt. 28:60–61). No había necesidad de médicos, y cualquiera que recurriera a ellos era objeto de censura por ir contra la voluntad de Dios. Esto le sucedió al rey Asa en 2 Crónicas 16:12. El procedimiento correcto en caso de enfermedad era la oración a Dios (Nm. 21:7; 2 R. 20; 2 Cr. 6:28–30; Sal. 6; 107:17–21).

Pero en otros países se daba una diferente actitud. En Egipto y Babilonia, la enfermedad era considerada como resultado de la actividad de los espíritus, y se demandaban médicos que la contrarrestaran. Aunque la actividad médica descendía en ocasiones al nivel de la magia, también abrió el paso a la cirugía y al desarrollo de la herboristería medicinal. Había incluso leyes que controlaban el trabajo de los médicos. El código legal de Hammurabi decía que si alguien operaba los ojos de un paciente con una lanceta de cobre y aquel hombre perdía el ojo, el ojo del cirujano debía también ser cegado con una lanceta de cobre.

Los egipcios eran diestros en neurocirugía. Abrían orificios en el cráneo para "dejar salir el mal espíritu", pero al hacerlo aliviaban la presión interior, lo que en ocasiones llevaba a curaciones; también se practicaba esta especialidad en Laquis. Los egipcios tenían también dentistas, y algunos de los fenicios tenían dientes de oro.

A pesar de la actitud teológica de los judíos, parece que mucha de la actitud de las naciones que los rodeaban se les pegó. A nivel popular parece que la gente llevaba amuletos para mantener alejados a los espíritus malos, y había médicos, como lo sabía el rey Asa. Éxodo 21:9 parece indicar

Una moneda de Tiberias, junto al mar de Galilea, representando la diosa helenística Higía, símbolo de las aguas termales terapéuticas de Hamat, Tiberias.

La medicina en tiempos de Jesús

En tiempos de Jesús había una actitud ambigua acerca de la medicina. Marcos 1:32–34 parece indicar que había una gran cantidad de enfermedades. Éstas incluían la lepra, enfermedades causadas por una dieta deficiente y por la polución (disentería, cólera, tifus, beri beri [hidropesía]), ceguera (debido a lo polvoriento del ambiente), sordera y parálisis. También se daban la epilepsia y otras dolencias del sistema nervioso. Se puede encontrar referencia de estas enfermedades en 2 Samuel 12:15; 1 Reyes 17:17; 2 Reyes 4:20; 5:1–14; y Daniel 4:33. Ante esta situación los judíos seguían con incertidumbre acerca de los médicos. Creían que había una relación entre la enfermedad y el pecado (Jn. 9:2) y citaban refranes como "médico, cúrate a ti mismo" (Lc. 4:23). Pero a pesar de todo había la norma de que cada ciudad debía tener su médico (por lo que la mujer con el flujo de sangre pudo consultar a varios, Mr. 5:26), y había siempre un médico en el templo para cuidar de los sacerdotes que cayeran enfermos debido a su hábito de caminar descalzos. Es evidente que Marcos no sentía mucho respeto por los médicos (véase arriba, Mr. 5:26).

La actitud de Jesús no contradijo el Antiguo Testamento. Parece que consideraba que la enfermedad era el resultado de la malvada actividad de Satanás en el mundo, y que debía ser combatida como tal. Sin embargo, Jesús no aceptaba que la enfermedad fuera necesariamente el resultado del pecado del individuo. Esto queda claro en Juan 9:1–3:

Al pasar Jesús, vio a un hombre ciego de nacimiento. Y le preguntaron sus discípulos, diciendo: Rabí, ¿quién pecó, éste o sus padres, para que haya nacido ciego?

Respondió Jesús: No es que pecó éste, ni sus padres, sino para que las obras de Dios se manifiesten en él.

Jesús aceptaba que algunas enfermedades eran resultado de posesión demoníaca, y las trataba como tales (p. ej., Mt. 12:27), pero no trató todas las enfermedades por medio de este método. Fue esta actitud hacia la enfermedad lo que aceleró la aceptación cristiana de los médicos en la iglesia primitiva. Lucas, como médico, era el compañero de viaje del apóstol Pablo (Col. 4:14). Naturalmente, él era un médico griego, y la medicina griega se había desarrollado mucho. Siguiendo la enseñanza de Hipócrates, los médicos pronunciaban un juramento de que la vida de un paciente debía quedar en primer lugar, de que nunca abusarían de las mujeres, que nunca provocarían abortos, y que nunca revelarían información confidencial. Había una gran escuela de medicina en Alejandría.

Por ello, muy pocos judíos estudiaban medicina, pero estaban frecuentemente satisfechos por los servicios de un médico, a pesar de sus recelos.

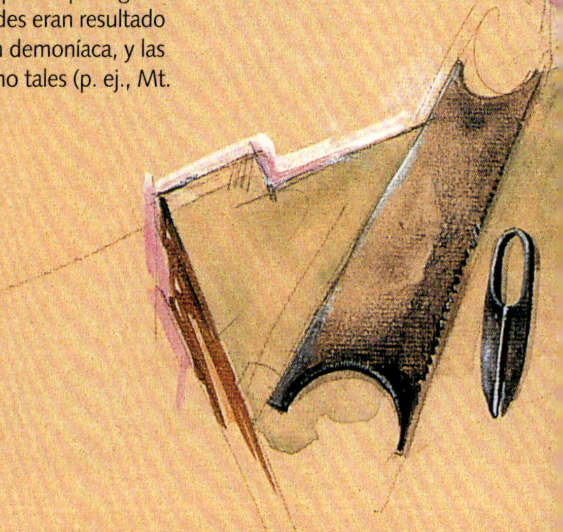

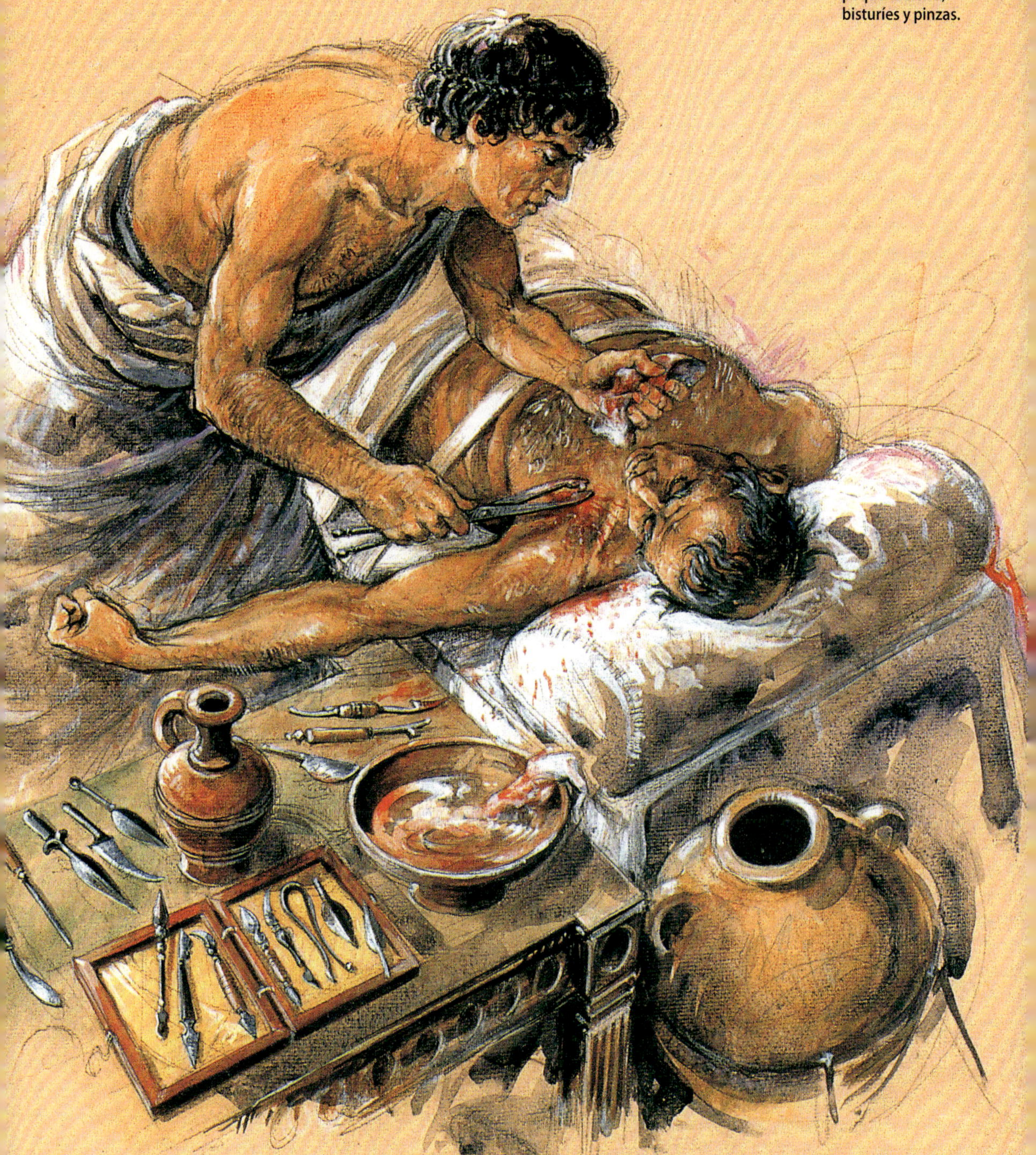

Un cirujano romano tratando una herida abierta. Véase su juego de instrumentos especializados, que incluyen una pequeña sierra, bisturíes y pinzas.

Financieros y mercaderes

Los comerciantes se movían en el mundo de las medidas y del dinero. Antes de considerar cómo los comerciantes trabajaban y vivían, examinaremos las medidas y el dinero de la Biblia.

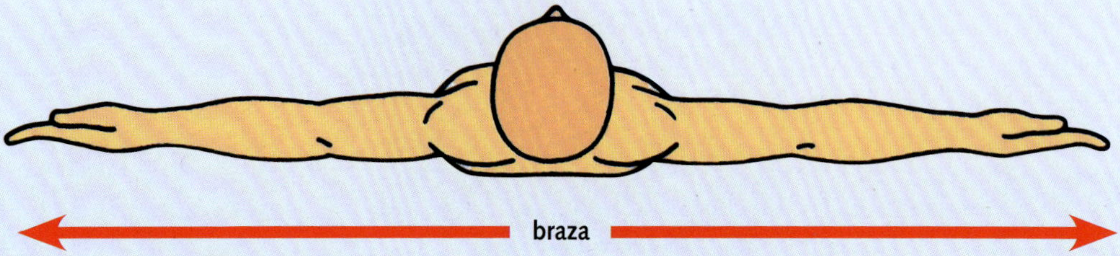

Medidas lineales
Las medidas lineales surgieron de las proporciones del cuerpo humano, el dedo, el palmo corto, el palmo largo (la distancia entre el extremo del pulgar y el del meñique totalmente extendidos), el codo (la distancia desde el codo hasta el extremo del dedo corazón), y la braza, que era la distancia entre los extremos de ambos dedos corazones con los brazos extendidos en cruz. Con esto se consigue una tabla de longitudes como la que sigue:

4 dedos	= 1 palmo corto
3 palmos cortos	= 1 palmo largo
2 palmos largos	= 1 codo
4 codos	= 1 braza

Este sistema no carecía de problemas. Las medidas corporales cambian de una a otra persona, y existen evidencias de que había codos diferentes, desde alrededor de 45 hasta 52 centímetros. Existía un codo largo o "real" de 7 palmos cortos o 28 dedos (todas las medidas reales eran mayores que las normales); también había codos viejos (2 Cr. 3:3) y nuevos (Ez. 40:5). En general, sin embargo, el sistema era bien comprendido, y se podían calcular medidas aproximadas.

Las distancias mayores eran vagamente mencionadas en términos de varios días de viaje (p. ej., Gn. 30:36). Mucho tiempo después, los griegos emplearon una medida llamada estadio (gr., *stadion*, plural, *stadia*), que era de unos 180 metros, y se menciona en el libro de Macabeos. La distancia no se empleaba para calcular áreas, como en nuestro sistema. Un acre era la cantidad de tierra que podía ser arada por un buey en un día (Is. 5:10). La máxima distancia que se podía andar en sábado (camino de un sábado, Hch. 1:12) era de 2.000 pasos, una distancia de ida y vuelta de una milla romana (1.000 pasos).

Capacidad
La capacidad se medía originalmente de una manera similar, casera, dando el nombre del contenedor el nombre a la medida de capacidad. La medida más grande de áridos era el homer, que significa "carga de asno", y se empleaba para cereales (Lv. 27:16). El efa era una gran vasija con una tapadera, y según Zacarías 5:6–7 era lo suficientemente grande para contener una mujer. Era una décima parte de un homer, y se empleaba también para medir cereales (Rt. 2:17). El gomer era la menor medida para cereales, y era un décimo de un efa (Éx. 16:33). Probablemente era del mismo tamaño que un issarion, que significa "décimo", y se empleaba para medir harina (Éx. 29:40). El equivalente líquido del efa era el bato. Esto da una tabla de base diez:

10 gomer/issarion	= 1 efa/bato
10 efa/bato	= 1 homer (o coro)

Sin relación alguna con esta tabla decimal estaba el hin, que se empleaba para medir ofrendas de aceite y vino (alrededor de tres litros y medio). Un sexto de hin era el mínimo de agua necesaria para cada día (Ez. 4:11).

En tiempos posteriores parece haberse desarrollado una mayor precisión. Los asirios

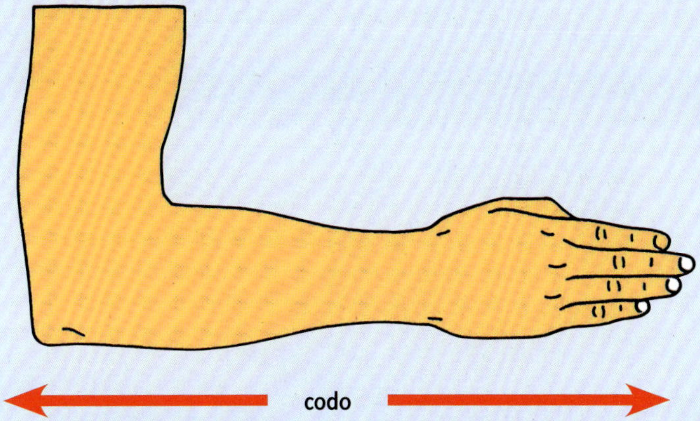

desarrollaron un sistema de base seis. Su sistema era:

6 qa	= 1 situ
30 situs	= 1 gur

Las palabras suenan muy parecidas a las palabras hebreas *qab*, *seah* y *kor*, y puede ser que los judíos adaptaran el sistema y lo emplearan junto con el antiguo. Esto significaría que:

6 qab (cab)	= 1 seah
30 seah	= 1 kor (coro)

El *qab* es mencionado en el sitio de Samaria, durante el cual se vendía un cuarto de *qab* de estiércol de paloma (o vainas de simientes) por cinco siclos de plata (2 R. 6:25). El *seah* se empleaba para medir harina y cereales (2 R. 7:1), y el *kor* (coro) medía grandes cantidades de líquido y era el equivalente del homer (Ez. 45:14). No podemos conseguir sus exactos equivalentes modernos, pero la carga de asno o *kor* se estima como en alrededor de 220 litros.

Peso

El verbo "pesar" es *shaqual* en hebreo (siclo), y por esta razón el "siclo" vino a ser el peso básico. El cabello de Absalón pesaba doscientos siclos (2 S. 14:26). En base de las cifras que tenemos en Éxodo 38:25–26, podemos calcular que un *beca* era medio siclo, y que el talento tenía trescientos siclos. Posteriormente se añadió otro peso, llamado mina, que probablemente pesaba cincuenta siclos. Esto nos da la siguiente tabla:

2 becas	= 1 siclo
50 siclos	= 1 mina
60 minas	= 1 talento

Los nombres en la tabla anterior fueron adoptados en otros países, pero los múltiplos y pesos reales eran diferentes. Además de esto, estaba la complicación de que parecen haber existido dos juegos de pesos utilizados por el mercader. Se empleaba uno ligero para las ventas y uno más pesado para las compras (Dt. 25:13). Esto daba al mercader un beneficio porcentual legítimo y no era malo en sí. Era la mezcla de pesos lo que constituía un problema, o el empleo deliberado de pesos falsos para engañar a los compradores (Lv. 19:35–36; Miq. 6:10–11). Los pesos mismos eran frecuentemente piedras talladas, con formas de animales y otros temas, y marcadas con su peso. Se empleaban en romanas y balanzas (Is. 40:12). Se estima que el talento pesaba entre treinta y cuatro y algo más de treinta y seis kilogramos. Recibió su nombre de la pesada tapadera de un contenedor.

Acuñado de moneda

En los primeros tiempos de la Biblia, el comercio se llevaba a cabo mediante intercambio, pero pronto se vio que era más conveniente intercambiar algo por algo que a su vez pudiera ser intercambiado por otras cosas. Esto se hacía por medio de cantidades pesadas de metal. Abraham pesó cuatrocientos siclos de plata como pago por un sepulcro para su familia (Gn. 23:16). Los metales empleados en el intercambio eran principalmente oro, plata y cobre. En cierto momento en la historia, el metal recibió formas normalizadas de discos, barras y anillos, pero la verdadera

Doble siclo de Sidón, representando al gran rey de Persia en su carruaje, c. 400–350 a.C.

Moneda de la segunda rebelión judía, con la única conocida representación temprana del templo de Herodes, con el arca del pacto adentro.

acuñación no comenzó hasta el siglo VII a.C. Se puso entonces la marca del rey sobre una pieza de metal para garantizar su peso y pureza, y por ello su valor.

Las monedas no son mencionadas hasta un tiempo bastante tardío en la Biblia. Sólo en el tiempo de Nehemías leemos acerca de "dracmas de oro" (Neh. 7:71), que fueron acuñados por Darío de Persia, de quien recibieron su nombre (dóricos). Las monedas se emplearon más abundantemente en los tiempos del Nuevo Testamento, pero había tantos tipos que el dinero llevaba a confusión. Funcionaban tres sistemas monetarios. La acuñación romana tenía curso internacional, y se hacía en monedas de cobre, bronce, plata y oro. Cuando Jesús dijo a sus discípulos que no llevaran consigo oro, plata, ni cobre en sus bolsas (Mt. 10:9) estaba probablemente haciendo referencia a las monedas acuñadas.

Acuñaciones romanas

4 cuadrantes	**= 1 as (monedas de cobre)**
4 ases	**= 1 sestercio (bronce)**
4 sestercios	**= 1 denario (plata)**
25 denarios	**= 1 áureo (oro)**

Las monedas romanas son muy comunes en el Nuevo Testamento. Jesús dijo que si uno era enviado a la cárcel por su adversario, no saldría de ella sin haber pagado antes hasta el último cuadrante (Mt. 5:26). Mateo 10:29 nos dice que se vendían dos avecillas por un sestercio (o cuarto). Los obreros de la viña en Mateo 20:1–16 reciben cada uno un denario, que era el salario normal de un trabajador. El mesonero de la parábola del Buen Samaritano recibió dos denarios (Lc. 10:35), y Jesús pidió un denario cuando le hicieron preguntas acerca del dinero del tributo (Mr. 12:15).

Monedas de acuñación judía

Los romanos permitían la acuñación local de monedas además de las suyas. Había muy poca moneda judía en circulación. Parece que Nehemías acuñó moneda, probablemente para el pago del tributo del Templo. No se sabe más de acuñaciones hasta que los descendientes de los macabeos arrebataron este privilegio a sus dominadores sirios (1 Mac. 15:6). En los tiempos del Nuevo Testamento la única moneda judía era un lepton de cobre (término que significa "delgada"). La viuda las echó en la tesorería (Mr. 12:42). Equivalía a medio cuadrante. Las primeras monedas realmente judías fueron las acuñadas en el tiempo de la rebelión, entre los años 66 y 70 d.C, y entre el 132 y 135 d.C.

Monedas de acuñación griega

Las otras monedas en circulación eran las griegas, originalmente de la fábrica

Moneda del tiempo del emperador romano Máximo, 235–38 d.C., representando el templo de Diana en Éfeso.

Monedas de la segunda rebelión judía (período Bar Kojba) en el primer siglo d.C., descubiertas durante las excavaciones en Tel Bareket, Israel.

Moneda del procurador Poncio Pilato, 30 d.C.

Moneda del procurador Antonio Félix, 59 d.C.

de moneda establecida por Alejandro Magno en Acco, y posteriormente acuñada en otros varios centros. Este sistema monetario era:

2 dracmas	**= 1 didracma**
2 didracmas	**= 1 tetradracma (o estatero)**
2 tetradracmas	**= 1 mina**
Una gran cantidad de minas	**= 1 talento**

El dracma era equivalente a un denario. Por ello, el estatero era equivalente a cuatro denarios. También estas monedas son mencionadas en el Nuevo Testamento. La moneda que la mujer pierde de su tocado en Lucas 15:8 es una dracma. La didracma era el equivalente al medio siclo que los judíos debían pagar como tributo del Templo, pero debido a que esta moneda no se solía hallar, se empleaba una tetradracma para dos personas. Ésta es la moneda que Pedro encontró en la boca del pez para pagar el tributo para él mismo y para Jesús (Mt. 17:27). Es probable que el pago que Judas recibió para traicionar a Jesús fuera treinta tetradracmas (Mt. 26:15). La mina es la cantidad de dinero que fue dada a los siervos por su rey (Lc. 19:13). El talento era una enorme cantidad de dinero, no una moneda. Fue empleada para describir una deuda de imposible pago (10.000 talentos, Mt. 18:24) y en la parábola a la que da su nombre (Mt. 25:14–30).

Más monedas de la segunda rebelión judía encontradas en Tel Bareket, Israel.

el empleo de una muleta cuando estaba dañada una pierna, y Ezequías trató su úlcera con un emplasto (2 R. 20:7). En la época en que fue escrito el libro de Job, las actitudes estaban cambiando, porque uno de los importantes puntos tratados en el libro de Job es que la enfermedad de Job *no* era el resultado del pecado. En el siglo II antes de Cristo, el escritor de Eclesiástico dice que, aunque es Dios el sanador, Él da los dones de sanidad a los hombres. Isaías vio que la condición de Judá necesitaba purificación, vendado y ungüento (Is. 1:6); se empleaba vino mezclado con mirra como analgésico (Mt. 27:34); se creía que las raíces de la mandrágora potenciaban la fertilidad femenina (Gn. 30), y las comadronas son mencionadas en época temprana (Gn. 35:17; Éx. 1:15; Ez. 16:4, etc.).

Maqueta del templo de Herodes, mostrando las mesas de los comerciantes afuera del monte del templo. Entre los comerciantes se incluían cambistas, a quienes Jesús echó cuando purificó el templo.

El cambio de monedas

Los que trabajaban con dinero tenían oportunidades de sobras para trabajar. Se precisaba de cambistas cuando se precisaba de unas monedas concretas, y se cargaba un diez por ciento generalmente por el cambio. De la máxima importancia era el dinero que se empleaba en el templo, donde se necesitaba para pagar el tributo y para pagar los animales sacrificiales que habían sido certificados como ritualmente limpios. Algunos creen que Nehemías acuñó moneda especial para este objeto (Neh. 10:32) y esta práctica había persistido. Para este cambio se cargaba un doce por ciento.

Cuando Jesús echó a los cambistas de dinero en el templo, parece haber estado actuando sobre el principio de dos grandes profecías mesiánicas (Sal. 69:9; Mal. 3:1–4; véase Jn. 2:17). No se trataba de que los cambistas estuvieran ejerciendo una actividad criminal, sino que no era una actividad lo suficientemente buena para la casa de Dios (Mt. 21:13).

Las personas que cambiaban monedas podían también prestar dinero (de hecho, la mesa por la que pasaba el dinero era llamada un "banco"). Jesús sugirió en su relato del dinero confiado a los siervos del rey que hubiera podido ser invertido con el fin de recoger el interés (Mt. 25:27; Lc. 19:23). Hay aquí una cuestión que debe ser aclarada. En los tiempos del Antiguo Testamento la vida se basaba en una economía agrícola simple. Nadie necesitaba

Designación del dinero

Los términos empleados para designar el dinero en el Nuevo Testamento ilustran los problemas que afrontan los traductores de la Biblia. Si usan el término original, puede carecer de significado para el lector. Si ponen el nombre de una moneda corriente, o un valor monetario, la inflación puede hacer que esta nueva designación sea completamente caducada en poco tiempo. "Piezas de plata" y "el salario de un día" no siempre indican el valor de una moneda, porque el valor varía con las diferentes sociedades.

de préstamos para inversiones; los préstamos eran necesarios para ayudar a alguien a superar tiempos difíciles. Por esta razón no se permitían los intereses, porque ello hubiera significado aprovecharse del apuro de un hermano (Éx. 22:25; Lv. 25:23; Dt. 23:19). Pero del extraño se podía exigir interés (Dt. 23:20). Para la época del Nuevo Testamento, la economía había cambiado, y era posible prestar dinero para apoyar una empresa comercial y esperar por ello un beneficio, como en las parábolas. Pero Jesús seguía condenando los préstamos privados con interés (Lc. 6:34).

Tributación

Otros se empleaban en la recaudación de tributos. En los primeros tiempos de la historia de Israel, la tributación se empleaba sólo para sustentar el Tabernáculo y el Templo (Dt. 14:22–27; 18:1–5). Cuando el pueblo deseó un rey, Samuel les advirtió que se encontrarían con un aumento de la tributación (1 S. 8:15), y así fue. El programa de edificaciones de Salomón y su estilo de vida (1 R. 4:22–28) demandaban una fuerte imposición de tributos. El rey designó comisarios de tributos para doce distritos (1 R. 4:7–19), y la carga de los tributos se hizo tan onerosa que provocó una rebelión que dividió el reino muy poco después de la muerte de Salomón (1 R. 12:4).

Hay evidencia de que esta forma de exacción tributaria continuó en los reinos de Israel y Judá. Los *ostraca* encontrados en un almacén de Samaria incluían recibos de aceite y vino, y las asas de las jarras encontradas por toda Judá indican que las jarras contenían aceite y vino que debían ser enviados al rey. Incluso los primeros manojos cortados de heno parecen haber estado sometidos a tributación durante la época de Amós (Am. 7:1).

La forma más recusable de tributación era el pago de dinero de protección. Era la práctica de reyes poderosos imponer tributos a sus vecinos. Cualquier infracción era considerada como rebelión, la cual daba ocasión a expediciones de castigo por parte del ejército del reino más poderoso. Tiglat-pileser de Asiria recibió este tributo de Israel mientras Manahem fue rey (2 R. 15:19–20), y Necao de Egipto hizo lo mismo con Joacaz de Judá (2 R. 23:33–35).

En los tiempos del Nuevo Testamento, se tenía que pagar tributo por tasación al Imperio Romano. Los funcionarios romanos vendían el derecho de la recaudación de los impuestos en un área al mejor postor. El comisario de impuestos (jefe de los publicanos) tenía entonces que entregar una cierta cantidad de dinero. Empleaba a varias personas locales como recaudadores (publicanos), y tanto el comisario como los recaudadores gravaban excesivamente para poder conseguir un buen beneficio

Mojón en Capernaum sobre "El camino del mar" (latín *Via Maris*). En el tiempo de Jesús, Capernaum era un pueblo fronterizo y, por lo tanto, el impuesto de frontera se pagaría allí.

mientras que pagaban al gobierno lo que éste demandaba. Zaqueo, como jefe de publicanos (Lc. 19:8) admitió haber cometido fraude al restaurar lo cobrado ilícitamente por cuadruplicado. Leví debió ser un recaudador local (Lc. 5:27). Los judíos aborrecían a los publicanos no sólo porque los publicanos recaudaban el dinero de los judíos, sino porque eran considerados como traidores al servicio de la potencia ocupante. Por ello, su nombre era un nombre de burla. Los líderes judíos no podían aceptar la amistad de Jesús con aquella gente (Mt. 9:11; 11:19; 21:31). La repulsión ante los publicanos no estaba del todo injustificada. Juan el Bautista se refería generalmente a la necesidad de los publicanos de no ser codiciosos (Lc. 3:12).

El comercio

También los había que se ganaban la vida con los beneficios del comercio. Esto no sucedía en los tiempos antiguos, porque no solamente la sencilla economía agrícola no daba margen comercial para posibilitar el comercio, sino que la actitud prevalente era que la vida sencilla era la correcta (Pr. 31:10–17). Pero para la época en que

El mercado de frutas y verduras muy concurrido en Belén.

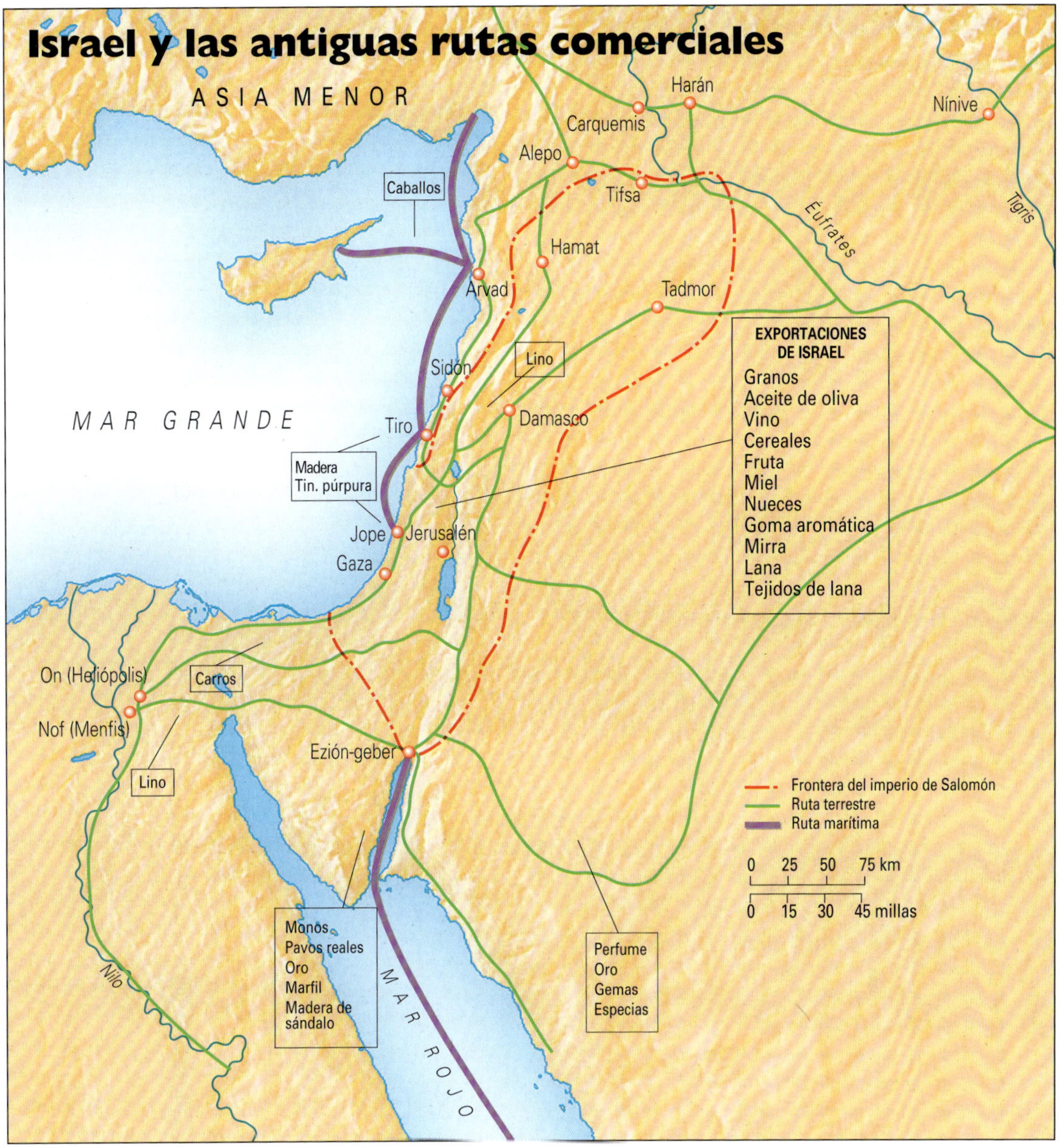

se redactó Ezequiel 27:17–24 había gran actividad comercial en productos agrícolas: trigo, aceitunas, higos tempranos, miel, aceite y bálsamo, productos con los que se comerciaba con Tiro. También se exportaban a Egipto aceite y vino, donde había excedentes de grano. La lana y los tejidos de lana se exportaban a muchos lugares, y a cambio se importaban madera, metales (estaño, plomo, plata y cobre) y artículos de lujo (especias, seda, joyas y oro). Este comercio había sido hecho posible por la expansión del reino bajo Salomón. Esta expansión hizo posible al rey imponer tributos sobre los bienes que atravesaban su territorio y recibir también tributos de los estados vasallos.

La ruta comercial más importante era “El camino del mar” que seguía la

La economía de Palestina

costa desde Egipto a través de lo que había sido el país de los filisteos. Luego giraba hacia el nordeste hacia Meguido y Hazor, y seguía hacia Damasco. La ruta interior desde Egipto pasaba por terreno montañoso, y a través de Beerseba, Hebrón, Jerusalén, Bet-el y Siquem, dividiéndose luego por una parte hacia Bet-seán y hacia Damasco, o hacia Samaria y Meguido. Pero era una ruta difícil, empleada sólo en época de lluvias cuando las otras rutas quedaban cerradas.

Al este del mar Muerto y del río Jordán, el "Camino de los Reyes" unía el golfo de Aqaba con Amón y Damasco. Las rutas marítimas eran dominadas por los fenicios, aliados de Salomón.

Como las principales rutas atravesaban áreas controladas por los judíos, era posible para los que dispusieran de capital importar y exportar mercancías. Salomón parece haber importado caballos de Cilicia y carros de Egipto, y haberlos exportado después (2 R. 10:28). También se hacían convenios para que los reyes pudieran tener mercado libre para sus mercancías en las ciudades vecinas. Acab tenía uno de estos convenios con Damasco (1 R. 20:34).

El problema con este comercio era que los que poseían capital tendían a ganar más y más mientras que los carentes de capital empobrecían relativamente. Esto parece haber sucedido individual o nacionalmente. Los individuos así fueron condenados por Amós, especialmente cuando esta clase de riqueza iba unida a la opresión de los más pobres (Is. 5:8–12; Am. 6:1–7; Mi. 2:1–2). Tiro fue condenada por imponer condiciones draconianas a las naciones que necesitaban sus mercancías (Ez. 28:2; véase también Is. 23). Para la época del Nuevo Testamento, el comercio era una manera de vivir, y la Pax Romana (la paz y unificación que los romanos habían impuesto en el Mediterráneo) potenció la posibilidad del comercio porque los viajes se habían hecho mucho más seguros. Roma se hizo el centro de la riqueza y del comercio, lo que se refleja en el refrán: "Todos los caminos conducen a Roma". Durante este período Judea exportaba grandes cantidades de aceite de oliva, en tanto que los vinos, vidrio, manzanas, quesos, lino y algodón griegos se hacían comunes en el país.

Aun hoy se reúne semanalmente un mercado de camellos y ganado en el pueblo desértico fronterizo de Beerseba.

El mercado

Sabemos poco de la manera en que funcionaba el comercio local. Normalmente había un espacio abierto dentro de la puerta de la ciudad que se empleaba como plaza de mercado, y las calles que conducían a esta plaza habrían servido para residencia de los comerciantes. En tiempos de Jeremías había la calle de los Panaderos (Jer. 37:21), y el valle entre las crestas oriental y occidental de Jerusalén era conocido como el valle de los queseros. Es evidente que debieron existir establecimientos para suministrar a los que vivían en la ciudad, porque cada día se tenían que comprar alimentos frescos. Había un mercado semanal para que los que vivían en los pueblos de alrededor pudieran acudir y comprar y vender productos. Nehemías tuvo que regular esta actividad para que no hubiera tales mercados en sábado (Neh. 13:15–22).

La manera en que se montaba el mercado era poniendo los productos a nivel del suelo, sentándose el vendedor entre sus mercancías. Se celebraban mercados especiales cuando llegaba una caravana. Pocas veces había precios fijos, por lo que se tenía que regatear en cada compra. En Proverbios 20:14 se muestra a la persona que en el mercado se queja del alto precio que tiene que pagar, pero que cuando llega a casa se jacta del buen precio conseguido (véase Lc. 16:5–7). Las medidas siempre se llenaban. Cuando Jesús describe cómo una medida debía ser apretada con el grano, remecida y rebosando, describe la práctica normal de vender el grano en el mercado (Lc. 6:38; "regazo" significa "falda").

PARTE 2

Instituciones y costumbres

CAPÍTULO 11

Ciudades y pueblos

Cuando la gente comenzó a abandonar las cuevas y a cultivar la tierra, se establecieron en lugares en los que la tierra era fértil y donde había un buen suministro de agua. Esto llevó en ocasiones a conflictos con grupos nómadas que querían disfrutar también del agua. Este conflicto hizo necesario que los nuevos granjeros vivieran agrupados para protegerse mutuamente, y fue por esta razón que surgieron los pueblos.

Si el pueblo era vulnerable, se construía de manera que las desnudas paredes de las casas formaran una muralla defensiva, accediéndose al interior mediante una sola entrada o puerta. Si el pueblo se encontraba en un lugar fácil de defender y se encontraba en una ruta comercial, entonces en la época en que la invención del arado con reja de bronce hizo posible una explotación más intensiva de la tierra y se consiguió más riqueza, el pueblo era rodeado de una muralla defensiva. Era esto, más que el mero tamaño, lo que convertía a un pueblo en ciudad (véase Lv. 25:29–31, "mas las casas de las aldeas que no tienen muro alrededor

El pueblo galileo de Kafr Cana, generalmente identificado con Caná de Galilea, donde Jesús realizó su primer milagro.

serán estimadas como los terrenos del campo… "). Incluso ciudades tan importantes como Jerusalén y Meguido tenían una extensión de sólo alrededor de trece acres (algo más de cinco hectáreas) en los tiempos del Antiguo Testamento. Si la muralla era hecha de manera sólida, era designada como "ciudad fortificada" (Jer. 34:7).

Había una relación biunívoca entre las ciudades y los pueblos. En tiempos de guerra, los campesinos acudían a la ciudad para protegerse tras sus muros. En verano, los habitantes de las ciudades agradecían poder salir al campo, donde colaboraban en la cosecha, y gozaban así de "unas vacaciones de trabajo". Así, las ciudades y los pueblos formaban un conjunto agrupado (Jos. 15:32, 36, 41).

El centro del pueblo

El "centro" del pueblo era su suministro de agua. La gente acudía al pozo para conseguir agua, llevando consigo sus propios pellejos y jarras (véase Jn. 4:11), y en esto se encontraban con otros del pueblo para conversar y relajarse al comenzar y terminar el día. El pozo no era siempre un profundo agujero con un brocal. Muchas veces se encontraba en un lecho seco de un río. De alrededor de un metro cuadrado y un metro de profundidad, se llenaba de agua, y era conocido como un "hoyo" (significado literal de Jer. 14:3, traducido "lagunas" en la versión Reina-Valera). Las lluvias de invierno siempre llenaban el seco lecho. Cuando había pendencias acerca del agua, estos hoyos eran a veces cegados (Gn. 25:15).

El "centro" del pueblo era el pozo de agua donde la gente iba para obtener agua. Una fotografía del siglo XIX del pozo de un pueblo en Israel.

Arriba: Arqueólogos han descubierto restos de una muralla en Jerusalén del período jebuseo, antes de que David capturara la ciudad.

Arriba derecha: Una sección de las murallas de la antigua ciudad de Jericó, situada cerca del mar Muerto.

Las murallas de las ciudades

La característica más importante de la ciudad era su muralla. Originalmente, las murallas de las ciudades importantes parecen haber sido hechas de piedra. Las antiguas murallas de Jericó tenían dos metros de grosor y torres de diez metros de altura, y esto en el año 5000 a.C. En la edad de bronce, cuando las edificaciones se hicieron más extensas y la agricultura más intensiva, las piedras basales de las murallas se hacían de piedra, pero las murallas mismas se hacían de ladrillo. Las murallas tendían seguir un contorno particular, por lo que, aunque la ciudad tenía una forma irregular, siempre tenía que ser alcanzada cuesta arriba.

Las murallas eran de diferentes clases. Algunas tenían una pendiente de abajo arriba, con bases de hasta nueve metros de grosor. Otras eran murallas de casamata, dos murallas paralelas con estancias construidas en el espacio intermedio. Otras eran murallas dobles, rellenas con cascotes. Las murallas no siempre mantenían fuera a los enemigos. Por ello, después de que una ciudad había sido tomada y destruida, era necesario reedificar sobre las ruinas de la vieja, porque inevitablemente la vieja había sido edificada sobre el mejor emplazamiento de la zona. Esto sucedió tantas veces en algunas ciudades que cuando los arqueólogos excavan alguno de estos lugares, se encuentran con niveles como de un pastel, que se corresponden con los niveles de destrucción y reconstrucción. Estos lugares reciben el nombre de *tell*, y mediante la precisa datación de cada capa, el arqueólogo puede a menudo escribir la historia de la ciudad.

En términos prácticos de construcción

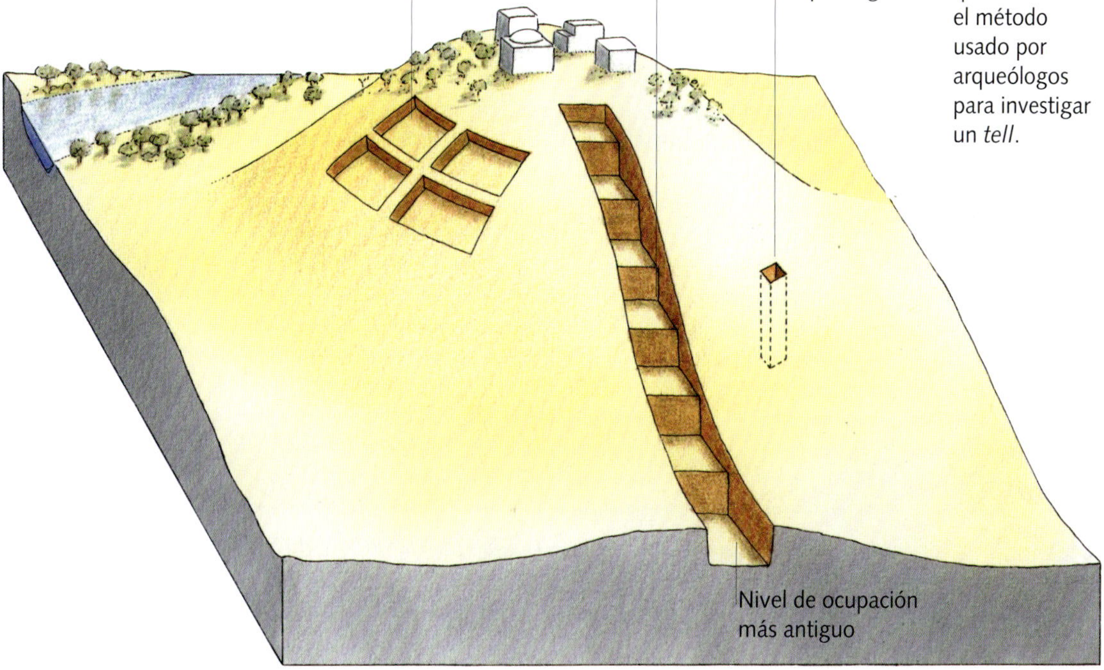

Diagrama que muestra el método usado por arqueólogos para investigar un *tell*.

Una ciudad rodeada de montes

Jerusalén está sobre una serranía rodeada de montes. Era fácil para los defensores de Jerusalén pensar que su ciudad era segura gracias a aquellos montes. El salmista estaba retando esta actitud cuando escribió: "Alzaré mis ojos a los montes; ¿de dónde vendrá mi socorro?". El salmista sabía que su ayuda venía de Dios, y por esto escribió: "Mi socorro viene de Jehová, que hizo los cielos y la tierra". Uno de los montes que mira a Jerusalén desde el oeste es Quiriat-jearim. Fue allí que David llevó el arca y la dejó reposar para que pudiera ver Jerusalén desde arriba. En aquel tiempo tenía temor de introducir el arca en Jerusalén debido a que el Templo no estaba aún edificado y debido a los problemas que el arca había causado desde su salida de la tierra de los filisteos. Por encima de Jerusalén al este se encuentra el monte de los Olivos. Es desde allí que Jesús miró a Jerusalén desde lo alto y lloró, y fue allí que habló a sus discípulos acerca del venidero fin del mundo.

Salmo 121:1

Vista de Jerusalén mostrando su posición, rodeada de montes.

Arriba: Tel Meguido, sitio de la antigua fortaleza.

Derecha: Restos de la "muralla ancha" en Jerusalén, que data de los tiempos de Nehemías.

el desarrollo de un tell significaba que la parte inferior de la muralla defensiva tenía que ser edificada como muro de retención para mantener en el interior el nivel más elevado. Así fue cómo se desarrolló el *glacis*, una empinada pendiente de tierra y rocas aplastadas, hasta el nivel de la nueva línea de edificación. El glacis era a menudo rodeado de un ancho foso, que daba la adicional ventaja de dar más tierra para hacer el glacis aún más alto. Luego se edificaba la muralla en la parte superior del glacis.

Al ir adelantando las técnicas de guerra de asedios, las murallas de casamata tuvieron que ser sustituidas por murallas sólidas, lo que generalmente era conseguido mediante rellenos. Se construían sistemas de salientes y entrantes en las murallas, y se construían torres para su defensa (2 Cr. 26:15). Así los defensores podían arrojar proyectiles contra los que atacaban las murallas. En algunos casos, como en Laquis, se edificaron dos murallas separadas, una dentro de la otra, para dar una doble línea defensiva. No podemos estar seguros de cómo estaban coronadas las murallas. La casa de Rahab pudo haber estado construida en la parte superior, porque los espías se escondieron en el terrado, pero puede haberse tratado de la vivienda superior en una muralla de casamata (Jos. 2:15). Hay indicaciones de que la parte superior de las murallas era adornada con escudos colgando de ellas (Cnt. 4:4; Ez. 27:11).

La puerta

En los primeros tiempos la puerta era el punto potencialmente débil de la defensa, y por ello vino a ser causa de especial preocupación. La posesión de la puerta equivalía a la posesión de la ciudad (Gn. 22:17). Por ello, se hizo común entre los cananeos la práctica de ofrecer un sacrificio humano al edificar una puerta. Parece haber una referencia a esto en 1 Reyes 16:34 cuando Segub, hijo de Hiel, murió durante la reconstrucción de Jericó llevada a cabo por su padre; Dios había dicho que todo el que reconstruyera la ciudad perdería su hijo.

Las puertas de la entrada de la ciudad se hacían de madera recubierta de metal (Sal. 107:16). Unas barras de hierro mantenían las puertas en su sitio (1 S. 23:7; Is. 45:2). Al perfeccionarse el arte de la guerra, estas puertas no ofrecían suficiente protección. Un antiguo diseño para proveer aquella protección implicaba la construcción de murallas que se solapaban con dos puertas, que formaban un patio entre ellas. Otra solución era construir murallas a ambos lados de las murallas principales, formando nuevamente otro patio. Si se penetraba por la puerta exterior, quedaba aún otra, y durante este tiempo los defensores podían derramar líquidos y lanzar proyectiles sobre los atacantes en el patio. Las dos formas de puerta posibilitaban repentinas e impetuosas salidas de los defensores contra el enemigo.

Las puertas eran fuertemente defendidas, y eran dotadas con torres para servir como puestos de observación. En 2 Samuel 18:24–26, David está sentado

Restos de la puerta del norte de la antigua ciudad de Meguido.

entre las dos puertas en Mahanaim, y el atalaya en la torre que se levantaba por encima puede ver a un corredor que llega con las nuevas de la batalla con las fuerzas de Absalón.

Las puertas se construyeron de modo más sofisticado cuando los dos pares de puertas se dispusieron a 90° entre sí, de modo que los atacantes tuvieran que girar. Las puertas se dispusieron de manera que los atacantes tuvieran que girar hacia la izquierda. Esto exponía su costado derecho, no protegido con el escudo, a los defensores sobre las murallas.

Restos de la entrada a la ciudad de Dan, al norte de Israel.

También se desarrollaron diseños más complejos de entrada en zig-zag y de tres puertas en lugar de dos.

La elaborada disposición de la puerta tenía su utilidad en tiempos de paz. Se disponían estancias en los muros donde pudieran estar los mercaderes, y la sombra que arrojaban las altas murallas hacía de aquel lugar un buen sitio para reunirse. La puerta era por ello un lugar para hablar en público, sentándose los oyentes en bancos de piedra (Pr. 1:21; 2 Cr. 32:6; Jer. 17:19), y para la conversación (Sal. 69:12). Era útil para descansar (Est. 2:21), y era asimismo el lugar donde se dispensaba localmente la justicia (Rt. 4:1–2), o donde debiera haberse hecho (Am. 5:15). Las puertas siempre se cerraban de noche, lo que hace surgir gozo ante el hecho de que en la Nueva Jerusalén no habrá noche. Sus puertas estarán siempre abiertas (Ap. 21:25).

Las calles

En los tiempos del Antiguo Testamento las calles irradiaban del mercado. Eran tan estrechas que se debía andar en una sola hilera. Las casas se construían muy cerca las unas de las otras y la "calle" era el espacio que quedaba entre ellas. De las calles salían callejuelas igualmente estrechas para acceder al área detrás de las casas (Pr. 7:8). Este sistema creaba una red tan complicada que a un recién llegado le resultaba imposible encontrar su camino por allí. Las calles no estaban pavimentadas y estaban además llenas de desperdicios: ladrillos, jarras rotas y basura, a menudo más alto que el nivel del suelo de las mismas casas.

Durante el invierno todo este sistema de calles se convertía en un cenagal, y en verano los olores hacían necesario que la gente trabajara fuera de la ciudad (véase Sal. 18:42; Is. 10:6). No es de asombrarse que una de las delicias de la

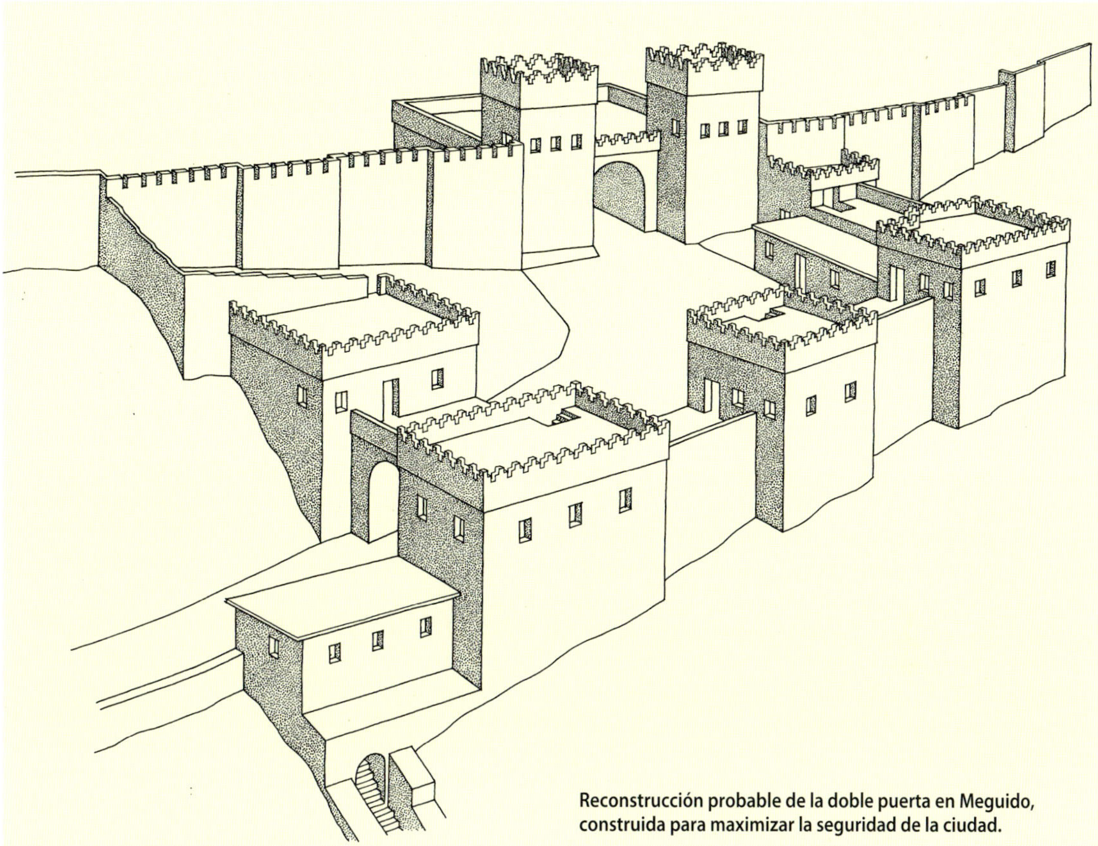

Reconstrucción probable de la doble puerta en Meguido, construida para maximizar la seguridad de la ciudad.

Nueva Jerusalén es que estará pavimentada (Ap. 21:21).

La estrechez y la oscuridad de las calles, junto con lo irregular del trazado, facilitaba que en las ciudades la violencia prosperara (Sal. 10:8), y los perros, fieros e indomables, rondaban a su aire. David podía oír los perros ladrando en la noche (Sal. 59:6), y Jesús sabía que acudían a por las migajas que caían de la mesa (Mt. 15:27; Lc. 16:1). Los perros no eran populares. El precio de un perro no podía ser entregado como ofrenda (Dt. 23:18), y llamar perro a alguien constituía un insulto (Ap. 23:15).

En contraste, las ciudades edificadas por los griegos y los romanos tendían a estar bien planificadas y con las calles pavimentadas. Se hacían plazas en las

Reconstrucción artística de la entrada a la ciudad de Dan.

El mercado

El mercado normalmente se iniciaba en la puerta, y estaba asociado con ella (Hch. 16:19). Era el área a donde los campesinos llevaban sus productos y a donde los comerciantes de otras partes del país llevaban sus mercancías. Generalmente estaba abierto cada día de la semana (véase Neh. 10:31), porque la ausencia de refrigeración hacía necesario que la compra de los alimentos fuera diaria.

Había otros "días de mercado" especiales, y ocasiones casi festivas cuando llegaba una caravana. No era posible introducir carros o incluso camellos por muchas entradas, y por ello los porteadores tenían que llevar las mercaderías al mercado. Jesús empleó las grandes cargas portadas por los porteadores como imagen de la carga de legalismo que los doctores de la ley imponían a sus contemporáneos, sin ayudarlos ni con un dedo

(Lc. 11:46). Pablo puede haber tenido la misma práctica a la vista cuando nos dijo que debíamos los unos sobrellevar las cargas de los otros (Gá. 6:2).

El mercado era, generalmente, un sitio activo y feliz, lugar de encuentro de mucha gente. Era por ello el lugar donde se podía hablar en público y enseñar (Hch. 17:17), donde los niños jugaban juegos de "bodas" y "funerales" (Mt. 11:16–17) y a donde podían ir los desempleados esperando que alguien les diera un trabajo (Mt. 20:3). Las casas adyacentes al mercado podían proveer un lugar desde el que proclamar noticias (Lc. 12:3) y lugares en los que los artesanos podían trabajar y vender sus productos. El horno público podía estar situado en esta zona.

Mercado de los tiempos bíblicos. Véanse los camellos con sus fardos de mercaderías, los comerciantes con sus puestos y el mendigo en primer plano.

Calle estrecha en el barrio viejo de Jerusalén.

confluencias de las calles principales, y había muchas plazas abiertas delante de los edificios públicos. Cesarea, el puerto que Herodes construyó para introducir a los romanos en Judea, tenía una calle mayor, con tiendas a ambos lados, baños y teatros. Se construían en bloques de cuatro, y había edificios principales para la administración y la diversión. Antioquía, la ciudad que Pablo empleó como base misionera, tenía incluso alumbrado público. Surge el interrogante de por qué existía un contraste tan acusado. Básicamente se debe a que cuando los judíos comenzaron a edificar, lo hicieron sobre los cimientos de las ciudades cananeas, y a que hubo pocos arquitectos del calibre de Salomón, Omri y Acab.

La fortaleza central

En algunas ciudades se construía un castillo central como residencia regia y como último recurso defensivo para el resto de la población si se abría una brecha en las murallas de la ciudad. Omri parece haber actuado así en la ciudad de Samaria (1 R. 16:24). El Acra, el palacio de Herodes, y la Torre Antonia eran castillos de este tipo en Jerusalén. También, si era necesario, se podía emplear para ello un templo. La "torre" de Siquem parece haber sido de este tipo (Jue. 9:46). Cuando Jerusalén cayó en manos de las legiones romanas en el año 70 d.C., el último bastión fue el templo. Vino a ser práctica normal edificar murallas

Siguiendo en pos de Jesús

En nuestra cultura, "ir en pos" de alguien significa ponerse en una posición secundaria. Pero esta frase no significaba lo mismo en los tiempos bíblicos. Las calles eran tan estrechas que si dos personas iban juntas tenían que ir en fila india. Ir en pos de alguien era ir con ella. Por ello, lo que quería decir era: "Si alguien viene conmigo…".

Mateo 16:24

El yugo de Jesús

Generalmente, se piensa que Jesús estaba aquí refiriéndose acerca del yugo que emparejaba animales cuando tiraban de un arado o de una carga. Se estaba refiriendo en realidad a una pieza de madera que se disponía sobre los hombros y del cual se podían colgar cargas. Este instrumento era similar al yugo empleado por la lechera de tiempos pretéritos, del que colgaba los dos cubos de leche. La referencia en Mateo 11 es así a un porteador. A menudo se le pedía que llevara cargas imposibles para un ser humano, pero cuando se le daba un yugo, la carga se hacía mucho más llevadera. Jesús no dice que quitará nuestras cargas de nosotros, sino que nos dará el medio para sobrellevarlas para que no nos abrumen.

Mateo 11:28

Entrada al sistema de suministro de agua de Hazor, al norte de Israel, que data del reinado de Acab.

adicionales en el área del castillo, constituyéndose así una "ciudad superior" y una "ciudad inferior".

El suministro de agua

El suministro de agua era imprescindible para que una ciudad pudiera resistir un asedio. Algunas ciudades tenían un fácil acceso al agua. Jericó tenía un manantial, y el agua empleada por María en Nazaret sigue manando en la ciudad en la actualidad. Otros lugares tenían dificultades para proveerse de un suministro de agua adecuado y seguro. En algunos casos se conseguía agua cavando hasta el nivel del agua. Esto es lo que se hizo al principio en Jerusalén. En Meguido y Hazor se abrieron en el interior de cada ciudad unos grandes hoyos que llegaban al nivel del agua. Entonces se construyó

Parte del extenso acueducto romano en Cesarea Marítima, Israel.

Se emplearon acueductos y tuberías de barro cocido para llevar agua desde los estanques de Salomón, en las cercanías de Belén, hasta Jerusalén.

Opuesto: La entrada al estanque de Siloé y al túnel de Ezequías, Jerusalén.

un túnel hasta el manantial fuera de las murallas.

Las cisternas suministraban mucha parte del agua necesaria en los hogares. Sigue existiendo una gran cisterna todavía en uso en el huerto del sepulcro en Jerusalén, que en tiempos de Jesús se encontraba en el distrito norte de la ciudad. Sigue suministrando toda el agua necesaria para el huerto a través de la estación seca. Las cisternas de agua de Belén eran bien conocidas por su agua fría. Cuando se desarrolló la técnica del encalado, el agua se retenía aún durante más tiempo.

Pero también existían cisternas y estanques de uso público. Se han excavado los estanques de Gabaón (2 S. 2:13). Uno de ellos es rectangular, midiendo 12 por 18 m, y otro tiene un diámetro de 10 m y una profundidad de 20. Había un estanque en Samaria (1 R. 22:38), y había otros en Jerusalén (2 R. 18:17; Is. 22:11). Una de las más notables obras hidráulicas es el túnel de Ezequías, construido para traer agua desde un manantial subterráneo a través de una serranía hasta un estanque dentro de las murallas de la ciudad, el estanque de Siloé. Al mejorar las técnicas de ingeniería hidráulica se emplearon acueductos y tuberías de barro cocido para llevar agua desde los estanques de Salomón, en las cercanías de Belén, hasta Jerusalén. De manera similar se construyeron dos acueductos para llevar agua a Cesarea.

El desarrollo de la ciudad de Jerusalén

Jerusalén constituye un buen ejemplo del desarrollo de una ciudad, y debido a que es tan importante en la Biblia, examinaremos el desarrollo de la ciudad a través de los tiempos bíblicos. Fue construida por primera vez por los jebuseos, una tribu cananea, como protección en los montes de Judea. Estaba situada sobre la ruta mercantil de invierno, que pasaba de sur a norte a lo largo de la divisoria entre la cuenca del valle del Jordán y la del Mediterráneo. El asentamiento más antiguo fue edificado al extremo meridional de una empinada serranía limitada por el Cedrón al este y por otro arroyo al oeste. La única línea artificial de defensa que se necesitaba era una muralla al norte del asentamiento y a través de la serranía.

Aunque la ciudad se levantaba sobre el camino de montaña de norte a sur, no había ninguna razón en particular por la que hubiera de crecer hasta ser una ciudad principal. No tenía un suministro importante de agua, ni un gran río, ni una gran ruta comercial. En ocasiones era conocida como Jebus, y en ocasiones como Jerusalén (Yara-Salem), que significa "fundada por Salem". Salem era un dios cananeo, bien del alba o bien del crepúsculo, y la referencia podía ser a la belleza del lugar a primeras horas de la mañana o a la luz del crepúsculo.

Hacia la época de Abraham era regida

La capital de David

Es probable que Jerusalén jamás hubiera crecido hasta adquirir la importancia que adquirió si no hubiera sido por el hecho de que las tribus israelitas se dividieron en dos grupos en la época de la ocupación de Canaán. Las tribus que se asentaron en el sur tenían su centro en Hebrón y vinieron a ser intensamente pro-davídicas. Las tribus que se habían asentado en el norte vinieron a ser intensamente partidarias de la casa de Saúl. Cuando el último hijo de Saúl, Is-boset, fue asesinado (2 S. 4), las tribus septentrionales pidieron a David que fuera su caudillo. No hubiera favorecido los intereses de la unidad nacional elegir una capital en el norte o en el sur, ni seleccionar una capital ya asociada con alguna de las tribus.

Jebus/Jerusalén era una elección lógica. Estaba situada en el límite entre los grupos septentrional y meridional de las tribus, y no estaba asociada con ninguno de ambos grupos. El rey de Jerusalén había sido derrotado en batalla (Jos. 10:1), y aunque el lugar había sido mantenido durante un cierto tiempo por la tribu de Judá (Jue. 1:8), había recuperado su independencia nuevamente como ciudad cananea (Jue. 19:11–12).

Por ello, David emprendió la tarea de conquistarla y de hacer de ella su capital. Consiguió capturarla de dos maneras espectaculares: desafiando una maldición y salvando una barrera natural aparentemente insalvable. Los jebuseos habían puesto a sus ciegos y cojos como parte de una exhibición ritual para maldecir las tropas de David con ceguera y cojera si osaban atacar la ciudad. Asimismo, los jebuseos habían quitado los escalones de madera en el pozo que conducía

Una reconstrucción artística de la Jerusalén de los tiempos de Jesús.

desde el interior de la ciudad al túnel de agua más abajo (2 S. 5:6–8). Estas acciones no arredraron ni a David ni a sus fuerzas. Aparentemente dirigidos por Joab (1 Cr. 11:6), se lanzaron al ataque a través del estrecho pozo de agua, y mostraron que no tenían temor alguno a la maldición dando muerte a los ciegos y cojos.

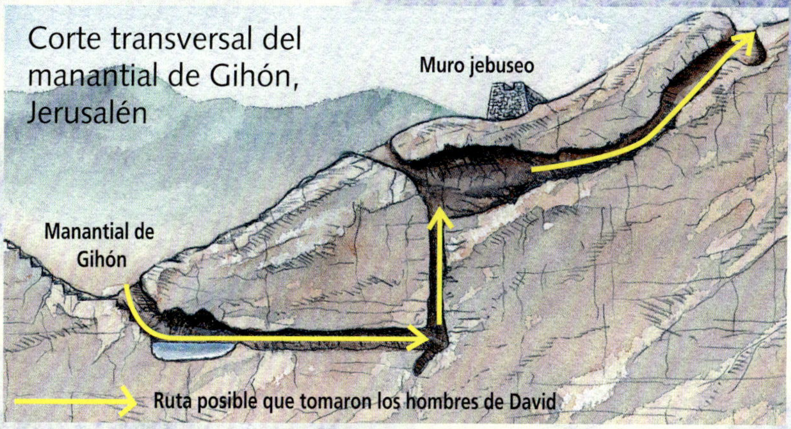

David edificó entonces Jerusalén, ampliando su área mediante muros de contención y de estrechas terrazas (2 S. 5:9; 1 Cr. 11:8), que se conocen como "el Milo" (1 R. 9:15, 24). Puede que fuera en aquel tiempo que los judíos reinterpretaron el nombre de la ciudad, que vino a ser conocida como "la Ciudad de Paz", *Ieru-shalom*, significado que desde entonces ha tenido siempre. Jesús se refirió a este nombre cuando, conociendo los conflictos que iban a desatarse sobre la ciudad, dijo: "¡Oh, si también tú conocieses, a lo menos en este tu día, lo que es para tu paz!" (Lc. 19:42).

Pero no era suficiente emplear una ciudad neutral

Una parte del muro que data de los tiempos de la Torre de David, Jerusalén.

como capital; era necesario desarrollar Jerusalén como centro religioso. David lo consiguió al introducir el arca del pacto en la ciudad (1 Cr. 13:25–26), haciendo los planos para la construcción de un templo como residencia del arca (2 S. 7; 1 Cr. 21—22). Al norte de la ciudad había una era donde el ángel de Dios había cesado de impulsar una plaga (1 R. 9:15, 24). Se trata del lugar que los judíos creían haber sido el lugar en el que Abraham había estado dispuesto a sacrificar a Isaac. Parecía ser el lugar ideal para el templo. David tuvo que dejar esto último a su hijo Salomón, pero sí parece haber expandido la ciudad hacia el norte, hasta lo que iba a ser el emplazamiento del templo. Esto involucraba la toma de la torre fortificada o fortaleza real conocida como el Ofel (2 Cr. 33:14).

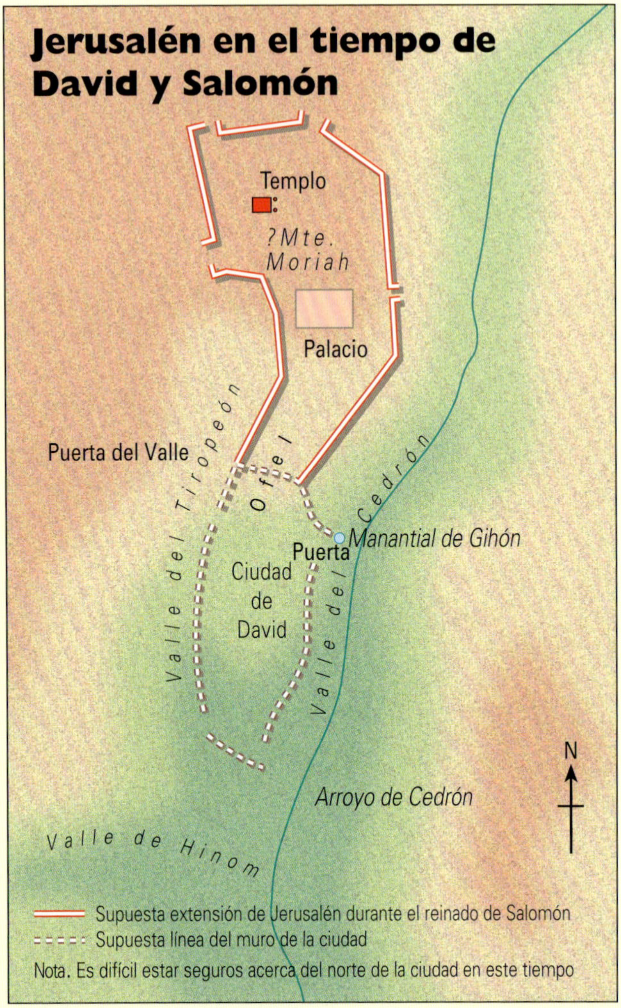

Agua para el rey David

David anhelaba beber agua del pozo de Belén, y tres de sus hombres se abrieron paso luchando hasta el pozo para conseguirla. En lugar de beberla, David la derramó "para Jehová". Esta historia es muchas veces mal entendida. Se basa en dos cosas. En primer lugar, es posible darle a alguien algo de tanto precio que diga: "Lo siento, en verdad no puedo aceptarlo". David se sintió de esta manera acerca de los riesgos que sus hombres habían incurrido y por la sangre que probablemente había sido derramada. El agua era demasiado cara para que la pudiera aceptar. En segundo lugar, lo más valioso de una persona era ofrecido a Dios. David le dio a Dios lo de más valor que tenía.

2 Samuel 23:13–18

por un "rey" (Melec) que era considerado como el representante en la tierra (Zedec) de El Elión: el Dios Altísimo. El Melquisedec de la época de Abraham salió, tras el rescate de Lot, a ofrecer hospitalidad a Abraham (Gn. 14:18). Si Moriah es el área inmediatamente al norte de la ciudad, entonces Abraham volvió a Jerusalén para obedecer la orden de Dios de que sacrificara a Isaac (Gn. 22:2; 2 Cr. 3:1). En la época en que los judíos entraron en Canaán, cuando la Conquista, el gobernante de Jerusalén seguía siendo considerado como sacerdote-rey, y era llamado Adoni (Señor) Sedec (Jos. 10:1).

El templo de Salomón

Cuando Salomón inició la construcción del templo, descubrió que no era cosa fácil construir sobre una serranía tan empinada. David había conseguido edificar el extremo meridional erigiendo una serie de muros de contención y terrazas, pero Salomón tenía que hacer mucho más que esto, y resolvió este problema creando grandes terrazas. Estas terrazas fueron sustentadas mediante arcos inferiores, que quedaban anclados sobre la ladera, y mediante gruesos muros de retención en el otro extremo. Las terrazas descendían desde el punto superior hacia el sur en dirección al Ofel y el casco de la ciudad (1 R. 6–7). El templo fue construido en el punto más elevado, y en las terrazas inferiores construyó edificios administrativos y reales. Durante la edificación se emplearon grandes números de obreros, y se precisó de grandes cantidades de materiales de construcción; como resultado de ello el comercio se expandió. El país fue dividido en doce distritos, quedando cada distrito responsabilizado de la manutención de la corte real durante un mes del año, para proveer obreros para el programa de construcciones, y para los impuestos. Jerusalén, Belén y Hebrón no quedaron sometidas a tributo, evidentemente por sus lazos históricos con la familia de David. El elevado nivel de impuestos, las exenciones tributarias, y la larga historia de división entre el norte y el sur llevaron a una división permanente del reino. La entrada de obreros y comerciantes llevó probablemente al crecimiento de asentamientos sobre la gran colina llana al oeste de la ciudad.

El estanque de Ezequías

Debido a la división del reino, hubiera sido de esperar que la ciudad declinara en su importancia tras el reinado de Salomón. Diez tribus declararon su

Escalones que llevan al túnel de Ezequías.

independencia y establecieron su capital al principio en Siquem (1 R. 12:25), y finalmente en Samaria (1 R. 16:23–24). Jerusalén siguió siendo la capital para las tribus de Judá y Benjamín. Pero seguía teniendo una gran importancia debido al templo, a pesar de los santuarios rivales levantados en el norteño reino de Israel en Dan y Bet-el (1 R. 12:29).

Durante este período, cuando hubo guerra civil entre Israel y Judá y cuando se deportaron respectivamente a Asiria y Babilonia a los más capacitados de los pobladores de Israel (712 a.C.) y de Judá (586 a.C.), hubo dos notables proyectos de construcción en Jerusalén. El primero fue el de asegurar el aprovisionamiento de agua de la ciudad, que en aquel tiempo estaba fuera de las murallas de la ciudad, en el estanque de Gihón. El rey Ezequías hizo horadar a través de la serranía debajo de la ciudad para que el agua manara a un nuevo estanque construido en el interior de la ciudad, dentro de las murallas. Luego, parece que cegó el acceso al manantial desde el exterior de la muralla de la ciudad (2 Cr. 32:30).

El otro proyecto de construcción durante este período fue el de enterrar dentro de una muralla defensiva el monte al oeste de la ciudad, donde había habido un asentamiento en gran escala. Este proyecto tuvo como resultado doblar el tamaño de la ciudad de Jerusalén (2 Cr. 32:5). Es difícil estar seguro del trazado exacto de la muralla o de su constructor. Sabemos que después de la destrucción de la ciudad por Nabucodonosor, Nehemías fue enviado por el emperador de Persia para que reedificara las murallas de la ciudad, y que

Ilustración artística de la reconstrucción de las murallas de Jerusalén bajo Nehemías.

Templo de Salomón

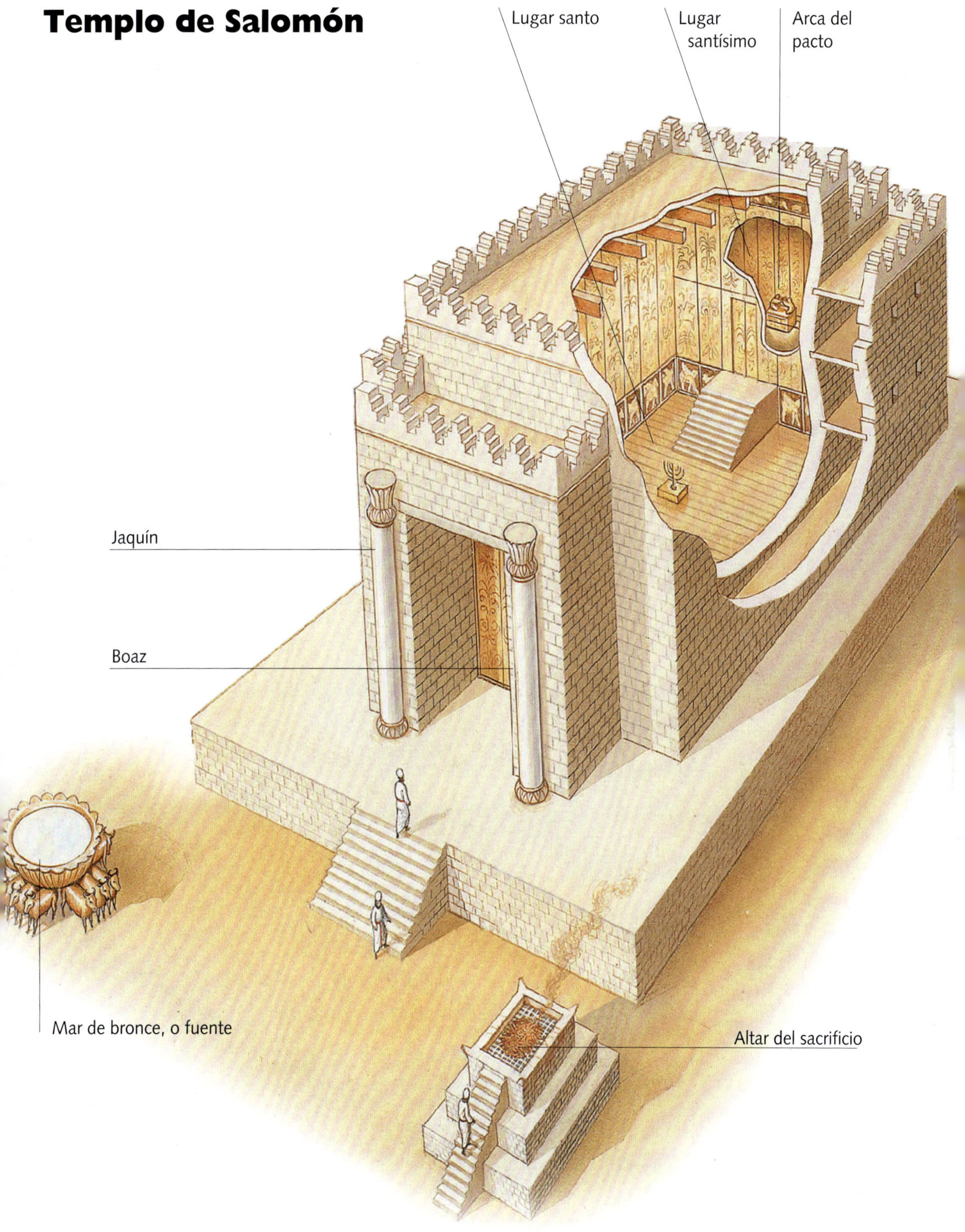

la línea de muralla que reparó incluía el profundo valle al oeste de la ciudad de David y los montes al otro lado.

La reconstrucción de Jerusalén

Jerusalén habría permanecido como un montón de ruinas después de la destrucción babilónica si no hubiera sido por el emperador de Persia, Ciro, que derribó el Imperio Babilónico, y que quería restaurar la vida religiosa de los pueblos a él sometidos. Por ello se permitió a un contingente regresar a Jerusalén, conducidos por un hombre llamado Zorobabel para reconstruir el templo. Esdras llegó a restaurar el conocimiento de la ley y de la práctica religiosa por parte del pueblo, y Nehemías, gracias a su contacto personal con el emperador persa, fue autorizado a reconstruir las murallas como gobernador de la ciudad.

Las murallas fueron reconstruidas con el trabajo de los habitantes locales y contra el gran desaliento y oposición de parte de sus enemigos. El templo fue restaurado y una vez más hubo habitantes en la ciudad, pero los edificios y porches reales quedaron en ruinas, de modo que el templo era en efecto un edificio aislado en medio de una gran explanada. Así, Jerusalén vino a ser el centro espiritual de una pequeña provincia persa en los límites del imperio.

Fotografía de la vista de Jerusalén y las montañas de Judea alrededor, tomada por un fotógrafo del siglo XIX. El paisaje ha cambiado muy poco desde los tiempos bíblicos.

Jerusalén bajo los seléucidas

Del mismo modo que Babilonia vio su fin como gran potencia en 538 a.C., del mismo modo en 332 a.C. el Imperio Persa vio su fin, cayendo en manos de Grecia bajo Alejandro Magno. Esto no tuvo un gran efecto político sobre los judíos en Jerusalén, pero sí tuvo grandes consecuencias religiosas. La lealtad pasó de Persia a Grecia, y las ideas y filosofía griegas llegaron a influenciar muchos de los conceptos religiosos de los judíos. Surgió un partido helenista que negaba la resurrección corporal, como un ejemplo de ello. Pero los problemas más formidables para la vida política de los judíos sobrevinieron posteriormente, tras la muerte de Alejandro y el repartimiento de su imperio entre sus generales. Egipto quedó bajo el poder de Ptolomeo, Siria bajo el de Seleuco, y Jerusalén se encontró entre ambas divisiones.

En tanto que Jerusalén estuvo bajo el control de Ptolomeo el problema no fue grave, excepto que grandes números de judíos fueron deportados a Alejandría, ciudad que vino a ser el mayor centro del judaísmo fuera de Jerusalén. Pero en 198 a.C. Jerusalén cayó finalmente en poder del rey seléucida, Antíoco. Uno de sus sucesores, Antíoco Epífanes, resolvió que ya era hora que todos los judíos se convirtieran a la religión griega. Saqueó y profanó el templo, edificó una fortaleza sobre una colina ahora abandonada al oeste, llamada el Acra, e intentó de una manera sistemática destruir la fe judía. La reacción judía condujo a una revuelta bajo los macabeos, nombre adoptado en base del sobrenombre de uno de los líderes de la resistencia (Macabeo significa "el martillo"). Se precisó de muchos años de conflicto y la muerte de todos los caudillos rebeldes antes de poder vencer el Acra, y el cargo de sacerdote y gobernante quedó unido en la sucesión familiar.

El valle de Cedrón en Jerusalén, con sus antiguas tumbas que datan del período asmoneano.

La reconstrucción efectuada por los asmoneos

Los nuevos gobernantes, conocidos como asmoneos porque retuvieron el apellido Hashmon, pudieron expandir el área sobre la que dominaban hasta llegar a ocupar el área que había incluido Judá e Israel. La ciudad de Jerusalén se hizo próspera mediante el comercio. Un nuevo elemento vino a afectar su prosperidad. Había muchos judíos esparcidos por todo el Oriente Medio que cuando

Torre de la Ciudadela, Jerusalén. El palacio del rey Herodes en Jerusalén fue construido en este lugar, y una de sus torres forma el cimiento de esta torre.

llegaban al templo para tomar parte en las fiestas de peregrinación traían consigo sus riquezas y bienes.

Al reconstruir la ciudad, los asmoneos volvieron a amurallar la colina occidental, y cavaron un profundo foso, de veinte metros de profundidad y de ochenta metros de anchura, más allá de la muralla septentrional del templo. Construyeron su palacio delante del Ofel sobre lo que se conoce como el valle del Tiropeón. Es en el lado del norte, mirando al sur, de esta fosa que se encuentra la "tumba del huerto". Es reverenciada por los cristianos como un lugar similar a aquel en el que Jesús fue sepultado y del que resucitó de entre los muertos.

La Jerusalén herodiana

La historia de Jerusalén entre el establecimiento de los sacerdotes-reyes asmoneos y los tiempos de Jesús es particularmente trágica. Los asmoneos se enfrentaron unos con otros, y en su búsqueda del poder se aliaron con potencias extranjeras, de manera que Jerusalén vino a quedar sometida a invasiones de romanos, partos y herodianos. Durante el período en que las tropas romanas estaban en aquella zona, Antipáter, rey de los edomitas, se alió con los romanos para apoyar a uno de los contendientes por el trono judío, y por ello vino a ser el gobernante efectivo de esta área bajo los romanos (63 a.C.). Antipáter fue expulsado por los partos, que apoyaban a otro pretendiente, y Jerusalén cayó al fin en manos de su hijo Herodes, a quien se le concedieron legiones romanas para volver a tomar la ciudad. De esta manera fue que Herodes el Grande vino a ser "rey de los judíos".

Herodes tuvo problemas constantes de inseguridad porque los judíos lo odiaban. Una manera de resolver este problema era sobornarlos. Para congraciarse con los judíos, decidió reconstruir el Templo. Allanó todo el emplazamiento del Templo de Salomón y de los palacios reales, extendiendo la obra hacia el sur para conseguir una plataforma de 360 m de longitud y de 270 m de anchura. Sobre ella edificó un templo dos veces más alto que el de Salomón. El patio estaba rodeado de magníficas columnatas, y todo el emplazamiento vino a ser uno de los conjuntos arquitectónicos de la

Jerusalén en los tiempos de Jesús

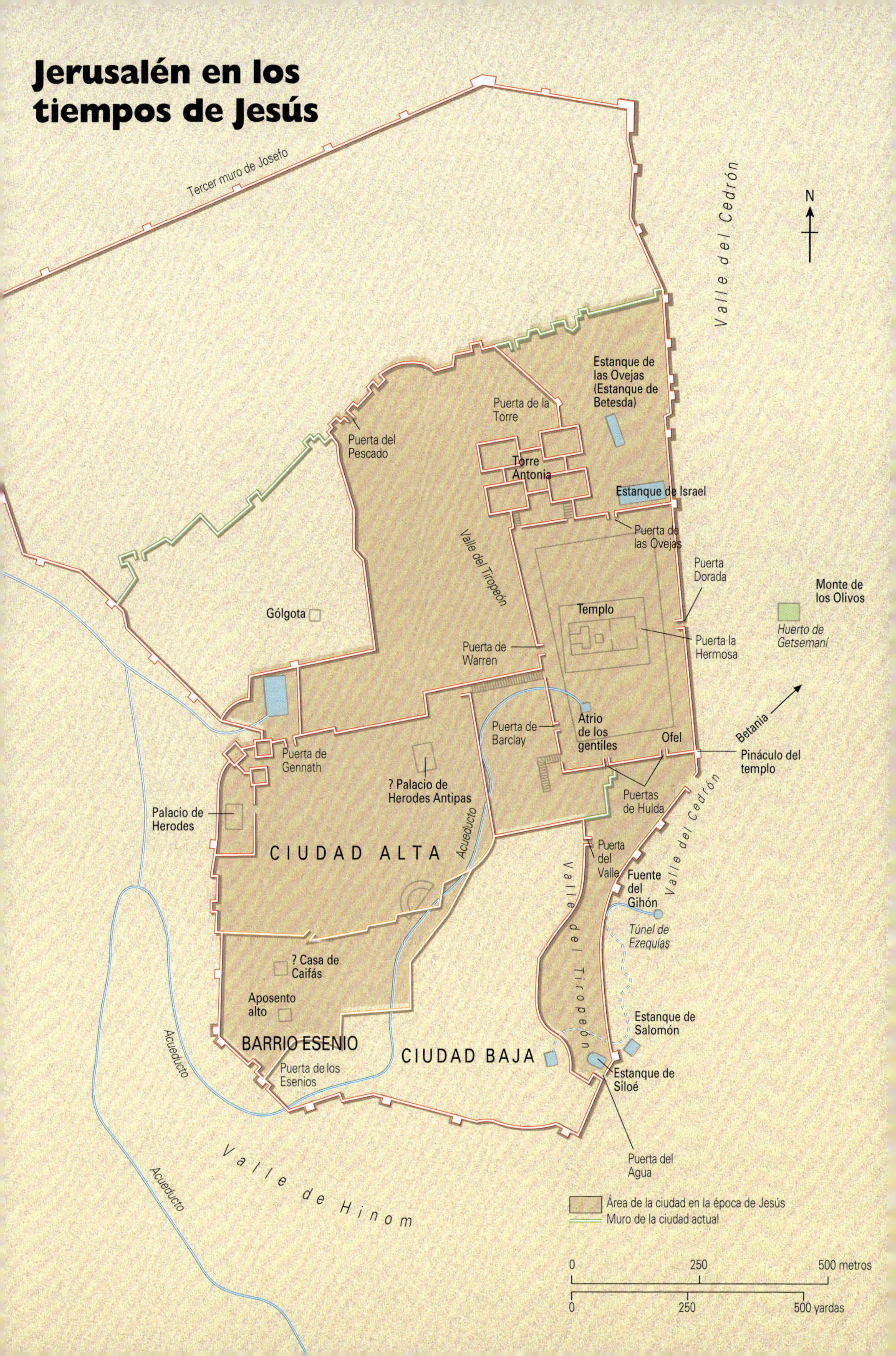

Ilustración artística de la Jerusalén de los tiempos de Jesús

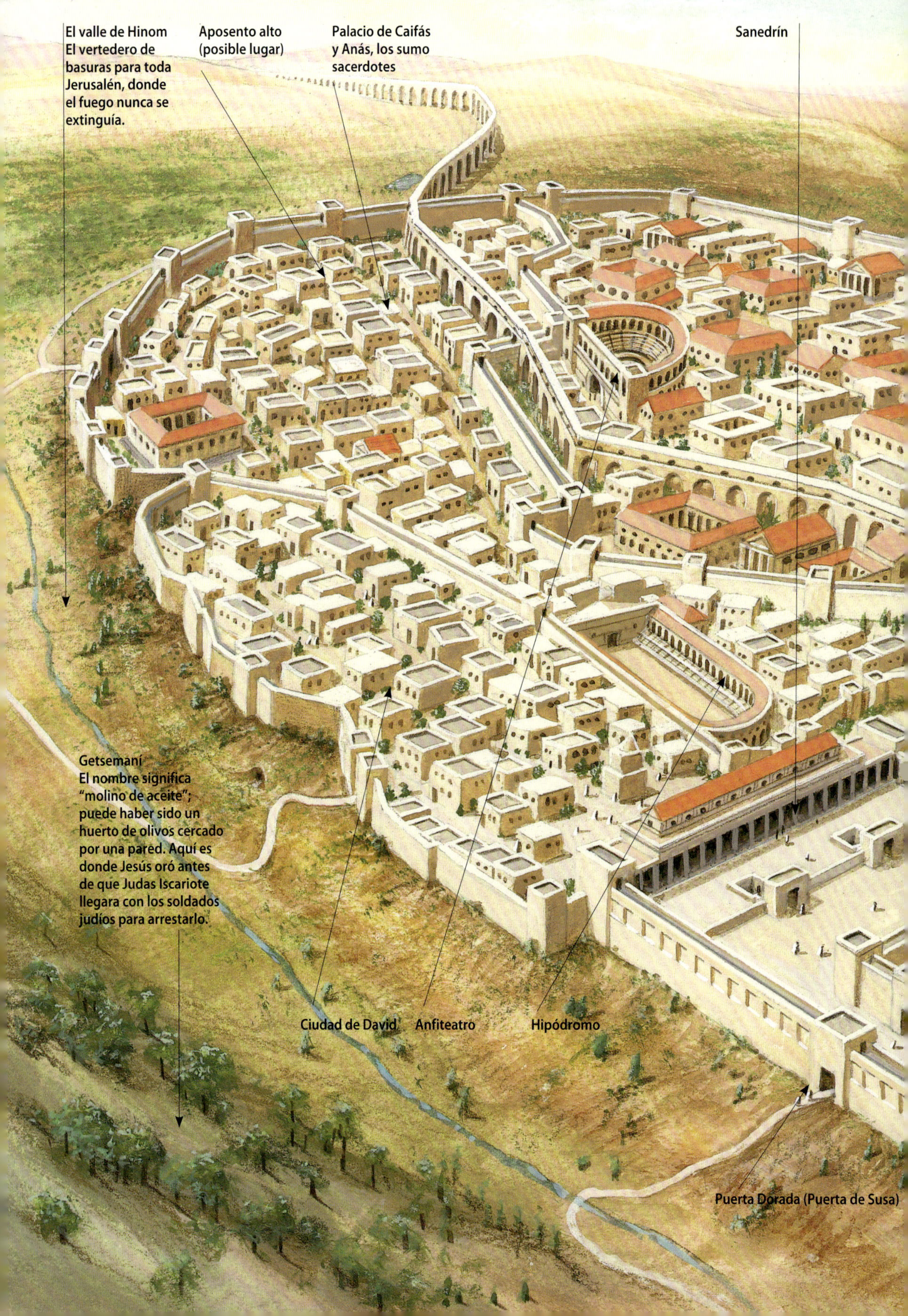

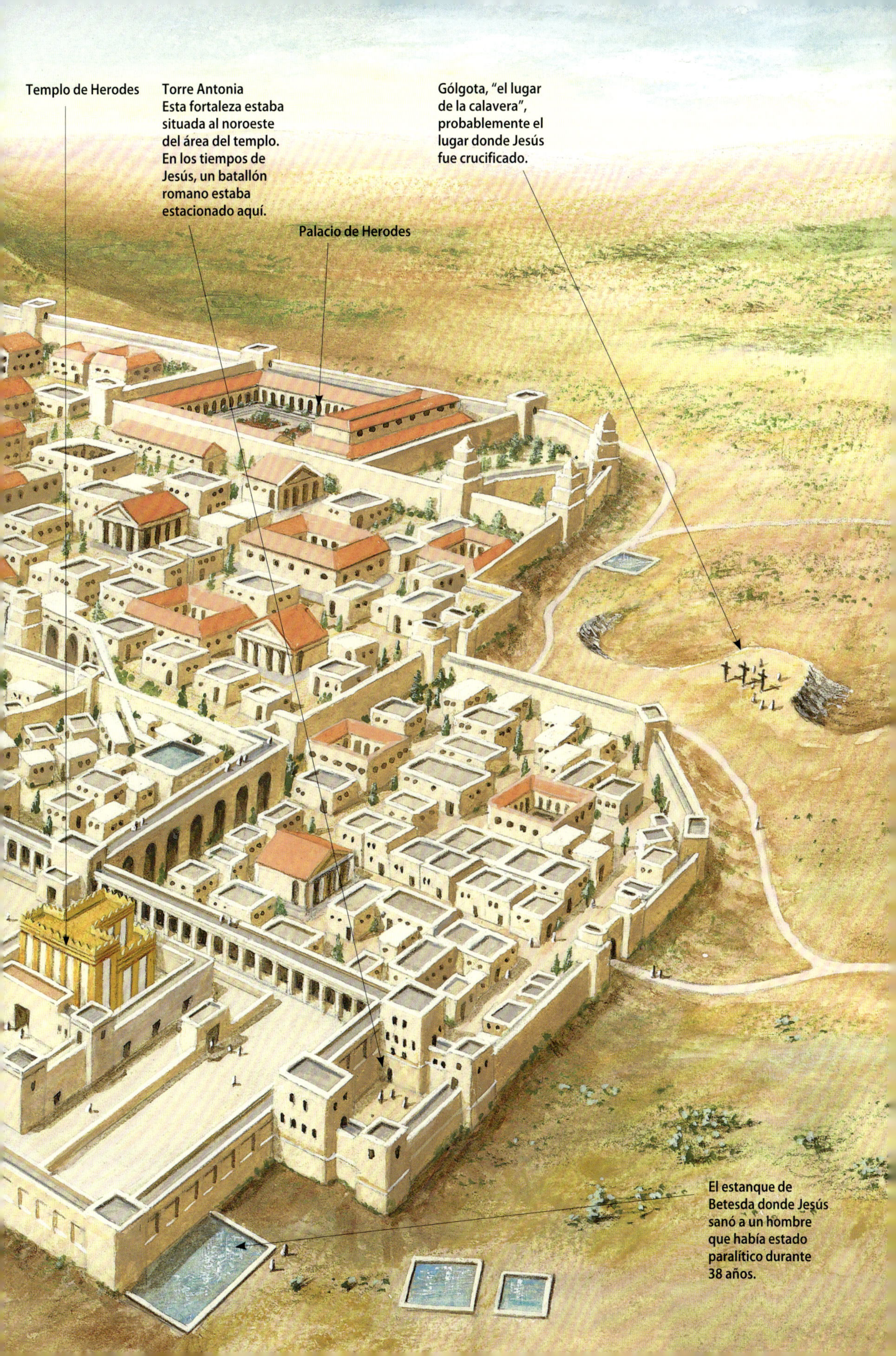
Templo de Herodes
Torre Antonia
Esta fortaleza estaba situada al noroeste del área del templo. En los tiempos de Jesús, un batallón romano estaba estacionado aquí.
Gólgota, "el lugar de la calavera", probablemente el lugar donde Jesús fue crucificado.
Palacio de Herodes
El estanque de Betesda donde Jesús sanó a un hombre que había estado paralítico durante 38 años.

La antigua y la nueva ciudad de Jerusalén, vistas desde el monte de los Olivos.

antigüedad. Éste fue el templo que tantas veces se relaciona con la vida de Jesús.

La otra forma en que Herodes buscó resolver su problema de seguridad fue mediante la construcción de palacios fortificados. Masada y Herodión fueron construidos en el campo, y Jerusalén misma fue fortificada con dos grandes castillos. Uno de ellos, la Torre Antonia, así nombrada en honor de Marco Antonio, fue levantado en el ángulo noroccidental del nuevo templo, dominándolo desde arriba. Fue aquí que Jesús compareció ante Pilato (Jn. 18:33) y donde una escalinata que descendía

Extrema izquierda: Modelo de Jerusalén en los tiempos de Jesús. Muestra la Torre Antonia, una fortaleza romana, con vistas al templo.

Izquierda: Ilustración artística del juicio de Jesús en las afueras de la Torre Antonia, Jerusalén. Nótese el poste de azotar y el asiento del juez o bema.

Arriba: El Herodión, una de las fortalezas de Herodes el Grande.

Derecha: Relieve del arco de Tito en Roma, mostrando soldados romanos llevando en triunfo los tesoros sagrados del templo de Jerusalén después de la caída de la ciudad en el año 70 d.C.

hacia el Templo sirvió a Pablo como una conveniente tribuna desde la que dirigirse a las multitudes en el Templo (Hch. 21:37, 40). Otro palacio fortificado fue construido sobre la muralla occidental, al borde de la colina occidental. Fue construido alrededor de tres torres, y allí fue que Herodes recibió a Jesús en la mañana del día de la crucifixión (Lc. 23:7).

Finalmente, Herodes construyó una gran muralla desde la Torre Antonia hasta su propia Ciudadela, proyectándose su muralla hacia el área noroccidental más allá de la ciudad que entonces existía. La muralla protegía asentamientos, mercados, el estanque de Betesda y casas. Tenía que retroceder en un ángulo para evitar una antigua cantera que era ahora un huerto. La cantera, con una estribación en el centro, que los cantereros habían dejado, vino a ser un lugar público de crucifixión. En la pared de la cantera había un sepulcro aún sin utilizar. Iba a ser el sitio de la victoria de Jesús.

En un punto posterior de la historia, se edificó otra muralla para incluir otros grupos de viviendas al norte de la ciudad. Ello volvió a conectar la Ciudadela con la Torre Antonia, pero hay mucho desacuerdo acerca de si incluía la muralla septentrional de Herodes, o de si iba aún más lejos hacia el noroeste.

Jerusalén fue destruida por el general romano Tito el 70 d.C., tras una rebelión promovida por los zelotes. Después de otra revuelta en el 135 d.C., el emperador Adriano pasó el arado por la zona al sur del templo, y reedificó una nueva ciudad al norte, a la que dio el nombre de Aelia Capitolina, quedando ahora el área del Templo en el sureste de la ciudad, la posición que tiene en la actualidad. Así, Jerusalén se movió efectivamente en dirección al norte.

CAPÍTULO 12

Travesías y viajes

Viajar era, en los tiempos bíblicos, muy difícil. Nunca era un placer. Cuando la gente viajaba era bien en comisión gubernativa, por negocios o por necesidad. Los viajeros en comisión gubernamental viajaban escoltados (Hch. 23:31), y los ricos comerciantes que podían permitírselo enviaban a otros en una caravana en su nombre. Tenían que asumir un riesgo calculado acerca de si sus mercaderías irían y volverían a salvo. Pablo recapitula (en 2 Co. 11:26–27) los problemas con que se había encontrado en sus viajes: "En caminos muchas veces; en peligros de ríos, peligros de ladrones, peligros de los de mi nación, peligros de los gentiles, peligros en la ciudad, peligros en el desierto, peligros en el mar".

Las cosas estaban tan difíciles que los que emprendían un viaje arreglaban primero sus asuntos. Lo mejor era quedarse en casa, pero si era absolutamente necesario salir, lo mejor era viajar en grupo. El propio grupo de Jesús de doce discípulos no era simplemente cuestión de comunión y enseñanza; era una necesidad. Lo mismo se podía decir de la banda

El animal de carga básico en los tiempos bíblicos era el asno.

Las travesías marítimas

Las travesías marítimas eran peligrosas. Incluso en los tiempos del Nuevo Testamento difícilmente se podía considerar que las naves eran "marineras", y no hubo mapas, ni siquiera brújulas de lo más rudimentario, hasta alrededor de este período. Los egipcios habían desarrollado naves para su empleo en el río Nilo. La corriente llevaba las naves hacia el norte al delta, y una sola vela aprovechaba el dominante viento del norte para volverlos a llevar hacia el sur. Es cierto que naves hechas de papiro entraban en el Mediterráneo y que al menos una llegó a cruzar el Atlántico, pero la misión principal de las naves era primordialmente el tráfico por el río y para su empleo en una llanura inundada, no para el comercio.

Moneda romana del emperador Augusto, exhibiendo una nave mercante.

Maqueta de un barco de madera proveniente de una tumba egipcia.

Representación de una nave de guerra fenicia, año 700 a.C.

Los ojos de un barco

Los barcos eran frecuentemente personificados, y se les pintaban ojos a cada lado de la proa. Esto parece haberse hecho en el caso de la nave en la que Pablo estuvo embarcado, porque el sentido literal del original es: "cuando no pudimos mirar al viento en el rostro".
Hechos 27:15

de peregrinos que viajó a y de vuelta de Jerusalén cuando Jesús tenía doce años, un grupo lo suficientemente grande para impedir que María y José lo encontraran durante el día (Lc. 2:44).

Israel no tenía puertos naturales en la costa del Mediterráneo, excepto al norte del monte Carmelo, donde Haifa se levanta en la actualidad, y la salida al mar Rojo no estuvo siempre en poder de Israel. Por ello, los judíos fueron poco marineros y necesitaban ayuda de los fenicios (1 R. 9:27–28). Cuando los judíos emprendieron la navegación por su cuenta, su flota naufragó en una tormenta (1 R. 22:48).

Incluso cuando se construyeron mejores naves en la época griega y romana y se erigió el faro de Alejandría, la navegación era difícil. Los pasajeros eran una mera adición a las mercancías que se llevaban. Tenían que llevar sus propios víveres y buscar alojamiento en la costa cada noche, por cuanto no había acomodación a bordo (véase Hch. 21:3, 7, 8). Durante ciertas épocas del año no había navegación. La

Mosaico del siglo IV mostrando una nave mercante romana del tipo en que Pablo naufragó.

En la parte superior de esta lámpara de aceite de barro se ve una nave mercante romana.

Viajes por tierra

Si las travesías por mar eran peligrosas, los viajes por tierra no eran mucho mejores. Había muchas razones por las que lo mejor era no viajar. En primer lugar, las mismas carreteras eran defectuosas para el viajero ordinario. La carretera era a veces tan desdibujada que era difícil de distinguir (el Salmo 107:4–7 habla de un grupo que se perdió, que oró a Dios pidiendo auxilio, y fueron por Él conducidos a una ciudad), o bien era extremadamente escabrosa.

La rueda había sido inventada en Mesopotamia. Era un disco pequeño y pesado de madera, y reemplazaba la pata del trineo. La invención de la rueda llevó a la necesidad de carreteras en las que las ruedas no quedaran destrozadas en profundos baches, porque las ruedas no podían evitar los obstáculos de la forma en que sí podían hacerlo los pies de los animales. Pero incluso con la necesidad de buenas carreteras, hubo pocos desarrollos en la construcción de carreteras. Al principio una carretera era simplemente una pista en la que se habían quitado las piedras, aplanado los hoyos y rellenado los baches. Cuando debía llegar una persona importante, la práctica era "preparar el camino del Señor". Todos los montes (resaltes) se bajaban, y todos los valles (agujeros en la carretera) eran rellenados (véase Is. 40:3–4; Mt. 11:10).

Fueron los persas los primeros en desarrollar un buen sistema de carreteras, porque sin ello no podían mantener las comunicaciones y el gobierno a través de su imperio. Pero aunque las carreteras que ellos hicieron eran anchas, razonablemente lisas y aunque habían estaciones de posta con caballos de refresco a fin de poder dar vía rápida a los mensajes importantes, se seguía precisando de tres meses para cubrir los 2.576 km de Sardis a Susa.

Intenso tráfico en una carretera romana en los tiempos bíblicos. Nótense el oficial romano a caballo, los varios carruajes arrastrados por caballos y el asno con su carga.

Las personas adineradas eran acarreadas en una litera por esclavos.

ley romana prohibía la navegación entre el 10 de noviembre y el 10 de marzo. El único período "seguro" era entre el 26 de mayo y el 14 de septiembre. Las otras épocas eran consideradas peligrosas. Se podía emprender una navegación en una emergencia o si un comerciante estaba dispuesto a arriesgarse. Hechos 27:9 se refiere al día del "ayuno", cuando la navegación era peligrosa, el 10 de noviembre. Hechos 28:11 hace referencia a una nave que estaba en alta mar cuando sobrevino el período peligroso, y se había detenido a invernar en Malta.

Lo peligroso de las travesías marítimas se puede ver por lo que le sucedió a Pablo. Estaba viajando en una nave alejandrina cargada de grano y que se dirigía a Roma (Hch. 27:6). La nave fue atrapada en una tempestad con un vendaval proveniente del noreste, y en su intento de salvar la nave la tripulación arrió la vela mayor, y emplearon una vela pequeña en la proa, arrojaron el grano al mar, pasaron un cable desde la proa a la popa para intentar impedir que la nave se partiera, y finalmente pasaron otro cable dando la vuelta al barco por arriba y abajo para impedir que se separaran sus planchas.

Las naves graneras no eran pequeñas. Tenían una longitud de setenta metros y desplazaban alrededor de mil doscientas toneladas. Las naves más rápidas, las de guerra, impulsadas por remeros, eran mucho más ligeras, y no podían resistir una tempestad.

Incluso después que los romanos hubieron destruido los temidos piratas del Mediterráneo, la navegación marítima seguía distando de ofrecer seguridad. Pablo tuvo que tener precaución cuando llevó el dinero recolectado para los pobres en Jerusalén. Comenzó su viaje en una nave peregrina judía que se dirigía a Jerusalén para la fiesta de la pascua. Entonces descubrió un plan para darle muerte y robar el dinero (Hch. 20:3), y por ello pasó la fiesta de la pascua en

Sección de una carretera romana

El nivel inferior era de arena, luego piedras y roca asentada en cemento, luego piedra quebrantada en cemento, y finalmente la superficie pavimentada.

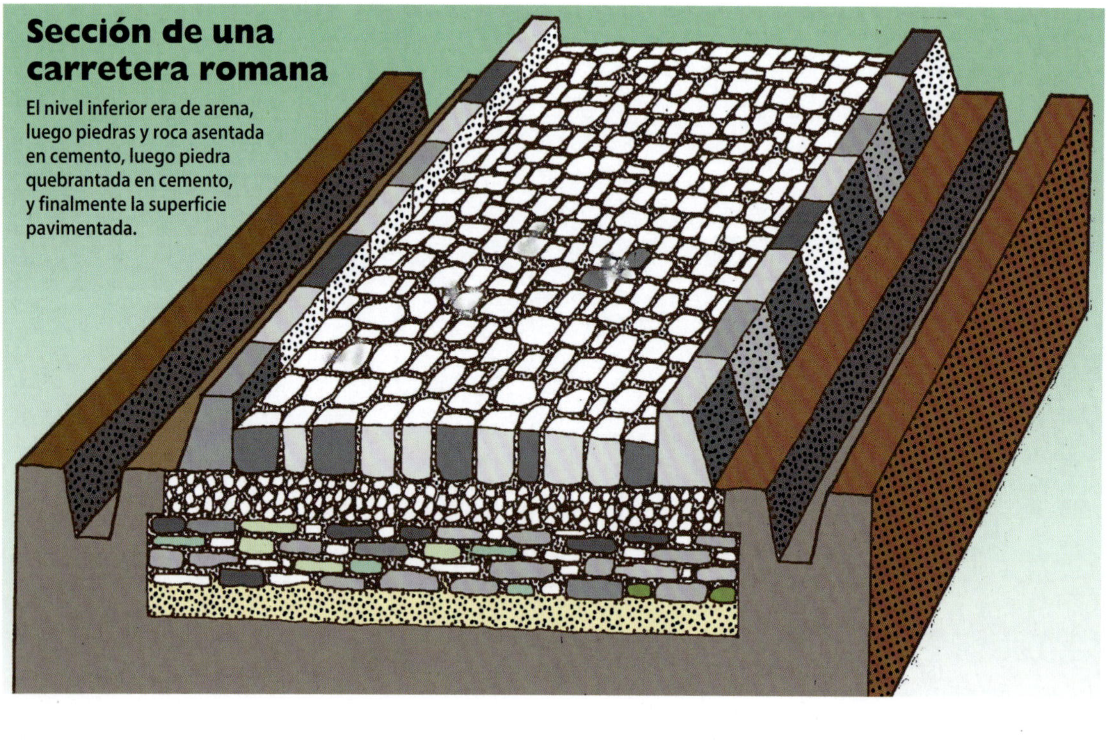

En los tiempos romanos, la gente adinerada viajaba a veces en carruajes tirados por caballos.

Filipos (Hch. 20:6). Era fácil que alguien desapareciera durante la navegación (Jon. 1). En suma, la navegación marítima era una tarea tan desagradable que los cristianos deben haber sentido un gran alivio leer acerca de unos nuevos cielos y de una nueva tierra donde no habría más mar (Ap. 21:1).

Las vías romanas

Los romanos fueron los más destacados constructores de carreteras: "todos los caminos llevan a Roma". Las carreteras romanas eran rectas y aniveladas, y se hacían de cuatro capas de material. Primero, había una capa de arena, luego trozos de piedra y roca en cemento, después piedra quebrantada en cemento y, finalmente, una superficie pavimentada. Se proveía drenaje, y cuando las carreteras atravesaban ciudades, había aceras levantadas para los peatones.

Se pusieron piedras miliares a lo largo de las carreteras (1.478 m por milla romana). Estas piedras daban una indicación de la distancia, pero los viajes se seguían contando por jornadas, como se había hecho siglos antes (Gn. 30:36; 31:23). Pero las piedras miliares servían para otro propósito. La ley romana establecía que un soldado podía obligar a un paisano a llevar su carga de una piedra miliar a la siguiente. Jesús tenía esto en mente cuando dijo que si alguien nos obliga a ir con él por una milla deberíamos estar dispuestos a ir otra (cp. Mt. 5:41). De esta manera se construyeron más de 80.000 km de carreteras que cruzaban el Imperio Romano, y se vendían mapas de carreteras en las tiendas de Roma.

Un correo podía recorrer 120 km diarios, pero las distancias eran tan inmensas que se precisaba de 54 días para llegar de Roma a Cesarea. El servicio de correos estaba muy desarrollado y empleaba vehículos caballos, y estaciones de posta. Las mismas carreteras eran mantenidas por supervisores locales.

Los carros eran arrastrados por bueyes, y se podía alquilar vehículos más ligeros fuera de las puertas de las ciudades. El *cisium* era un vehículo ligero abierto con

Mercancías pesadas podían llevarse en una carreta tirada por bueyes.

dos ruedas. Podía llevar dos personas: el conductor y el pasajero. El *essedom* era conducido por el propietario, y lo tiraban dos caballos. Algunos de los carros, conocidos como *reda*, eran cubiertos, y con asientos para pasajeros. También se empleaban carros ligeros (Hch. 8:29), como también palanquines, siendo esto empleado sólo para los personajes más importantes. El palanquín era llevado bien a hombros, o bien colocado sobre un arreo entre animales. El sistema romano de carreteras puede no sonar muy malo, pero si no se era un oficial o un ciudadano romano, no se podía sacar mucho partido de él.

Alojamiento

Otra de las razones por las que la gente no gustaba de viajar —tanto en

Restos de la sinagoga en Capernaum, un pueblo fronterizo donde se recogían impuestos de los viajeros que pasaban por allí.

La mujer de Sunem

Es insólito que la gran dama de Sunem ensillara un asno y fuera a visitar a Eliseo, porque lo usual era que el hombre cabalgara y la mujer caminara. El hecho de que pudiera hacer esto nos da una idea de su posición. Si María hubiera montado en el asno y José hubiera caminado al lado, tal como aparece frecuentemente en el arte cristiano, José habría sido el hazmerreír de sus compañeros de viaje.

2 Reyes 4:24

tiempos del Antiguo como del Nuevo Testamento— era que los viajeros tenían el riesgo de topar con salteadores (Jue. 9:25; Lc. 10:30). Otra razón similar era que los viajeros estaban totalmente a merced de las poblaciones locales (Jue. 19:15; Job 31:32). No se establecieron alojamientos para los viajeros ordinarios hasta la época persa, y eran frecuentemente lugares dudosos. El mesón, *khan* o *caravanserai* se construía alrededor de un patio central. La estabulación para los animales se proveía a nivel del patio, y la acomodación para los viajeros arriba. Era el antiguo equivalente de un motel.

Aunque en teoría estos mesones proveían un alojamiento gratis, la comida, el forraje y otros servicios se debían pagar (Lc. 10:35), y era una característica de la mayor parte de los mesones que la prostitución formaba parte del sistema. Esto explica por qué Jesús instruyó a sus discípulos que buscaran alojamiento en casas particulares (Mt. 10:11), y por qué era tan importante que en el primer siglo los cristianos fueran dados a la hospitalidad (Ro. 12:13; 1 Ti. 3:2; 1 P. 4:9).

Debido a que los servicios eran tan dudosos, era necesario tomar alimentos para el viaje (Jos. 9:4–6; Jue. 19:19).

Lugar en el mesón

Fotografía del siglo XIX de la "Posada del buen samaritano" entre Jerusalén y Jericó.

El "mesón" en el que María y José no encontraron lugar no era un *khan*. La palabra griega es *kataluma*, que significa "un refugio temporal". Los romanos erigían grandes entoldados para proveer refugio cuando no había suficiente acomodo para la gente y se necesitaba alojamiento. Por ejemplo, es lo que se hacía alrededor de Jerusalén en la época de la Pascua. El *kataluma* era un lugar ruidoso, lleno de animales y personas, y en ocasiones con fogatas para cocinar. No había allí "mesoneros". Por cuanto no había lugar para María y José dentro de este entoldado, es más que probable que Jesús naciera en el exterior (la idea del autor del villancico "Allá en el pesebre": "Estrellas lejanas del cielo al mirar") o bien en la cueva de un pastor. Esta última es lo más probable. Una cueva de estas ha sido señalada desde la antigüedad como el lugar donde nació Jesús. Se encuentra ahora debajo de la Iglesia de la Natividad en Belén.

Lucas 2:7

Normalmente, se trataría de pan, grano tostado y frutos secos para alrededor de dos días. Por ello era insólito que Jesús enviara a sus discípulos en un viaje sin esta provisión (Mt. 10:10). Por otra parte, cuando las multitudes le hubieron estado siguiendo durante tres días, supo que la gente no tenía nada para comer (Mt. 15:32).

Impuestos

Otro problema eran los impuestos que se debían pagar durante un viaje. Puede que sólo hubiera una lengua de comunicación (griego) ni fronteras que cruzar, pero se debían pagar impuestos sobre mercaderías, ruedas, ejes y personas al ir pasando a través de sucesivos distritos tributarios.

Otro problema era el calor. Las temperaturas veraniegas eran muy elevadas, por lo que no era usual viajar al mediodía (Hch. 26:13). Viajar era más cómodo por la mañana y por la tarde, y los magos de Oriente aprovecharon su conocimiento de las estrellas para viajar de noche (Mt. 2:9).

Otro problema sorprendente era el tiempo dedicado al intercambio de saludos. Los saludos que se intercambiaban entre viajeros se tomaban un tiempo enorme. No se consideraba cortés simplemente comentar acerca del estado del tiempo. Era necesario hacer y contestar a preguntas como: "¿A dónde vas?... ¿De dónde eres?... ¿Cuál es tu nombre?... ¿Cuántos hijos tienes?" y más. Jesús consideraba que estos saludos constituían un problema tan grande que dijo a sus discípulos: "A nadie saludéis por el camino" (Lc. 10:4). Fue igualmente cortante acerca del tiempo que algunos de los líderes religiosos de su época dedicaban a tales saludos (Lc. 11:43; 20:46). Tendría poca paciencia con la conversación intrascendente de

El asno era la forma común de transporte en los tiempos bíblicos.

Camellos descansan cerca del monasterio de Santa Catalina, Sinaí.

las reuniones sociales convencionales de nuestros días.

El asno

El último y quizá mayor problema era el del cuidado de los animales durante el viaje. El animal básico de carga era el asno. Fue el primer animal empleado por los nómadas, y aseguró que en los primeros tiempos los viajeros nunca se aventuraran demasiado lejos de los centros de población. El animal de carga se empleaba para llevar a personas así como mercancías. La silla se hacía de tres capas: fieltro, paja y tejido de pelo. Los sacos o bien se ataban entre sí y se colgaban sobre la silla, atándose por debajo para mayor seguridad (Gn. 42:25–28), o bien se colgaban de un basto que se ponía a través de la silla. También se colgaban cajas o cestas del basto (1 S. 16:20; 25:18), y en ocasiones se llevaban los niños en las cajas.

Los asnos se empleaban incluso para tirar de un arado (Is. 32:20), pero nunca podían ser emparejados con un animal mayor como un buey (Dt. 22:10). Los asnos eran también uncidos a molinos de grano y a norias. Aunque algunas razas de asnos quedaban señaladas para el exclusivo uso de la casa real (Jue. 5:10) y aunque eran empleados por personas importantes para el transporte (Gn. 22:3; 1 S. 25:23), los asnos se vieron reemplazados por mulas como símbolo de posición, y el caballo vino a ser posteriormente la montura para la guerra. El asno vino a ser gradualmente un símbolo de trabajo y paz, aunque siempre la montura de las personas ordinarias (Zac. 9:9; Jn. 12:15).

El camello

El camello fue domesticado alrededor del 2000 a.C. y dio a las tribus nómadas

El ojo de la aguja

Se han contado muchas historias para indicar que el "ojo de la aguja" a que se hace referencia es un pequeño portillo que se abría de noche después de cerrar el gran portalón de la ciudad, y que por él podía pasar un camello siempre y cuando fuera totalmente descargado. Es una bonita historia, pero no es cierta en términos bíblicos. El ojo de la aguja se refiere al de una aguja de cirujano. Tanto en Mateo 19 como en 23 el punto central es que el camello era el animal más grande conocido por las personas de aquella época. Jesús empleó este término tal como nosotros podríamos haber empleado la palabra elefante como la mayor criatura en nuestra experiencia. Jesús puede haber empleado el camello como ilustración porque era ritualmente impuro.

Mateo 19:24; 23:24

independencia de los asentamientos. Les hizo posible vivir en el desierto lejos de los esparcidos oasis, porque el camello podía almacenar suficiente agua para varios días. Abraham vivió en una época en la que se dio la transición del empleo de los asnos al de los camellos (Gn. 12:16; 24:35; 30:43), empleando los camellos sólo para largos viajes (Gn. 24:3, 64), lo mismo que Jacob (Gn. 31:17). Los camellos fueron frecuentemente empleados posteriormente por tribus como los madianitas (Jue. 6:5) y los amalecitas (1 S. 15:3). Vino a ser el animal para los viajes largos.

No sólo podían los camellos viajar a grandes distancias, sino que eran un medio para llevar noticias internacionales de lugar a lugar (Pr. 25:25), y era un excelente animal de carga. La carga del asno, el efa, era la mayor unidad de volumen, pero el camello podía cargar más, y existía la medida informal conocida como *una carga de camello* (cp. 2 R. 8:9). Los camellos viajaban en caravanas de hasta mil quinientos animales, haciéndose cordadas de varios grupos, que eran guiadas por un hombre montado en un asno, y moviéndose a unos 5 km por hora. El empleo del asno no era simplemente para reservar espacio de carga sobre el camello, sino porque el camello no era cómodo para montar. Es muy fácil subir a él cuando está arrodillado (en descanso), pero cuando se monta en él su peculiar balanceo provoca mareo.

Un camello suponía una inversión considerable, y era apropiadamente cuidado. Los arreos del camello, la silla, las alforjas y las bridas eran de considerable valor, y se guardaban en las tiendas (Gn. 31:43). Los ornamentos de las bridas eran de suficiente valor como para ser tomadas como botín de guerra (Jue. 8:21). A cambio de la paja aplastada en la era, que era su alimento normal, el camello daba carne (aunque los judíos no podían consumirla, Lv. 11:4), leche (Gn. 32:15) y pelo, que era tejido dando una tela burda pero suave, y se empleaba para vestimentas como la de Juan el Bautista (Mt. 3:4). La piel era útil, también. Cuando era curtida se podían hacer bolsas y pantalones con ella.

El tipo más común de camello era el de una sola joroba, conocido también como *dromedario*. Tenía unas patas largas y fuertes y poca grasa para almacenar agua. Lo que carecía en resistencia lo compensaba en velocidad. Podía desplazarse a casi dieciséis kilómetros por hora.

El mulo

Los mulos no fueron muy empleados hasta la época de David, porque era contrario a la ley criar animales de distintas naturalezas (Lv. 19:19). Es de creer que los judíos de aquella época pensaran que en tanto que ellos no hicieran ellos mismos la hibridación, era permisible comprar los animales. La mula era inicialmente lo suficientemente rara como para ser una montura real. Los hijos del rey la tienen en 2 Samuel 13:29, y cuando Salomón montó en la mula de David, fue señal de que él era el heredero oficial (1 R. 1:33, 44). Las mulas fueron traídas como presentes a Salomón cuando fue entronizado (2 Cr. 9:24), y Acab se sintió preocupado por sus mulas en período de sequía (1 R. 18:5), pero para la época de Isaías habían llegado a ser muy comunes (Is. 66:20).

El caballo

Los caballos de la Biblia eran similares a los caballos árabes de la actualidad. Se empleaban con fines bélicos (véase Ap. 19:11, 19), aunque no tanto para tener jinetes a caballo como para tener tracción para los carros de guerra (Gn. 41:43; Éx. 14:9). Pero los caballos eran también empleados en las tareas agrícolas cuando era preciso (Is. 28:28). Los judíos fueron advertidos en contra de la adquisición de caballos (Dt. 17:16). Sin embargo, los vecinos de los israelitas tenían carros de guerra, y aunque Dios ayudó a los judíos a vencer a estos vecinos, los judíos tenían deseos de tener sus propios carros (Jos. 11:6, 9; Jue. 4:3). Por ello, David empleó caballos y carros (2 S. 8:4), pero fue Salomón quien realmente desarrolló su empleo (1 R. 4:28; 2 Cr. 1:14; 9:25). La posesión de los mismos tendía a hacer que la gente confiara más en sus carros que en Dios (Is. 31:1).

Carro ligero (cuadriga) que aparece en un relieve griego de Atenas.

Un carro de guerra era una caja semicircular sobre ruedas, abierta por detrás. El fondo se hacía de cuerdas, para dar una cierta suspensión, y dos personas se ponían allí: el conductor y el soldado. Pero los caballos tenían también su puesto en tiempos de paz. La posesión de un caballo vino a ser un símbolo de alta posición, particularmente si se tenía un carro en el que ir. Para los tiempos de los romanos, se hacían carreras de carros durante los juegos. Así, los caballos vinieron a ser símbolos de poder (Sal. 147:10). A pesar de su gran utilidad, los carros dependían de la existencia de buenos caminos. Era fácil que las estrechas ruedas de los carros se hundieran en el barro y quedaran atascados (Éx. 14:28; Jue. 5:21–22), y esto explica por qué Acab estaba tan deseoso de llegar a Jezreel (1 R. 18:44).

CAPÍTULO 13

La hospitalidad

Recibir a otros a la mesa y para alojarlos era de vital importancia para las gentes de los tiempos bíblicos; el apremio a dar hospitalidad parece haber estado arraigado en su experiencia de la vida nómada. Los nómadas son conscientes de la soledad del desierto, y de que la provisión de alimentos es frecuentemente cuestión de vida o muerte. Debido a que Esaú estaba demasiado débil para prepararse una comida después de haber estado cazando, su hermano Jacob pudo quitarle la primogenitura (Gn. 25:29–34). Ni a un enemigo se le podía permitir morir de hambre. Pablo escribió: "Si tu enemigo tuviere hambre, dale de comer" (Ro. 12:20), y con ello repetía lo que siempre se había practicado entre los nómadas.

Si alguien entraba en alguna tienda u hogar de alguien, estaba absolutamente a salvo bajo la protección de aquella familia (Gn. 19:8). Cuando David escribió: "Aderezas mesa delante de mí, en presencia de mis angustiadores", estaba refiriéndose a esta clase de seguridad y protección (Sal. 23:5). La costumbre fue asumida por Dios al promulgarse la ley, quedando reforzada por la divina sanción. Por cuanto los judíos habían recibido la protección de Dios, debían procurar protección a los demás. Por ello, era un pecado comer solos (Job 31:17) o rehusar compartir los alimentos

La hospitalidad es muy importante para la gente nómada que habita en tiendas.

con los pobres y necesitados (Is. 58:7). Los amonitas y moabitas fueron condenados por esta falta de hospitalidad (Dt. 23:4).

A ángeles sin saberlo

Los judíos creían que Dios enviaba en ocasiones a ángeles, de incógnito, para poner a prueba a las personas con respecto a su hospitalidad. Sabían que esto había sucedido con Abraham (Gn. 18:2–13) y con Gedeón (Jue. 6:17–22), y creían por tanto que lo mismo podía suceder con cualquiera de ellos (He. 13:2). Esta manera de pensar suscitó problemas además de abrir el camino a la revelación. Muchos judíos pensaron que si estaban en la casa de Dios se encontrarían bajo la protección de Dios, y como resultado llegaron a ser descuidados en su vida diaria (Jer. 7:14). No se dieron cuenta de que la gloria de Dios había abandonado el templo y que por tanto ya no era la casa de Dios (Ez. 11:23).

Tan importante era la hospitalidad que los judíos consideraban la bendición final como un gran banquete ofrecido por el mismo Dios (Sof. 1:7), y este mismo motivo fue empleado por el Señor Jesús en la parábola: "El reino de los cielos es semejante a un rey que hizo fiesta de bodas a su hijo" (Mt. 22:2–14).

En los tiempos del Nuevo Testamento, la negativa a ofrecer hospitalidad equivalía a un rechazo personal (Mt. 10:14), y era por ello esencial que los cristianos ofrecieran hospitalidad (Gá. 6:10; 1 P. 4:9). Aunque esta práctica ofrecía protección moral en vistas al carácter que tenían muchos mesones (véase p. 209) y en vista del hecho de que muchos cristianos tenían que dejar sus hogares debido a las persecuciones, era más que esto: "hospitalidad" es traducción de *philoxenia*, "amor hacia los extraños". Era de particular importancia para los predicadores de aquel tiempo, que habían dejado sus medios de subsistencia para poder predicar el evangelio (3 Jn. 5–8). Debían recibir hospitalidad durante varios días, y luego eran alentados a pasar a otro lugar (p. ej., Hch. 9:43; 16:15; Ro. 16:2). Nadie podía ser reconocido como líder en una iglesia si no era hospitalario (1 Ti. 3:2; Tit. 1:8).

Los saludos

Los saludos han variado poco en el curso de los siglos. Tanto en aquellos tiempos como ahora había tres tipos de salutación, correspondiéndose con la estrechez o distancia de relaciones entre las personas. Primero, había un saludo cara a cara, que podía ser verbal, aunque no necesariamente, y que involucraba un gesto con la mano, sin contacto físico. En ocasiones, la palabra empleada era "¡Regocíjate!" o "Salud" (Mt. 28:9), y en otras ocasiones "la paz sea contigo" (Jn. 20:21). La palabra "salud", o "salve", fue empleada en son de burla por los soldados cuando le pusieron al Señor la corona de espinas (Mr. 15:18). "Paz a esta casa" era la primera salutación que los Setenta hacían cuando entraban en el hogar de un extraño (Lc. 10:5).

En segundo lugar estaba el beso formal, parecido al que nosotros daríamos a un amigo o invitado. Incluía poner las manos sobre los hombros del otro, luego atraerlo a uno mismo, y luego el beso, primero sobre la mejilla derecha, y luego sobre la izquierda. Samuel besó a Saúl cuando lo ungió (1 S. 10:1); el fariseo Simón no saludó a Jesús de esta manera cuando lo invitó a su casa (Lc. 7:45), y

El levita y su concubina

Este es uno de los apéndices del libro de Jueces que ilustra el caos espiritual en que había sumido el pueblo. El libro trata de un período en el que las doce tribus de Israel estaban unidas en su lealtad a Yahweh: relación llamada *anfictionía*. Cuando el levita volvía a su casa junto con su concubina, se dirigieron a Gabaa, que pertenecía al territorio tribal de Benjamín, para encontrar un lugar seguro en el que pasar la noche, pero la casa fue asaltada, y la mujer tomada y violada hasta morir. El descuartizamiento del cuerpo de la mujer fue el llamamiento a las doce tribus a reunirse en el santuario central. Quedó claro ante la asamblea que la actitud de los hombres de Gabaa no era sólo un gesto de concupiscencia, sino una actitud también que constituía parte de una actitud que pretendía la independencia por parte de toda la tribu. Benjamín quería separarse de la anfictionía. La drástica acción tomada contra este gesto de independencia se debió a la creencia de las tribus de que la protección que Dios les daba dependía de la mutua lealtad entre ellas.

Jueces 19—21

Pablo escribió: "Saludaos los unos a los otros con ósculo santo" (Ro. 16:16).

Había también el beso en los labios en el saludo afectuoso (Gn. 29:11). Éste parece haber sido el tipo de beso dado por Judas a Jesús, porque el término griego indica que Judas besó a Jesús repetidas veces. Fue esta salutación lo que llevó a Jesús a hacerle la pregunta registrada en Lucas 22:48.

Otra forma de salutación era la inclinación, que se hacía ante personas o invitados de particular alcurnia (Gn. 18:2–3; 23:12). Podía tratarse de una inflexión de la cabeza hacia adelante, o de un movimiento desde la cintura; podía incluso llegarse al acto de postración a los pies del invitado (Mt. 18:26). Había peligros en esto: podía asemejarse a la adoración. En cierto sentido este homenaje era propio, por cuanto era el reconocimiento de que alguien tenía mucha dignidad. Pero si el pensamiento se descarría más allá de lo que se limita a un acto de homenaje a una dignidad, se pasa a dar al hombre lo que en justicia pertenece a Dios (Ap. 19:10). Cuando Cornelio se postró ante Pedro para hacerle esta salutación, Pedro se mostró ansioso en detenerlo por si se trataba de algún acto de culto (Hch. 10:25–26). En Apocalipsis 3:9 se emplea la expresión "se postren", pero hace referencia a la postración en muestra de respeto.

El acomodo de los huéspedes

Había diversas clases de acomodo que uno podía tener en los tiempos del Nuevo Testamento, aparte del mesón. Un forastero se dirigía por lo general a la puerta de la ciudad, o esperaba junto al pozo, hasta que alguien de la localidad le diera una invitación para posar en su casa (Gn. 19:1–2; 24:13–14; Jue. 19:15). Cuando alguien era invitado a dormir, no lo hacía generalmente a solas. Otros miembros de la familia dormían con él, porque se creía que era una descortesía hacerle pasar la noche sin compañía. En las casas sencillas de las gentes del pueblo, de una sola estancia, sólo había un lugar donde dormir, y el huésped dormía con la familia en la plataforma levantada, o en la terraza si el tiempo era bueno (1 S. 9:26). En el caso de la tienda beduina, el visitante era invitado a dormir en la entrada abierta de la tienda con los hombres. Nunca se le permitía entrar en la zona interior, cerrada, de la tienda, que era donde se encontraban las mujeres.

En una casa de mayor tamaño, y ya en tiempos posteriores, se tenía una

Un vendedor de la calle en Jerusalén saluda al presidente de Israel, en la forma tradicional, con pan, sal y un beso.

habitación para huéspedes, en ocasiones en un rincón tranquilo del patio interior, o en una estancia cercana a la entrada. Cuando los dueños de casas con estancias más pequeñas no podían disponer de una habitación para huéspedes, pero querían ofrecer hospitalidad, podían reunirse varias familias para sostener una estancia para huéspedes, empleando a un siervo para mantenerla a punto. El invitado de una familia dormía y comía entonces en aquella habitación para huéspedes. Pero estas estancias estaban a disposición sólo de hombres; los que viajaran con familia tenían que dormir en casas de familia (Jue. 19:4). Ello se debe, probablemente, a que cuando no se empleaba para hospedar, la casa de huéspedes se convertía en el círculo social de los hombres. La experiencia de Eliseo fue singular. Le dieron una estancia bien amueblada en el terrado, aislado del resto de la familia, aunque había también más

Quitándose el calzado

Cuando se entraba en una casa era normal quitarse los zapatos, por cuanto si no se hacía así la suciedad de las calles y caminos sin pavimentar ensuciaría la casa. Si los suelos estaban alfombrados, las alfombras podrían quedar arruinadas. Así, quitarse el calzado era señal de consideración y de respeto, y por cuanto a Dios no se le puede mostrar menos respeto, quitarse los zapatos es una señal de respeto para con Dios. Esta práctica prosigue en los lugares de culto musulmán en la sociedad contemporánea.

Éxodo 3:5

Recibir a otros a la mesa era muy importante para las gentes de los tiempos bíblicos. Hombres beduinos participan de una comida comunal.

Opuesto: Guiso de cebada con lentejas, una fuente principal de proteínas, vitaminas del grupo B y fibra dietética para la gente de las tierras bíblicas.

cosas singulares con respecto a la "mujer importante" de Sunem (véase p. 209 y 2 R. 4:8).

Festejos

Una parte de la hospitalidad era la invitación a comer. Se buscaba todo tipo de excusas para ofrecer un banquete: un destete, la llegada de un invitado, y, con toda certidumbre, los cumpleaños. Esto se debía a que la vida y las comidas eran frecuentemente tediosas y monótonas, y puede ser la explicación de que la palabra hebrea para "festejo" sea la misma que para "bebida:" ¡Querían pasárselo bien!

Cuando llegaba un amigo a medianoche y el anfitrión no tenía comida que darle, no vacilaba en despertar a su vecino y pedirle alimentos, no sólo porque el vecino fuera amigo de confianza, sino porque era muy grande la obligación de ofrecer comida a un huésped en aquella cultura (Lc. 11:8). Las comidas constituían un importante aspecto de la amistad. Comer con alguien era estar en paz con él (Gn. 26:28–30). La sal tenía una función particular como parte de la comida. "Comer sal" era estar en paz, quizá porque se usaba para sanar heridas (Mr. 9:50; cuando Jesús nos dice que

La entrada a la parte de las mujeres

Por lo general, esta historia se cuenta como ejemplo de la perfidia de Jael, porque cuando un enemigo descansaba en una tienda, se suponía que su hospedador no podía tocarlo. Pero hay mucho más en esta historia que lo que aparece en la superficie, y probablemente no se nos han dado todos los detalles. Un huésped en una tienda dormía en el porche, y nunca se le permitía la entrada al interior, donde estaba la parte de las mujeres. La invasión de la parte de las mujeres era punible con la muerte.

Jueces 4:17–22

En esta foto del siglo XIX, unos drusos de la región de Carmelo participan de una comida tradicional similar a las de los tiempos bíblicos y nos recuerda la Última Cena. Nótense que se encuentran solamente hombres, y que se sientan en el piso y comparten platos de comida en común.

"tengamos sal en nosotros" está con ello exhortándonos a que tengamos paz con los otros).

Si el huésped había acudido a llevar a cabo una misión que pudiera no tener la aprobación de su anfitrión, se debía hablar acerca de ello antes de comenzar la comida (Gn. 24:33). Un pacto de paz hecho en el curso de tal comida era vinculante (Jos. 9:14, 15), y así una comida era un medio de reconciliación (Gn. 31:53–54). Esta es probablemente la razón de que Jesús se apareciera a sus discípulos tras su crucifixión, y comiera con ellos: era un modo de darles la certidumbre de que si bien ellos le habían fallado, no había pérdida de relación entre ellos (Lc. 24:30; 24:41–43; Jn. 21:9).

Los festejos religiosos eran también grandes ocasiones sociales. Después de haberse hecho un sacrificio, la familia se sentaba para comer parte del sacrificio que estaba quemando sobre el altar. La familia estaba literalmente comiendo con Dios en señal de paz (Dt. 12:5–7).

Una invitación a una comida formal, en los tiempos del Nuevo Testamento, seguía un procedimiento establecido. Siempre se hacía una invitación dos veces. Inicialmente, una invitación formal era rehusada como norma. ("No es posible que yo acuda: No soy digno"). Luego, se apremiaba a los invitados a acudir hasta que la invitación era aceptada (Lc. 7:36; 14:23; Hch. 16:15). Posteriormente, llegaba el mensaje de que la comida estaba lista (Est. 5:8; 6:14).

Cuando se había saludado al invitado que había llegado para la comida, un esclavo le quitaba las sandalias para lavarle los pies, y para que las sandalias no introdujeran en la casa la suciedad que hubieran recogido por el camino. Luego, un siervo le lavaba los pies con

El vaso de agua fría

Una de las primeras cosas que se hacía por un invitado era darle a beber agua fría. Era una prenda de amistad. (El siervo de Abraham, Eliezer, aguardó una bienvenida esperando que alguien le diera agua para beber, Gn. 24:17–18.) Cuando Jesús dijo: "Cualquiera que os diere un vaso de agua en mi nombre, porque sois de Cristo", estaba refiriéndose a que si damos nuestra amistad a una persona por causa de Cristo, no perderemos nuestra recompensa.

Marcos 9:41

agua, frotándolos con las manos, y secándolos con una toalla (Gn. 18:4; 19:2; 24:32; 1 S. 25:41; Jn. 13:3–5; 1 Ti. 5:10). A continuación, la cabeza del invitado era ungida con aceite de oliva aromatizado con especias. David hace referencia a esta costumbre en el Salmo 23:5. Esta fue otra de las cortesías descuidada por Simón el fariseo cuando Jesús acudió a su casa para el banquete (Lc. 7:46). Luego, se sacaba agua para beber. Con ello se indicaba que el invitado era digno de una recepción pacífica; pedir agua para beber era para ser recibido (Gn. 24:17). La mujer samaritana encontró incomprensible que Jesús, judío, le hubiera pedido agua para beber, cuando había tanta enemistad entre judíos y samaritanos (Jn. 4:9).

Entretenimientos

Durante la comida y después de ella se proveía entretenimiento, incluyendo lecturas de poesía y prosa, música y danza (Am. 6:4–6). La danza era normalmente individual —no había llegado aún el baile de parejas para este entonces— y ocasionalmente se hacía

La comida formal

Los puestos a la mesa eran de suma importancia. En las casas grandes había una plataforma levantada para la "mesa superior", donde eran recibidos los invitados de honor (Mt. 23:6; Lc. 14:8–10). El principal invitado se sentaba a la derecha del anfitrión, y el segundo a su izquierda (véase Mr. 10:35–37). Los platos mayores y más escogidos de comida eran siempre dados a estos invitados.

En los tiempos más remotos del Antiguo Testamento los invitados se sentaban generalmente sobre sus pies, con las piernas cruzadas sobre una alfombra, pero para la época en que ya se habían establecido los reinos de Israel y Judá, los invitados se sentaban a la mesa en sillas, e incluso en divanes. Para el tiempo del Nuevo Testamento estaba comenzando a emplearse el triclinio. Se trataba de una disposición de tres mesas en cuadro, al que se podía acceder por el lado abierto del cuadro, de manera que los que servían podían ir y venir para traer la comida y llevarse las sobras. Los divanes se disponían en el exterior de las tres mesas, próximos entre sí, de manera que los comensales pudieran reclinarse para comer. Cada comensal recibía un cojín, y se reclinaba sobre su brazo izquierdo con

Una familia judía se reúne para celebrar el séder (pascua), la tradicional comida para conmemorar el éxodo de Egipto.

la cabeza hacia la mesa, con lo que el brazo derecho quedaba libre para poderse servir de lo que quisiera. Esto hacía que fuera posible que los siervos enjuagaran los pies de los comensales mientras que estos proseguían con el banquete. Así, es posible que Jesús estuviera reclinado en un diván ante un triclinio cuando le lavaron los pies (Lc. 7:46).

La manera en que el triclinio estaba dispuesto significaba que, aunque la actitud fuera relajada, no era necesariamente fácil sostener una conversación. Si uno quería hablar con el que estaba a su izquierda, le era necesario recostarse hacia atrás, y casi yacer sobre él para hablarle. Así, uno se "reclinaba" sobre "el pecho de Jesús" (Jn. 13:23–25; véase también Lc. 16:22).

En una comida formal había un "aperitivo" de vino disuelto con miel. La comida principal, llamada la cena, venía a continuación. Consistía en tres platos dispuestos en bandejas, y a menudo hermosamente adornados. Los comensales usaban los dedos para tomar la comida, excepto cuando había sopa, huevos o mariscos, en cuyo caso se empleaban cucharas. No había tenedores. Finalmente, se servía un postre de hojaldre y frutos. Podemos ahora comenzar a comprender qué era lo que llevaba tan atareada a Marta, y por qué Jesús le dijo que "sólo una cosa" era "necesaria" (Lc. 10:42). El invitado de honor recibía un "bocado" especial que le daba el anfitrión. Se empleaba un trozo de pan para meterlo en el plato y usarlo como cuchara. La "cuchara de pan" y su contenido era todo puesto en la boca del invitado de honor. Esto era conocido como el "bocado", y Jesús lo dio a Judas durante la última cena (Jn. 13:26), siendo un último y amante llamamiento al arrepentimiento.

La teja rota

Cristo dice al ángel de la iglesia en Pérgamo: "Al que venciere... le daré una piedrecita blanca, y en la piedrecita escrito un nombre nuevo, el cual ninguno conoce sino aquel que lo recibe". Esta declaración puede ser una alusión a una práctica común entre amigos. Se tomaba una teja, y se partía por la mitad. Un amigo escribía su nombre en una de las mitades, y el otro el suyo en la otra. Luego, se cambiaban las dos mitades. Con frecuencia las dos mitades pasaban de los padres a los respectivos hijos. El hecho de poder presentar la otra mitad de la media teja que otra persona poseía, incluso años después, constituía una garantía de amistad y hospitalidad.

Apocalipsis 2:17

un espectáculo como el de un cabaret actual (Mr. 6:22). Puede que fuera por esta razón que la gente del pueblo podía contemplar lo que estaba teniendo lugar en el convite. Fue probablemente de esta manera que la mujer que derramó ungüento en los pies de Jesús pudo conseguir entrar (Lc. 7:37). Tales festejos implicaban una intensa iluminación, de modo que podían ser vistos desde la oscuridad de fuera. Echar a alguien de la estancia iluminada a las tinieblas de afuera podía conducir a la desesperación (y por ello al crujir de dientes, Mt. 8:12; 22:13; 25:30).

Cuando el entretenimiento había llegado a su fin y se había retirado la mesa, había un largo período de conversación. Se narraban de memoria historias tradicionales. Otra fuente de conversación eran los chismorreos locales, y hay abundancia de advertencias en la Biblia en contra de ello (Mt. 12:36; Ef. 5:4) para poder darnos cuenta de que era algo frecuente. También se compartían dichos proverbiales. La despedida se retrasaba todo lo posible, porque cuando alguien había aceptado tal hospitalidad, se consideraba insultante dejarla pronto, como si no hubiera sido suficientemente buena (véase Jue. 19:5–10).

CAPÍTULO 14

Grupos sociales y políticos

Mientras que muchas personas no asumen una determinada "línea de partido" en religión ni en política, otros se hacen miembros de grupos de presión o de un partido político, y se involucran en sus actividades. Así también sucedía en los tiempos bíblicos, en el período en que los judíos volvieron del exilio en Babilonia y reconstruyeron el templo en Jerusalén, y en la época en que vivió Jesús. A fin de comprender los grupos que aparecen en el Nuevo Testamento, tenemos que echar una mirada a los acontecimientos que tuvieron lugar tras la caída de Jerusalén y el exilio en el 586 a.C.

Los samaritanos

Los samaritanos recibían este nombre por la ciudad de Samaria, la capital del Reino del Norte, Israel, desde el tiempo de los reyes Omri y Acab (1 R. 16:24). La ciudad de Samaria fue destruida por los asirios en el 721 a.C., y alrededor de veintisiete mil miembros de las fuerzas vivas y de los artesanos útiles fueron deportados a Asiria y dispersados (2 R. 17:24). Como parte de la política de los asirios,

Judíos en la muralla occidental de Jerusalén.

Un hombre samaritano en oración durante el sacrificio en el monte Gerizim.

el gobierno de la ciudad era tomado por otros pueblos sometidos, de manera que la incomunicación con la población trabajadora local, junto con la gratitud de los nuevos gobernantes hacia los asirios por darles esta posición daría como resultado una situación estable y tranquila.

Las cosas no fueron bien: las fieras fueron infestando las zonas rurales con una velocidad alarmante, dando muerte a muchas personas. Los recién llegados creyeron que estos ataques se debían a que no adoraban al Dios de Samaria de la manera adecuada. Uno de los sacerdotes en el exilio fue enviado a enseñarles la fe judaica, y erigió un santuario religioso en Bet-el. Como resultado de ello, se formó una religión sincretista entre el culto a Yahweh y el ofrecido a los dioses locales procedentes de los países originales de los nuevos gobernantes de Samaria (2 R. 17:25–34).

Algunas de las gentes procedentes del Reino del Norte que no habían sido llevadas al exilio fueron a adorar en Jerusalén, donde recibieron la bienvenida (2 Cr. 35:17), y cuando la ciudad de Jerusalén quedó destruida por los babilonios, siguió manteniéndose la relación (Jer. 41:5). Cuando el Imperio Persa sucedió al Babilónico, y se permitió a los judíos reconstruir su religión —su templo y finalmente las murallas de Jerusalén— hubo una reacción ambivalente por parte de los samaritanos. Había samaritanos que querían participar en la obra para volver a instaurar el culto de Yahweh (Esd. 4:2), pero fueron rechazados de plano por los exiliados retornados, que consideraban a los samaritanos como impuros debido a la naturaleza sincretista de su culto (Esd. 4:3). Otros samaritanos se sentían alarmados ante la reconstrucción de Jerusalén, por cuanto Jerusalén había sido siempre rival de Samaria. Estos samaritanos hicieron todo lo que pudieron

El jefe de una familia samaritana selecciona un cordero para el sacrificio ritual durante la ceremonia de la pascua.

El monte Gerizim (izquierda) y el monte Ebal (derecha), al norte de la antigua Samaria. Los samaritanos construyeron un templo sobre el monte Gerizim.

para obstaculizar la reconstrucción de la ciudad (Neh. 4:1–2).

Toda la antigua antipatía entre el Norte y el Sur salió a la palestra. Estos sentimientos tenían una larga historia, remontándose a la época en que las doce tribus habían ocupado originalmente el país montañoso de Canaán tras el éxodo. Las tribus del norte habían quedado separadas de las del sur por una cadena de fortalezas cananeas, y cuando David fue proclamado rey, lo fue como rey de dos reinos unidos más bien que de uno (véase p. 243). Cuando el reinado de David y posteriormente de Salomón quedó dividido durante el período de sus sucesores, la división siguió la antigua línea histórica. Los samaritanos eran considerados no sólo como enemigos políticos sino también como una gente impura cuya presencia contaminaría a los exiliados que habían regresado (véase Neh. 13:23–30).

Parece que en un tiempo posterior hubo un grupo de samaritanos que, al haberse visto impedidos de adorar a Yahweh en Jerusalén, y deseando disociarse de las continuas luchas, se retiraron para erigir un santuario propio en Siquem (véase Jn. 4:19–20), centrado en el monte Gerizim, y fue desarrollándose gradualmente una fe distintiva. Los samaritanos aceptaron los cinco libros de Moisés en su propia lengua como la autoridad de ellos (el Pentateuco samaritano), y esta posición quedaba reflejada en su credo: Hay un Dios; Moisés era su profeta, y volverá un día como el *Taheb* ("restaurador", algunas veces llamado "Mesías;" véase Jn. 4:25); habrá un día del juicio; y el monte Gerizim es el lugar por Dios designado para los sacrificios. El último elemento era el décimo mandamiento en el Decálogo del pentateuco samaritano (Jn. 4:20).

Restos de un teatro helenístico en Séforis, cerca de Nazaret, pueblo donde Jesús creció. Séforis no se menciona en los Evangelios, posiblemente porque al ser un pueblo helenístico, era considerado "impuro" por los judíos.

Al menos algunos samaritanos se aferraban a la creencia tradicional de que Moisés había ocultado vasos sagrados en el monte, porque en el 36 d.C. un samaritano reunió una multitud en el monte con la promesa de que les mostraría los vasos. Todo el grupo fue masacrado por Poncio Pilato.

Debido a la diferencia de credo, había una gran desconfianza entre los que adoraban en el monte Gerizim y los que adoraban en el restaurado templo de Jerusalén. En el 128 a.C., uno de los gobernantes judíos de la dinastía asmonea (Juan Hircano) conquistó Siquem y destruyó el templo, y en una ocasión, entre los años 6 y 9 d.C., un grupo de samaritanos contaminó el templo en Jerusalén esparciendo huesos durante la Pascua.

Hay referencias explícitas e implícitas en el Nuevo Testamento a la hostilidad entre judíos y samaritanos (Jn. 4:9, 33). Jesús se esforzó en indicar lo bueno en los samaritanos (Lc. 10:33), que Él había experimentado (Lc. 17:16), pero siguió la tradición judía no pasando normalmente a través de Samaria cuando viajaba de Galilea a Judea. La ruta normal para los judíos que no querían contaminarse era cruzar el río Jordán en Bet-seán (al norte) y en Jericó (al sur), viajando por la ribera oriental del río (Lc. 18:31, 35). Muchos samaritanos se convirtieron en cristianos (Hch. 8:25).

Los helenistas y los hasidim

Los helenistas y los hasidim tomaron cuerpo durante el período de cultura griega en que los griegos controlaban el país. Después que Alejandro Magno hubo conquistado Oriente, comenzó una intensa y permanente influencia griega sobre Israel. El establecimiento de soldados griegos, el empleo del griego como lengua expresiva, y el énfasis en el estilo griego de vida y en los entretenimientos llevó a la asimilación del pensamiento y de las ideas griegas. ¿Acaso no había llevado la civilización griega a una conquista y a una cultura sin precedentes?

Desde que los líderes del pueblo judío entraron en contacto con los gobernantes griegos en Antioquía de Siria, y por cuanto tenían suficientes riquezas para poder sobornar a sus gobernantes griegos para que les dieran protección armada cuando la necesitaban, la clase gobernante en Israel aceptó por lo general el estilo de vida griego. Un momento crítico les vino al pueblo judío cuando se alinearon con los gobernantes greco-egipcios en contra de los greco-sirios, con la esperanza de conseguir alguna independencia.

El gobernante greco-sirio, que quería imponer la paz sobre su imperio por medio del establecimiento de centros culturales griegos, decidió que podría ir mucho más lejos que esto en el caso de los judíos, eliminando la oposición al helenismo por medio de la erradicación del judaísmo. En general, los gobernantes judíos accedieron a esto. Aceptaron el sumo sacerdocio de un hombre llamado Jasón, que edificó un gimnasio en la ciudad, y alentó a los jóvenes a que se vistieran a la moda griega. Después de la revuelta de los macabeos, cuando a los reyes-sacerdotes les fue necesario hacer un compromiso político con los sirios, los gobernantes helenistas seguían estando en una posición de poder e influencia.

Pero entre el común de la gente se dio una intensa reacción en contra del proceso de helenización. El pueblo creía que las ideas griegas estaban corrompiendo su fe religiosa, y por un conservadurismo innato rechazaron instituciones como el gimnasio, los juegos griegos, y los ropajes griegos. Creían asimismo que los jóvenes estaban siendo arrastrados a un estilo de vida griego decadente. La mayor reacción contra la helenización surgió en las zonas rurales, donde había unos núcleos de gente de clase media que podían reflexionar a fondo acerca de qué actitud debían adoptar. Vinieron a ser conocidos como los hasidim (en algunas traducciones castellanas de los apócrifos se da el término *asideos* o *hasideos*, N. del T.), que significa "piadosos" o "con gracia". Se ridiculizaba a los hasidim como "los tiernos" debido a que tenían una conciencia sensible frente a los nuevos enfoques.

Cuando los macabeos emprendieron la revuelta en contra de los sirios, los hasidim se mostraron dispuestos a unirse en la lucha en defensa de la libertad religiosa. Pero tan pronto como los sucesores asmoneos de los macabeos se implicaron en una lucha en pos del poder político y a colaborar con los helenistas en sus propias comunidades y con los griegos en Antioquía, fueron abandonados por los hasidim, que

Un hombre judío con sus filacterias lee la Torá en la muralla occidental de Jerusalén, un lugar sagrado.

querían ser fieles a su fe religiosa. Los asmoneos necesitaron por tanto el apoyo de los helenistas, continuando por tanto moviéndose en la misma dirección. Los helenistas y los hasidim no aparecen en el Nuevo Testamento, pero sus sucesores nos son muy conocidos.

Los saduceos

Los saduceos fueron los sucesores de los helenistas. Seguían siendo la clase rica y dominante, y estaban identificados con el sumo sacerdocio y con el pensamiento griego. El nombre colectivo del grupo, saduceos, puede que se derive de Sadoc, para indicar su relación con el sumo sacerdocio. Descubrieron que el mundo era un buen lugar donde vivir, y estaban interesados en el aquí y ahora en lugar de creer en una resurrección, un juicio o una vida en el más allá. Rechazaban la idea de la resurrección en favor de la idea griega de la inmortalidad, y creían que podían demostrar que la idea de la resurrección corporal era ridícula. Limitaban el canon de las Escrituras a los cinco libros de Moisés, que es la razón de que Jesús limitara su argumentación a estos libros al refutar los argumentos de ellos en contra de la resurrección (Mt. 22:23–32). Los saduceos rechazaban la creencia en ángeles o espíritus, y seguían una moralidad de "sentido común;" el bien y el mal, creían ellos, eran el resultado de las acciones personales.

En tiempos de Jesús, los saduceos tenían la mayoría en el Sanedrín, y la intensidad de la animadversión que existía entre ellos y los fariseos con respecto al tema de la resurrección iba a ser aprovechada por Pablo cuando compareció ante el Sanedrín (Hch. 23:6–10). Los saduceos se habrían opuesto a Jesús al reconocer su enseñanza como contraria a la de ellos. Fue después de enseñar acerca de la resurrección y de la resurrección de Lázaro que los principales sacerdotes (saduceos) resolvieron dar muerte a Jesús (Jn. 11:45–53). Lo debieron ver como un agitador que podía trastornarlo todo (para ellos, la clase dominante) y que tenía que ser detenido a cualquier precio (Jn. 11:48–50).

Los herodianos, los fariseos (con sus escribas), los esenios y los zelotes parecen haber venido de los hasidim. Cuando estos grupos consideraron el hecho de que su país seguía dominado, esta vez por Roma, reaccionaron de formas distintas.

Los herodianos

Los herodianos apoyaban a la familia de Herodes como gobernantes. Los Herodes eran originalmente una familia edomita, y gobernaban el país como tributarios de Roma. Los edomitas tenían, después de todo, alguna afinidad con los judíos como descendientes que eran de Esaú, y los judíos consideraban que el gobierno por medio de Herodes era mejor que el gobierno directo de Roma. Los herodianos aceptaban lo bueno que Herodes el Grande había hecho por Jerusalén al proveer un nuevo templo, aunque se pusieron del lado de los fariseos al objetar al pago de impuestos a Roma (Mr. 12:13–14). Reaccionaron contra Jesús cuando sanó al hombre con la mano seca en día de sábado (Mr. 3:5). A semejanza de los saduceos, las razones de los herodianos para oponerse a Jesús se basaban en su temor de que perturbaría el estatus quo y debido a que su clara enseñanza moral constituía un reto tan formidable al estilo de vida que manifestaban como el que había supuesto el de Juan el Bautista.

Los fariseos

Los fariseos seguían en línea directa de los hasidim. El nombre de ellos significa "los que se separan". Había unos seis mil de ellos en la época de Jesús. Su mayor preocupación recaía en su vida religiosa, y creían que el exilio había sido resultado de que sus antecesores habían quebrantado la ley de Dios. Querían ser legalmente puros, separados de cualquier tipo de contaminación. Creían que la diferencia entre "limpio" e "inmundo" dependía de aquella ley. Lo que era "limpio" era obediencia a la ley; lo que era "impuro" era desobediencia a la ley.

Pero esta postura con respecto a la ley originaba problemas, porque aunque hay en la Torá (los libros de Moisés) seiscientos trece mandamientos, no siempre son específicos. Si el día del sábado ha de ser "santificado", ¿qué es entonces exactamente lo que se puede hacer, y lo que no? Había prolongadas discusiones acerca de cuestiones como si era legítimo o no ("impuro") consumir un huevo puesto en sábado.

Los fariseos desarrollaron una serie de normas pensadas para impedir que las gentes quebrantaran la ley misma, e intentaron aplicar la antigua ley a nuevas situaciones. Se hizo necesario que se contaran historias ilustrando los principios de la ley (la Hagadá), y se hizo necesario transmitir decisiones acerca de la ley a otros. Los responsables de esta actividad eran los escribas, y había varias diferentes escuelas de interpretación. La escuela estricta de pensamiento estaba acaudillada por Shammai, que procedía de una rica y aristocrática familia. La escuela moderada de pensamiento estaba acaudillada por Hill'el, que provenía de la clase media, y que comprendía al pueblo. Las diferencias de interpretación eran cuestiones candentes, por lo que se pidió a Jesús que diera su opinión acerca de las discutidas leyes del divorcio (Mt. 19:3–12).

La ley judía fue escrita en rollos de papiro o pergamino.

Las interpretaciones de la ley eran de poca consecuencia para el común del pueblo, que rehusaba unirse a los fariseos, lo que conllevaba la existencia de hostilidad entre ambos grupos. Los fariseos creían en las doctrinas históricas del judaísmo: en la unidad, santidad y providencia de Dios; en la resurrección, en el alma inmortal que llevaría a un avivamiento del cuerpo; y en el juicio final y en la elección de Israel. Daban diezmos de todo lo que poseían, y conducían sus

Opuesto: El descubrimiento de los rollos del mar Muerto tuvo lugar en estas cuevas en Qumrán, cerca del mar Muerto.

Los esenios

Derecha: Una sección de los rollos del mar Muerto en exhibición en el Santuario del Libro en Jerusalén.

Los esenios se apartaban del mundo en comunidades propias, y contaban con alrededor de cuatro mil miembros. La gota que hizo colmar el vaso de su paciencia fue cuando un determinado sacerdote-rey fue considerado como tan perverso que un "Maestro de Justicia" condujo a gente fuera de la autoridad del "Sumo Sacerdote Malvado". Los esenios emprendieron actividades manuales básicas, pasando mucho tiempo en el estudio de cuestiones morales y religiosas y en la interpretación de los libros sagrados. Todas las propiedades eran poseídas en común, se adherían a un programa que aseguraba la pureza ritual, se mantenían célibes, y rechazaban los sacrificios animales.

Abajo: Parte de los restos de edificios de la comunidad esenia en Qumrán.

Cuando era posible constituían comunidades propias y vivían de una manera reminiscente de los monjes en los monasterios de la Europa medieval. Los que querían retirarse de la sociedad se unían a sus comunidades. Había un noviciado de dos etapas. Al terminar el primer período (de uno o dos años) se hacía una purificación ritual, y al final del segundo período (de uno o dos años), el novicio era aceptado como miembro de la comunidad de pleno derecho, pronunciaba una serie de juramentos, y, lo más importante, participaba en la comida comunal.

Los esenios creían que Dios daría fin a la presente era de maldad en respuesta a sus

Derecha: La torre de vigilancia reconstruida de la comunidad esenia de Qumrán.

Opuesto: Restos de la cisterna de la comunidad esenia de Qumrán.

buenas vidas y oraciones, y que el anhelado final quedaría marcado por la aparición de un príncipe de la línea de Aarón, un príncipe guerrero (el Mesías davídico) que derrotaría a las fuerzas del mal, y un profeta revelaría la voluntad de Dios. La comunidad que vivía en el monasterio cerca del extremo noroccidental del mar Muerto era probablemente una comunidad esenia.

Se ha sugerido que, además de su importancia por haber preservado antiguos textos del Antiguo Testamento (los rollos del mar Muerto), también pueden haber ejercido otra influencia. Juan el Bautista nació de padres ancianos —Elisabet y Zacarías— y muchos piensan que fue criado en la comunidad de Qumrán cuando sus padres murieron. Parte de la obra caritativa que hacían era cuidarse de los huérfanos de los sacerdotes.

Hay reflejos del mensaje esénico en el mensaje de Juan: la necesidad de arrepentimiento y el lavamiento ritual (bautismo), y la espera de la venida del Mesías. Es improbable que sea accidental que el lugar tradicional del bautismo de Juan esté a la vista del monasterio de Qumrán. El monasterio fue destruido por los romanos en la campaña que siguió a la rebelión del 66 d.C. La comunidad esenia se llevó los manuscritos más valiosos que poseían, ocultándolos en cuevas casi inaccesibles en el área cercana, donde fueron descubiertos en nuestro siglo XX.

Algunos de los rollos del mar Muerto fueron escritos en cobre.

Los zelotes

El perfil inconfundible de la cima de la fortaleza de Masada, donde los zelotes se mantuvieron firmes contra los romanos durante la revuelta judía.

Los romanos construyeron este terraplén para invadir Masada.

Los zelotes reaccionaron ante la influencia extranjera tratando de destruir al enemigo. Creían que sólo cuando los romanos fueran expulsados de su territorio redimiría Dios a su pueblo. Los zelotes fueron fundados por Judas galileo en 6 d.C. Los zelotes mantenían que el pago de impuestos al Imperio Romano era una traición contra Dios. Adoptaron este nombre por el celo mostrado por los macabeos cuando se sacudieron el yugo de Siria. Los romanos se referían a los zelotes como "sicarios" o "puñaleros", porque estaban de continuo en acción empleando esta arma.

Los hay que piensan que los zelotes intentaron provocar a Jesús a encabezar una revuelta popular. Según este punto de vista, Judas Iscariote habría trabajado con los zelotes para tratar de colocar a Jesús en una posición insostenible en la que tendría que emplear su poder divino para

Vista peligrosa del palacio septentrional de Herodes en Masada.

Palacio septentrional de Herodes el Grande en Masada.

Derecha: El palacio septentrional en Masada, visto desde arriba.

Derecha: Restos reconstruidos del palacio septentrional de Herodes en Masada.

salvarse. Ante tal exhibición de poder, el común del pueblo le seguiría de inmediato. Supuestamente, Judas habría preparado tal situación aprovechando la situación para conseguir dinero. Los que mantienen esta opinión consideran a Judas más bien ciego que malvado. Afirman que sólo al contemplar a Judas de esta manera podemos comprender cómo Judas pudo haberle dado un beso afectuoso a Jesús en el momento del arresto de Jesús, o comprender el posterior suicidio de Judas. Por otra parte, Jesús se refirió a Judas como hijo de perdición (Jn. 17:12).

Los zelotes estuvieron implicados en la revuelta que provocó la destrucción de Jerusalén en el 70 d.C. Se retiraron a su última fortaleza, Masada, al lado del mar Muerto, que habían conquistado a los romanos al principio, y finalmente fueron aniquilados cuando Masada cayó en el 74 d.C. Los zelotes seguían estando activos en los tiempos de la rebelión final de Bar Coqueba en el 135 d.C. que condujo a la prohibición de que los judíos entraran en su propio país y a la final destrucción de Jerusalén.

vidas de manera moral. Los fariseos sobrevivieron a todos los demás grupos, y al desarrollarse sus tradiciones, se convirtieron en los fundadores del judaísmo moderno.

Es difícil comprender por qué hubo un conflicto tan grande entre los fariseos y Jesús, aunque probablemente son varias las razones. Jesús gozaba de popularidad con el común de la gente, en tanto que los fariseos no habían logrado tener mucha influencia (Mr. 12:37; Jn. 12:19). El quid del asunto parece haber estado que, al tratar de vivir conforme a la ley los fariseos, no habían llegado a comprender cuál era el propósito de la ley.

Cuando Dios les dio originalmente la ley, lo hizo como un acto de suprema gracia. La gente estaba en tinieblas, desconociendo lo que Dios demandaba. La ley decía: "Esta es mi norma; si vivís conforme a ella, os salvaré". (Véase p. ej. la historia del joven rico en Mt. 19:16). Parece que los fariseos tomaron la ley y la cambiaron de un acto de gracia en una enorme carga; "Esto es lo que tenéis que hacer; si fracasáis, Dios os castigará; si no fracasáis, entonces es que sois lo suficientemente justos, y Dios deberá aceptaros". Estaba tan alejada esta concepción de la intención de Dios que Jesús la atacó de frente. Una línea de ataque era mostrar que ni siquiera los fariseos más estrictos podían guardar la ley. Estaban corrompidos (Mt. 23:27; Lc. 11:39) en su hipocresía (Mt. 23:23–36), no actuando conforme al espíritu de la ley (Lc. 11:39; 18:9–14). Debido a que esta falsa espiritualidad se encontraba en el centro de su fe, se volvieron contra Jesús junto con los otros grupos.

CAPÍTULO 15

El gobierno y la sociedad

El gobierno es cambiante de país a país, y varía en el mismo país con el paso del tiempo. Puede que se trate de una democracia o de una dictadura, o puede que la forma de gobierno cambie para hacer frente a una nueva situación. Siendo cierto del siglo XX, también lo es de los tiempos bíblicos. La forma de gobierno varió entre el pueblo judío desde el caudillaje patriarcal en la época de Abraham hasta la unión de los clanes bajo Moisés, a la monarquía desde la época del rey Saúl en adelante, a los sacerdotes-reyes del período entre el Antiguo y Nuevo Testamento. Al mismo tiempo, los reinos de Israel y Judá se encontraban en el centro de los grandes imperios: Egipto, Asiria, Babilonia, Persia, Grecia y Roma. No es posible dar en este libro un tratamiento de todas las formas de gobierno de manera detallada; se deberá consultar la bibliografía. Pero hay dos formas de gobierno que son de importancia crucial para comprender la Biblia: el período de la monarquía y el período en que los judíos eran una parte del Imperio Romano.

Las divisiones de la sociedad

No había divisiones dentro de la sociedad en los tiempos de los patriarcas (Abraham, Isaac y Jacob), por cuanto todos formaban parte de una familia. Incluso los esclavos eran considerados miembros de la familia, de modo que Abraham podía contemplar la posibilidad de que su esclavo Eliezer heredara sus posesiones (Gn. 15:2–3). Incluso cuando se desarrollaron los clanes en base de las familias, seguía sin haber divisiones sociales, por cuanto un clan es simplemente una familia que se ha asentado para formar una aldea. En una sociedad así, las leyes eran aplicadas por los ancianos del clan, que presidían sobre los asuntos de la aldea. Había setenta y siete ancianos en Sucot en tiempos de Gedeón (Jue. 8:14). Cuando llegó el tiempo de la monarquía, el término *anciano* se empleaba para denotar a la clase gobernante. Los siervos de Amón que le dieron muerte eran ancianos (2 R. 21:23), y Sedequías se sentía interesado en que Jeremías no reprodujera la conversación que habían tenido ante los príncipes o ancianos (Jer. 38:24–25).

Otro grupo social en la época de la monarquía eran los ricos. Se creía que algunos ricos poseían su riqueza como bendición del Señor (Sal. 1:3; Pr. 10:15–16), pero otros consiguieron su riqueza en formas inicuas. Deuteronomio 10:17 contrasta la justicia de Dios, que es imparcial y no acepta sobornos, con los que muestran parcialidad y practican el cohecho. Proverbios 22:22–23 advierte

La puerta de la ciudad de Dan reconstruida. En los tiempos bíblicos se realizaba gran parte de la actividad comercial en la puerta de la ciudad.

contra el aplastamiento de los pobres y de los afligidos. Aunque algunas tierras cambiaban de manos debido a que los había que eran mejores artesanos que labradores, otros tomaban tierras ilegítimamente mediante falsas acusaciones y confiscaciones (1 R. 21:10–16). Tales personas se convirtieron en ricos terratenientes, y fueron ellos los que tuvieron que contribuir al impuesto del rey Manahem para ayudarle a pagar el dinero de "protección" a los asirios (2 R. 15:19–20).

Además de los ancianos y de los propietarios de tierras había la "gente de la tierra". Eran los hombres libres del país, con unos derechos civiles básicos, y nos encontramos con ellos en todo el Antiguo Testamento (2 R. 16:15; Jer. 1:18; 37:2; Ez. 22:29). Se hacía distinción entre las ofrendas por el pecado ofrecidas por alguien perteneciente a la nobleza (Lv. 4:22–26) y las ofrecidas por alguien del pueblo de la tierra (vv. 27–31). Los miembros de la nobleza debían aportar una ofrenda de un animal macho, mientras que el pueblo de la tierra lo ofrecían hembra.

Además de estas clases del pueblo judío había muchos de los extranjeros residentes que eran libres, pero que no tenían tierras. Por ello, tenían que venderse al servicio de alguien para poder vivir. Se les permitía recoger las uvas caídas en los viñedos (Lv. 19:10) y el rebusco de la cosecha de los cereales (Lv. 23:22). Habría sido fácil aprovecharse de los tales, pero Éxodo 22:20 lo prohibía, por cuanto los mismos judíos habían sido extranjeros en Egipto. Sin embargo, en otros aspectos los extranjeros residentes eran tratados como el pueblo de la tierra (véanse Lv. 25:47; Num. 35:15; Dt. 14:29).

Junto a los libertos había varias clases de esclavos. Los esclavos personales formaban frecuentemente parte de la familia como resultado de la toma de esclavos en acción de guerra (Jue. 5:30; 2 R. 5:2; Jl. 3:6). El rey Peka de Israel sometió a esclavitud a algunos del pueblo del reino de Judá hasta que el profeta Obed presentó una enérgica protesta (2 Cr. 28:8–15). Se esperaba que los judíos tomaran cautivos de otras naciones (Dt. 21:10–14), aunque también les fuera posible comprar esclavos en el mercado de esclavos (Lv. 25:44–45).

Los judíos mismos no se suponía que llegaran a ser esclavos, pero podían vender su trabajo para hacer restitución tras haber cometido un hurto (Éx. 22:3) y para ganar suficiente dinero para pagar una deuda (Lv. 25:47–53). Tenían que ser liberados en el año del Jubileo, o después de siete años (Lv. 25:40; Dt. 15:12–18). Además de los esclavos personales, había esclavos estatales conocidos como los netineos, que se empleaban en la construcción (2 S. 12:31), en el mantenimiento de la marina mercante (1 R. 9:27) y en algunos casos para trabajar en el templo para ayudar a los levitas (Esd. 8:20). Ezequiel dijo que Dios no aprobaba esta práctica (Ez. 44:7–9), pero había comenzado cuando Josué esclavizó a los gabaonitas con este propósito (Jos. 9:27).

La anfictionía

Antes de la institución de la monarquía, la mejor descripción que se podría dar de la relación existente entre los clanes es la de anfictionía, o asociación de vecinos para defender un centro religioso común. Se hizo un pacto formal en Siquem bajo el caudillaje de Josué (Jos. 24). Involucraba el culto a Dios en un santuario común y la observancia de un código de leyes común a todos que fue inscrito en una piedra y dejado en el santuario. Al morir Josué, los clanes aceptaron el liderazgo de cualquier persona que, como Josué, estuviera claramente dotada por el Espíritu de Dios para fines militares (Jue. 13:5) y en ocasiones pacíficos (Jue. 10:3). Algunos ejercieron su autoridad en una pequeña área, pero otros eran líderes nacionales. Sólo Samuel parece haber sido reconocido por todos los clanes (1 S. 7:15).

Por ello, no había ningún gobierno propiamente organizado y poca unidad política. No era muy fácil vivir de esta manera siendo que los judíos se veían constantemente presionados por otros poderes militares. El reconocimiento de un caudillo dotado del Espíritu de Dios implicaba estar dispuestos a esperar a que Dios actuara y la capacidad de ejercer discernimiento espiritual. Pero muchos del pueblo pensaban que sería más fácil si tenían un rey como las otras naciones. El rey estaría siempre a mano para conducirlos, y su descendencia y heredero podrían ser fácilmente identificados. Esta idea se reforzó con el general disgusto por la conducta de los propios hijos de Samuel (1 S. 8:5), y el pueblo pidió tener un rey.

Saúl vino a ser el primer rey, pero no fue rey en el sentido de ser un verdadero monarca. Fue una transición entre los jueces y un verdadero rey. Lo mismo que un juez, fue designado por Dios (1 S. 9:16), recibió el Espíritu (1 S. 10:6), y liberó a su pueblo (1 S. 11:1–11). Pero al mismo tiempo fue reconocido por todos, fue coronado, y Saúl esperaba que su hijo Jonatán le sucediera (1 S. 11:15; 20:31). Cuando finalmente David sucedió a Saúl, fue aceptable no porque fuera pariente de Saúl, sino porque se reconoció que había sido escogido por Dios (2 S. 5:2).

Colina de la ciudad bíblica de Silo, un importante lugar de gobierno durante el tiempo de los jueces.

Había sido ungido (1 S. 16:1) y dotado por el Espíritu (1 S. 16:13). David estuvo todavía en una etapa anterior a la de un verdadero monarca, aunque se dieron más galas regias que en el caso de Saúl.

David y Salomón

El reinado de David y de Salomón son únicos en la historia de Israel. En primer lugar, fueron en realidad reyes de dos reinos más bien que de uno. David fue primero proclamado rey de Judá (2 S. 2:4) y posteriormente rey de Israel (2 S. 5:3). Por ello fue llamado rey de Israel y de Judá (2 S. 5:5; 1 R. 1:35) y no rey sobre un solo reino. Lo mismo sucedió con Salomón, lo que es la razón de que los dos reinos fueran por caminos separados tras su muerte (1 R. 12:16–17). Sin embargo, en aquel tiempo David y Salomón regían un imperio que demandaba una considerable administración (2 S. 20:23–26). En un tiempo de general debilidad entre las grandes potencias, Israel-Judá pudo llenar el vacío de poder (2 S. 8:1–14).

¿Fue Elhanán David?

Elhanán, hijo de un belenita, dio muerte a Goliat geteo, el asta de cuya lanza era como el rodillo de un telar. Es tan similar a David, hijo de un efrateo de Belén, que dio muerte a Goliat de Gat, cuya lanza era como un rodillo de telar (1 S. 17:7), que hay quienes que se preguntan si David era el nombre de coronación, y Elhanán el nombre original.

2 Samuel 21:19

Después de los reinados de David y Salomón, cuando los dos reinos habían perdido la mayor parte de su imperio, difirieron entre sí de una manera importante. En Israel no hubo una monarquía hereditaria, sino una variedad de dinastías. Como con los jueces, el rey podía ser individualmente escogido por Dios (1 R. 11:31; 19:16). En Judá, los reyes eran todos miembros de la dinastía escogida (de David), que había sido él mismo escogido por Dios (2 S. 7:11–12). Cuando la monarquía llegó a su fin y los reinos de Israel y Judá fueron simplemente las provincias de potencias mayores, los judíos constituyeron una comunidad religiosa porque no había la posibilidad de formarla política. Dios era el rey de ellos (Is. 41:21; 43:15) y el sumo sacerdote vino a ser su representante en la tierra. Dentro de este desarrollo del reino había varias corrientes comunes de administración.

La coronación

El reinado del rey comenzaba con la coronación. La primera ceremonia de la coronación tenía lugar en el templo sobre una plataforma elevada (2 Cr. 6:13). Allí se daba su corona al rey (2 S. 1:10) y un documento, o "testimonio" (2 R. 11:12) que decía que él era rey, y que especificaba cómo debía ejercer su autoridad (Sal. 2:7–9). El rey era a continuación ungido (1 R. 1:39; 2 R. 23:30) para separarlo para Dios (véase 1 S. 24:6). Dios podía darle entonces su Espíritu a fin de que cumpliera su papel de rey. Se tocaba la trompeta, y todos gritaban: "¡Viva el rey!", en reconocimiento de la autoridad del rey (1 R. 1:34; 2 R. 11:12, 14).

La segunda etapa de la coronación tenía lugar en el palacio real, donde el rey era entronizado (1 R. 1:46; 2 R. 11:19). El rey podía entonces recibir un nombre especial de coronación. Eliaquim cambió el suyo por el de Joacim (2 R. 23:34), Matanías vino a ser Sedequías (2 R. 24:17), Salum vino a ser Joacaz (1 Cr. 3:15; cp. 2 R. 23:30), y el primer nombre de Salomón puede haber sido Jedidías (2 S. 12:24–25).

Se cantaban cánticos especiales. Puede que se usara el Salmo 2 para la coronación, la ocasión en que Dios consideraba al rey como su hijo (Sal. 2:7), aunque proféticamente el Salmo 2 habla del Mesías. El Salmo 72 era una oración por el rey, y el Salmo 110 era un salmo de entronización que también mira hacia adelante al Mesías. Era por ello una ceremonia tanto religiosa como civil, por cuanto el rey debía tener un puesto especial en la religión del pueblo judío (véanse 2 S. 24:25; 1 R. 3:4; 12:28–29; 2 R. 16:12–16).

La casa real

Había importantes elementos en la casa real, aunque ello parece haberse desarrollado en mayor grado en Judá que en Israel. El harén era un importante signo de posición. Incluso Saúl tuvo un pequeño harén (2 S. 3:7; 12:8), y David parece haberlo tenido mayor (2 S. 5:13; 15:16). El harén de Salomón fue el mayor de todos (1 R. 11:3). El harén no era sólo cuestión de posición sino que era también políticamente útil, porque un rey podía entablar muchas alianzas al recibir a las hijas de otras familias reales en su harén (1 R. 3:1; 16:31).

La posesión del harén era el símbolo del derecho al trono, siendo ésta la razón de que las pretensiones al harén fueran tratadas como traición (1 R. 1:5;

Israel en el tiempo de David y Salomón
Cun
Lebo-hamat
Berota
ARAM (SIRIA)
Damasco
FENICIA
Sidón
Ijón (Jaán)
Dan
Tiro
Usu
Cedes
MAR GRANDE
GESUR
Aco
Quinéret
Mar de Quinéret
Dor
Meguido
Taanac
Bet-seán
Ramot de Galaad
ISRAEL
Siquem
Jordán
Jope
AMÓN
Jazer
Rabá-amón
Gezer
Asdod
Ascalón
Gat
Jerusalén
Medeba
FILISTEA
Gaza
Hebrón
Mar Salado
Aroer
JUDÁ
Beerseba
Camino de los Reyes
MOAB
Zoar
Arroyo de Egipto
Tamar
Cades-barnea
EDOM
Ezión-geber
0 25 50 75 km
0 15 30 45 millas
Territorio de Judá e Israel
Territorio vasallo
Territorio conquistado

El rey Jehú de Israel paga tributo a Salmanasar III de Asiria; detalle del Obelisco Negro de Salmanasar.

2:13–22). El harén era gobernado por la *gebirah* (la gran dama) hasta su muerte, desde la sucesión de su hijo al trono (1 R. 15:13). Ésta es la razón de que a menudo se mencione el nombre de la madre del rey en relación con los reyes de Judá (véase, por ejemplo, 1 Cr. 20:31). Las hijas se quedaban en el harén al cuidado de las mujeres hasta que se casaban, pero los príncipes dejaban el cuidado de las mujeres para establecer sus propios hogares (2 S. 13:7).

Abriendo y cerrando

Este versículo describe la autoridad del señor del palacio. Eliaquim iba a tener la llave de la casa de David, y lo que Eliaquim abriera nadie podría cerrar, y lo que cerrara nadie podría abrir. Estas palabras se emplean de Cristo en Apocalipsis 3:7, debido a que Cristo tiene esta autoridad en el Reino de los Cielos. Se trata de algo totalmente distinto a lo que Jesús le dice a Pedro en Mateo 16:9. El poder de atar y desatar que le fue dado a Pedro fue también dado a los otros discípulos (Mt. 18:18). Cuando alguien actúa en conformidad a la Palabra de Dios, puede ser declarado atado o desatado por alguien que conoce aquella Palabra.
Isaías 22:22

Los cortesanos

Había una considerable cantidad de cortesanos: nobles y siervos. Había cantores (2 S. 19:33–35; Ec. 2:8) y los que se cuidaban de la provisión de alimentos (1 R. 10:4–5), que frecuentemente era para una gran cantidad de personas que comían en palacio (1 R. 18:19). El rey tenía un escudero (1 S. 16:21), que iba con el rey en el mismo carro a la batalla (2 R. 7:2; 9:25), un "amigo" que no tenía más función que la de estar a disposición del rey para hablar con él y buscar su consejo (2 S. 15:32), los que se cuidaban del complejo palaciego (2 S. 9:10), y una guardia personal.

Además de este personal, el rey tenía también a su disposición a varios altos funcionarios. Las listas de los mismos se dan en 2 Samuel 8:16–18; 20:23–26 y 1 Reyes 4:1–6. Incluían al comandante del ejército, al capitán de la guardia, a un heraldo, un secretario, un controlador de los doce gobernadores (véase más adelante en este mismo apartado), al jefe de reclutamientos y al mayordomo del palacio.

Los reinos de
Israel y Judá
MAR GRANDE
Sidón
Damasco
Tiro
Dan
FENICIA
ARAM (SIRIA)
Hazor
GESUR
Aco
Mar de Quinéret
Sunem
Dor
Meguido
Taanac
Bet-seán
Ramot de Galaad
Soco
ISRAEL
Siquem
Peniel
Silo
AMÓN
Jordán
Rabá-amón
Ajalón
Betel
Gezer
Gabaón
Gat
Jerusalén
Gaza
Hebrón
Mar Salado
Arad
Beerseba
FILISTEA
Quir-moab
MOAB
JUDÁ
Tamar
Cades-barnea
EDOM
EGIPTO
0 25 50 75 km
0 15 30 45 millas
Capital
Ciudad santuario
Frontera internacional

Relieve asirio de Nínive representando a la reina con sus acompañantes.

Además de este personal, el rey tenía también a su disposición a varios altos funcionarios. Las listas de los mismos se dan en 2 Samuel 8:16–18; 20:23–26 y 1 Reyes 4:1–6. Incluían al comandante del ejército, al capitán de la guardia, a un heraldo, un secretario, un controlador de los doce gobernadores (véase más adelante en este mismo apartado), al jefe de reclutamientos y al mayordomo del palacio.

Algunos de estos funcionarios estatales tenían una gran importancia. El heraldo tenía a su cargo las funciones ceremoniales e introducía a los que solicitaban audiencia del rey. Joa era heraldo (o canciller) en los tiempos de Ezequías (2 R. 18:18; véase también Is. 36:3, 11, 22). El secretario era responsable de toda la correspondencia, y controlaba el dinero para las obras de reparación del templo (2 R. 12:10). Fue cuando Safán era secretario que descubrió el libro de la ley que leyó ante el rey Josías (2 R. 22:10). El mayordomo del palacio era jefe del secretario (Sebna fue degradado de mayordomo de palacio a secretario, Is. 22:15; cp. con 36:3). Era una especie de visir, como lo había sido José en Egipto, y que literalmente gobernaba él el reino en nombre del rey. Abdías tenía este cargo en la corte de Acab (1 R. 18:3).

Los prefectos estaban cada uno de ellos al cargo de un distrito administrativo que suministraba alimentos en cantidad suficiente para un mes para los miembros de la corte, y forraje para los animales (1 R. 4:7–19). Dos de los gobernadores en un tiempo fueron yernos de Salomón (vv. 11, 15). Los doce gobernadores eran supervisados por un funcionario. Un cargo paralelo era ejercido por un funcionario que organizaba las levas mediante las cuales se reclutaban hombres capaces durante parte del año, obligados a servir en los proyectos de construcción (2 S. 20:24).

Finanzas

Es evidente que una organización así exigía una gran cantidad de gastos. Pero las finanzas durante la monarquía se organizaban de una manera muy distinta a como se hace en la actualidad. Los gastos del rey eran los gastos del reino. El rey pagaba al ejército, pero él recogía los fondos (2 Cr. 17:5). Había poca o ninguna distinción entre la tesorería civil y la del templo. El rey entregaba dinero a la tesorería del templo tras una victoriosa campaña militar, como lo había hecho Josué (Jos. 6:14), pero empleaba dinero de la tesorería del templo cuando lo necesitaba (1 R. 15:18; 2 R. 12:18).

El sistema legal

Una de las notables instituciones de los tiempos bíblicos la constituía el sistema legal judío. Era muy diferente de cualquier cosa que existiera en ninguna sociedad coetánea. En Egipto no existía ninguna ley escrita, y los sistemas legales de Babilonia y de otras naciones no eran documentos a los que se hiciera referencia judicial, sino que se trataba de colecciones de los juicios del rey para uso del pueblo. El juicio era la acción del rey, que no sólo hacía la ley, sino que en realidad era la ley. Ninguna otra nación tenía un sistema legal al que estuvieran sujetos tanto los reyes como los gobernantes y al que se tuviera que hacer referencia.

Los pronunciamientos legales dados al pueblo judío eran de dos formas. Uno tenía la estructura: "Si... y... entonces...", que se conoce en ocasiones como ley casuística (leyes de comportamiento, resolviendo cuestiones de lo que es correcto e incorrecto). Por ejemplo, "si alguno hiriere a su siervo o a su sierva con palo, y muriere bajo su mano, será castigado" (Éx. 21:20). La mayor parte de las leyes de este tipo eran similares, si no idénticas, a muchos de los juicios emitidos por gobernantes en la sociedad que los rodeaba. Dios estaba en realidad tomando la ley consuetudinaria que la gente comprendía, y dando su sanción a unas leyes específicas de modo que constituyeran un código legal.

La otra clase de ley es directa: "No matarás", y "Acuérdate del día de reposo para santificarlo", que recibe el nombre de ley apodíctica (de verdad absoluta). Esta forma de pronunciamiento no se encuentra en ningún otro sistema legal, pero sí en tratados contemporáneos de soberanía empleados por los hititas. Un tratado de soberanía era suscrito cuando un rey vencedor (el soberano) imponía su voluntad sobre el pueblo vasallo. Siempre seguía una forma normativa en la que había una descripción del rey y de las buenas cosas que había ejecutado. Esto iba seguido por un conjunto de declaraciones de la relación que debería existir entre el pueblo conquistado y él mismo, y entre el pueblo conquistado y otros pueblos. Luego seguía una lista de leyes casuísticas y una lista de bendiciones y de maldiciones para los que observaran y para los que dejaran de observar el tratado.

Un cuidadoso examen de los Diez Mandamientos en Éxodo 20 revelará que constituyen un ejemplo de esta estructura, comenzando con "Yo soy Jehová tu Dios, que te saqué de la tierra de Egipto" (Éx. 20:2), y acabando con bendiciones y maldiciones (Éx. 23:20–33). Aunque la forma es familiar, su contenido es único. Es a la vez una ley religiosa y un cuerpo de enseñanza. Hay otras varias maneras

Una ley para la sociedad

Levítico 4 es un ejemplo de una ley que no era inmediatamente aplicable a la sociedad contemporánea, debido a que en la vida de clanes que existía en el éxodo no existían tales distinciones en la sociedad. Levítico 19 y 23 fueron escritos antes que los judíos tuvieran campos y viñedos. Es común leer en muchos libros acerca del texto del Antiguo Testamento que estas leyes pertenecían realmente a un período posterior de la historia de Israel, y que fueron "proyectadas retrospectivamente" a este período. Es preferible aceptar que Dios preparó el desarrollo de la sociedad dando leyes que lo contemplaban.

Es interesante comparar las leyes en Éxodo 20 con las de Deuteronomio y con las de Levítico, porque se corresponden con tres etapas sucesivas del desarrollo de la historia judía. A este respecto son interesantes las leyes de liberación de los esclavos. En Deuteronomio 15:12–18 los esclavos debían ser liberados después de siete años, y cuando el rey Sedequías no lo hizo, Jeremías le indicó esta ley septenal (Jer. 34:8–14). La ley en Levítico 25:40 parece ser para un período posterior, porque no se aplican los períodos más breves para la esclavitud. Jeremías no la citó como apropiada para su tiempo.

Levítico 4:22–31; 19:10; 23:22

en que el sistema legal judío destacaba de entre la ley coetánea de aquellos tiempos:

1. Se dan motivos para justificar algunas de las leyes. En Éxodo 23:9 se dice que los judíos no debían oprimir a los extranjeros, por cuanto ellos mismos lo habían sido en Egipto. En Éxodo 20:5 se declara que no se deben hacer ni honrar imágenes, porque Dios es un Dios celoso.

2. Hay severas penas para los crímenes contra Dios (idolatría y blasfemia) y en contra de aquello que dañaba a la relación entre el pueblo y Dios (la bestialidad, la sodomía y el incesto). La pena de muerte era el castigo para todo esto.

3. Por lo general, los castigos dictados eran moderados. No había mutilaciones corporales, y los azotes estaban limitados a cuarenta golpes. Había disposiciones especiales para el homicidio. El vengador, o go'el, estaba muy limitado en cuanto a lo que podía hacer para tomarse la justicia por su mano. Se dispusieron ciudades de refugio en las que la acusación contra un hombre por haber matado a otro pudiera ser vista. Si se encontraba que se trataba de un asesino, la pena era de muerte. Pero si se trataba de homicidio accidental, se le daba libertad dentro de la ciudad, pero no fuera de ella (Nm. 35:9–34; Dt. 4:41–43; 19:1–13). El santuario de Dios, bien el tabernáculo, bien el templo, era

Desde Jueces hasta el reino dividido

Fecha	Ref. bíblica	Juez	Opresor/Descanso
1367-1359	Jueces 3:8		Opresión aramea/ mesopotámica en los días de Asur-ubailit
1359-1319	Jueces 3:11	Otoniel	DESCANSO
1319-1301	Jueces 3:14		Moabitas
1301-1221		Aod, Samgar	DESCANSO
1221-1201	Jueces 4:3		Cananeos
1201-1161	Jueces 5:31	Débora y Barac	DESCANSO
1161-1154	Jueces 6:1		Madianitas
1154-1110	Jueces 8:28	Gedeón, sus hijos	
	Jueces 9:22	Abimelec	
	Jueces 10:1–5	Tola, Jair	Amonitas
1110-1104	Jueces 12:7	Jefté	
1104-1064	Jueces 13:1	Ibzán, Elón, Adbón	Filisteos (I)
	Jueces 15:20, 16:31	Sansón (c. 1094-1074)	
	1 Samuel 4:18	Elí (40 años; Septuaginta = 20)	
1064-1044	1 Samuel 7:2	Samuel	Filisteos (II)
1044-1004	Hechos 13:21	Saúl	
1011-971	2 Samuel 5:5	David	
971-931	1 Reyes 11:42	Salomón	
931	1 Reyes 12:19	División del reino	

también un lugar en el que la persona se encontraba a salvo del vengador de la sangre cuando hubiera cometido un crimen (Éx. 21:12–14).

4. El rey no promulgaba leyes, por lo cual no había leyes estatales. Aunque él era juez (véase 2 Cr. 17:9; 19:5–7), tenía también que someterse a la ley él mismo.

Por ello, la ley del Antiguo Testamento fue de hecho un don de la gracia de Dios.

Los jueces

En los días antes de la monarquía, cada jefe tribal era un juez (Jos. 7:19–26), y durante el tiempo de la anfictionía había jueces locales, e incluso "de apelación", a los que se podía acudir (1 S. 7:15–17; 12:3–5). Pero, por lo general, la justicia quedaba en manos de los ancianos locales, que trataban de las cuestiones locales en la puerta de la ciudad (Am. 5:10). Podían pronunciar la pena de muerte si el caso lo requería, y la ejecución era llevada a cabo por los testigos (Dt. 21:18–21). Este sistema local prevaleció durante toda la historia de Israel, pero se añadieron instancias. El rey era siempre "juez de última instancia" (2 S. 12:1–6; 15:2–4; 1 R. 3:16–18), y cuando la tarea se le hizo demasiado pesada, delegó algo de su trabajo a jueces profesionales, como había hecho Moisés (Éx. 18:13–27; Dt. 16:18–20; 2 Cr. 19:5–11).

Parece que en Jerusalén había habido una corte de justicia compuesta por sacerdotes, levitas y cabezas de familia para tratar con los casos legales de la ciudad, pero que actuaba también como tribunal de apelación. El sumo sacerdote presidía sobre los asuntos religiosos, y el cabeza de la casa de Judá sobre los civiles. Éste puede haber sido el modelo para el Sanedrín, con el que nos encontramos en tiempos del Nuevo Testamento (véase por ejemplo Hch. 4:5–7). Si el tribunal no podía decidirse, se le pedía a Dios que decidiera (Éx. 22:8). Esto podía significar la invocación de una maldición sobre uno mismo, el juicio mediante una prueba (Nm. 5:11–31), o revelaciones echando suertes (Jos. 7:14–15; Pr. 18:18). Posiblemente hubo ocasiones en que se emplearon las suertes sagradas, el Urim y el Tumim, que se guardaban en el pectoral del Sumo Sacerdote, con este propósito.

Modelo del pórtico del templo en Jerusalén. En este edificio se reunía la corte judía del Sanedrín en los tiempos del Nuevo Testamento.

El Imperio Romano

Augusto César.

El Imperio Romano fue un segundo período de suma importancia para el pueblo de las tierras bíblicas. El nacimiento de Jesús queda claramente expresado en términos de tiempo romano: "Aconteció en aquellos días, que se promulgó un edicto de parte de Augusto César, que todo el mundo fuese empadronado. Este primer censo se hizo siendo Cirenio gobernador de Siria" (Lc. 2:1–2). Hacía poco que Roma tenía un emperador. Durante cientos de años había sido una república, gobernada por un senado de personas que habían demostrado sus capacidades en actividades públicas. Dos magistrados principales eran elegidos para estar al frente de la república por un año, después de lo cual volvían al senado. Eran representantes de los dos principales grupos sociales de los romanos.

Al emprender la República su expansión por medio de guerras y conquistas, los jefes militares, apoyados por sus leales tropas, se convirtieron en los personajes más poderosos de la República. Unos cincuenta años antes del nacimiento de Jesús, tres poderosos generales dominaban los entresijos de la política de Roma, y el senado no se atrevía menospreciarlos: Pompeyo (que tuvo la responsabilidad, entre otras cosas, de integrar a los judíos en el Imperio Romano), Craso, y Julio César. Era inevitable que hubiera una lucha por el poder y una guerra civil.

Julio César fue finalmente el vencedor, y se convirtió en dictador. Antes de ser asesinado en el foro, Julio había dispuesto que le sucediera su sobrino Octavio. Otra vez se dio un enfrentamiento, entre

Julio César.

Tiberio César.

los que apoyaban el régimen republicano (y que por ello habían planeado la eliminación de Julio César) y Octavio. Venció Octavio César, y el pueblo, agradecido por la paz, le dio el título de "Augusto" cuando fue hecho emperador.

El gobierno en las provincias
Para el control del imperio, se acordó que Augusto gobernaría aquellas áreas en las que había agitación entre la población local o una amenaza de invasión exterior. Este plan se basaba en que el emperador tenía el control absoluto del ejército. Ello significaba que gobernaba por medio de comandantes militares, o legados, que ejercían estas funciones por períodos de cinco años. Cirenio era un legado (Lc. 2:1). Cuando había áreas menores involucradas, se designaban procuradores que respondían ante el legado. Siria (que incluía a Judea) estaba bajo el control del emperador debido a que había mucha agitación en el seno de la población, y debido a que los partos constituían una continua amenaza en la frontera oriental del Imperio. En las provincias en las que no existían estos peligros, el Senado designaba a un procónsul (anteriormente a un cónsul) como gobernador cada año.

En algunas áreas se permitía que reinaran reyes vasallos si seguían la línea de Roma. Herodes el Grande reinó desde el 40 a.C. hasta el 4 d.C. como rey vasallo (Mt. 2:1). Cuando murió Herodes, su reino fue dividido entre sus hijos. Galilea y Perea fueron asignadas a Herodes Antipas; Herodes Felipe recibió Iturea y Traconite, y Arquelao gobernó Samaria, Judea e Idumea (Edom). Arquelao (Mt. 2:22) no pudo mantener el orden, y por ello fue designado un procurador romano (inicialmente llamado un prefecto), sujeto al legado de Siria. Poncio Pilato fue el quinto procurador, y controló el área anteriormente gobernada por Arquelao, pero sin jurisdicción sobre el área de Galilea y Perea, administrada por Herodes Antipas (véase Lc. 23:5–6).

Pero esto no fue el fin de las relaciones entre la familia de Herodes y los procuradores romanos. Cuando murió Herodes

Parte del antiguo foro, Roma.

Nerón.

Tito.

BRITANIA
OCÉANO
ATLÁNTICO
GERMANIA
INFERIOR
Rin
LUGDUNENSE
BÉLGICA
GERMANIA
SUPERIOR
RECIA
Danubio
NÓRICO
AQUITANIA
PANONIA
NARBONENSE
ALPES PENINOS
DALMACIA
Salona
LUSITANIA
TARRACONENSE
ALPES
COTIOS
ALPES
MARÍTIMOS
Roma
CÓRCEGA
ITALIA
BÉTICA
CERDEÑA
EPIRO
Cartago
SICILIA
Siracusa
MAURITANIA
ÁFRICA
M A R
Imperio Romano en el 14 d.C.
Estados cliente
Límites de las provincias
Imperio Romano en su mayor extensión en el 116 d.C.
Calzada romana
0
250
500 km
0
100
200
300 millas

El Imperio Romano en los tiempos de Cristo

El gobierno de Palestina en los tiempos de Cristo

Felipe y fue depuesto Herodes Antipas, otro joven miembro de la familia, Herodes Agripa I, accedió al gobierno de Galilea, Perea, Iturea y Traconite. Debido a que Agripa I se había criado en la corte de Roma, se le permitió ser rey de los judíos, como también lo había sido su abuelo Herodes el Grande, y tomar el control también del área que había estado sujeta a procuradores. Todo esto se le subió a la cabeza y, además de lanzarse a la persecución de los primeros cristianos (Hch. 12:1–5), se imaginó ser un dios, y por esta blasfemia fue abatido (Hch. 12:20–23).

El acueducto romano, Cesarea.

Su hijo, Herodes Agripa II, no tuvo el patrocinio de Roma en el mismo grado que

Herodes el Grande y su familia

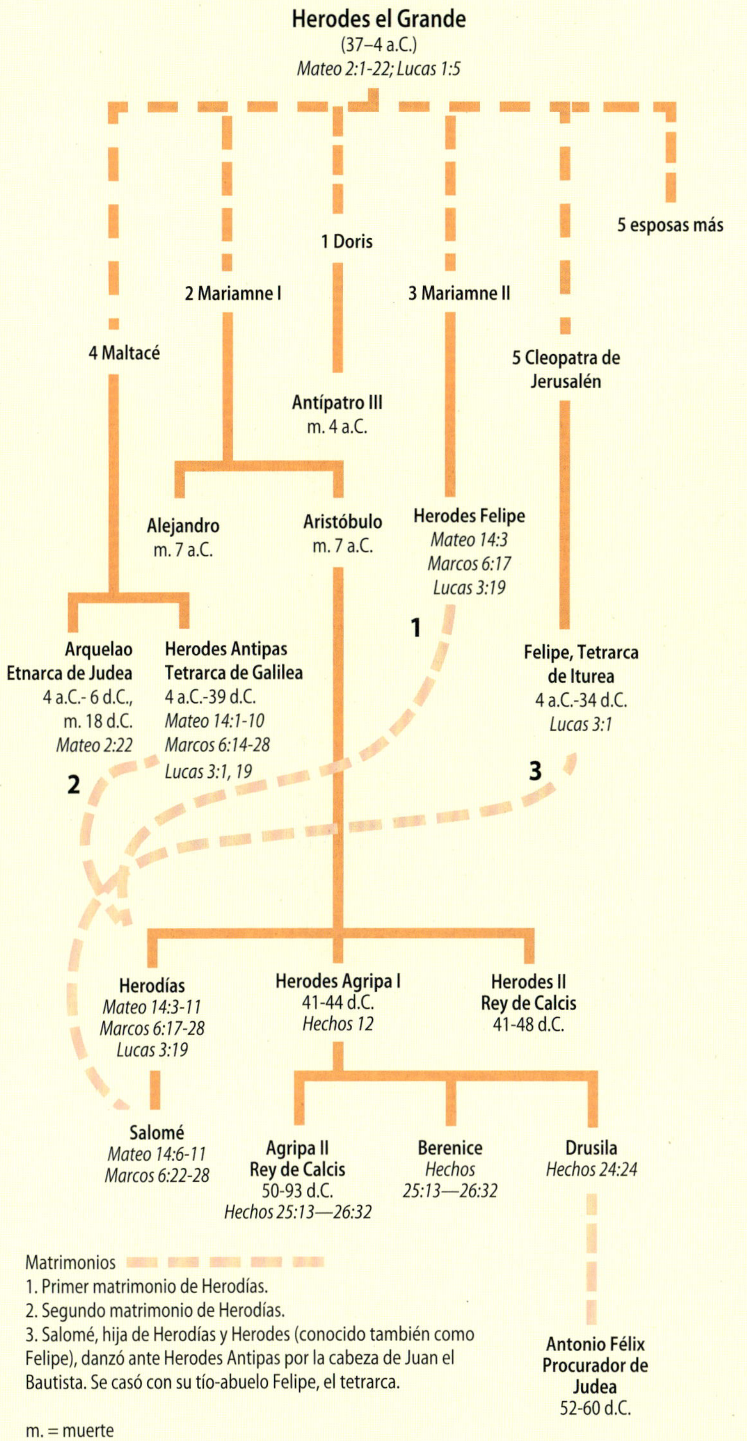

La puerta romana, Porta Nigra, Tréveris, Alemania.

su padre. Se le dio Iturea y Traconite, pero los procuradores Félix (Hch. 24:2) y Festo (Hch. 24:27—25:1) asumieron el control del resto del país. Agripa II se presentó como experto en asuntos judíos para ayudar a Festo a evaluar la posición de Pablo (Hch. 25:13–27).

En el imperio había también provincias pacíficas. Estas eran gobernadas por dos magistrados con el rango de procónsul, establecidos en la capital de la provincia. Eran directamente responsables ante el Senado. Los procónsules de Filipos quisieron que Pablo y Silas salieran de la ciudad cuando se dieron cuenta de que Pablo, que era ciudadano romano, había recibido malos tratos (Hch. 16:35). El escribano de Éfeso se sintió preocupado de que la agitación en la ciudad en reacción a Pablo pudiera causar problemas, y por ello alentó a Demetrio y a los plateros a que iniciaran acciones legales ante los procónsules (Hch. 19:38), que eran los magistrados.

A algunas ciudades de gran importancia, como Atenas, se

Derechos de ciudadanía

Cuando Pablo estaba atado e iban a azotarlo, se llenaron de consternación cuando pudieron constatar que se trataba de un ciudadano romano, porque este trato a un ciudadano era contrario a la ley. El tribuno, que era el oficial que mandaba a la guarnición de Jerusalén, había evidentemente comprado su ciudadanía en una ocasión en que se había puesto a la venta. Si Pablo nació libre y provenía de Tarso de Cilicia, es probable que su padre hubiera hecho algún servicio a la república (no al imperio) por el cual le había sido conferida la ciudadanía, a él y a su familia.

Hechos 22:25–29

El teatro romano, Bet-seán, Escitópolis, en los tiempos bíblicos.

les permitía el autogobierno y se les concedía la exención de impuestos, siempre que mantuvieran la paz. En Atenas había un "comité educativo" como parte de la organización de la ciudad. Pablo tuvo que explicar sus enseñanzas a este "Areópago", como era llamado (Hch. 17:19). Cuando por razones políticas era prudente conceder alguna forma de autogobierno, los romanos lo permitían. Incluso en Judea, donde siempre había posibilidad de perturbaciones, los judíos tenían permitido su propio consejo de gobierno del Sanhedrín, que trataba de las cuestiones religiosas (Mt. 27:1; Hch. 4:5–21; 5:21–41).

Aunque el gobierno romano podía ser opresor, también traía beneficios. Se imponía la ley y el orden, actuando los soldados como policía en tiempos de paz (Mt. 27:65). Es cierto que podían ser empleados para acabar con motines y castigar a las poblaciones locales (Pilato fue llamado a Roma porque empleó tropas para hacer una matanza en una reunión religiosa en Samaria), pero el ejército aseguraba la tranquilidad de los viajeros al limpiar los campos de salteadores y el mar de piratas.

Las carreteras romanas, ya descritas anteriormente en este libro, facilitaban la rapidez de los desplazamientos. Muchos apreciaban los

Emperadores romanos de los tiempos bíblicos

Nombre	Reinado	Eventos cristianos	Referencia bíblica
Julio	49-44 a.C.		
Augusto	27 a.C. – 14 d.C.	Nacimiento de Jesús	*Lucas 2:1*
Tiberio	14-27 d.C.	Ministerio y muerte de Jesús	*Lucas 3:1*
Calígula	37-41 d.C.		
Claudio	41-54 d.C.	Judíos expulsados de Roma	*Hechos 11:28; 18:2*
Nerón	54-68 d.C.	Juicio de Pablo y persecución en Roma	*Hechos 25:10-12; 27:24*
Galba	68-69 d.C.		
Otón	69 d.C.		
Vitelio	69 d.C.		
Vespasiano	69-79 d.C.	Destrucción de Jerusalén	
Tito	79-81 d.C.		
Domiciano	81-96 d.C.	Persecución	
Nerva	96-98 d.C.		
Trajano	98-117 d.C.		
Adriano	117-138 d.C.		

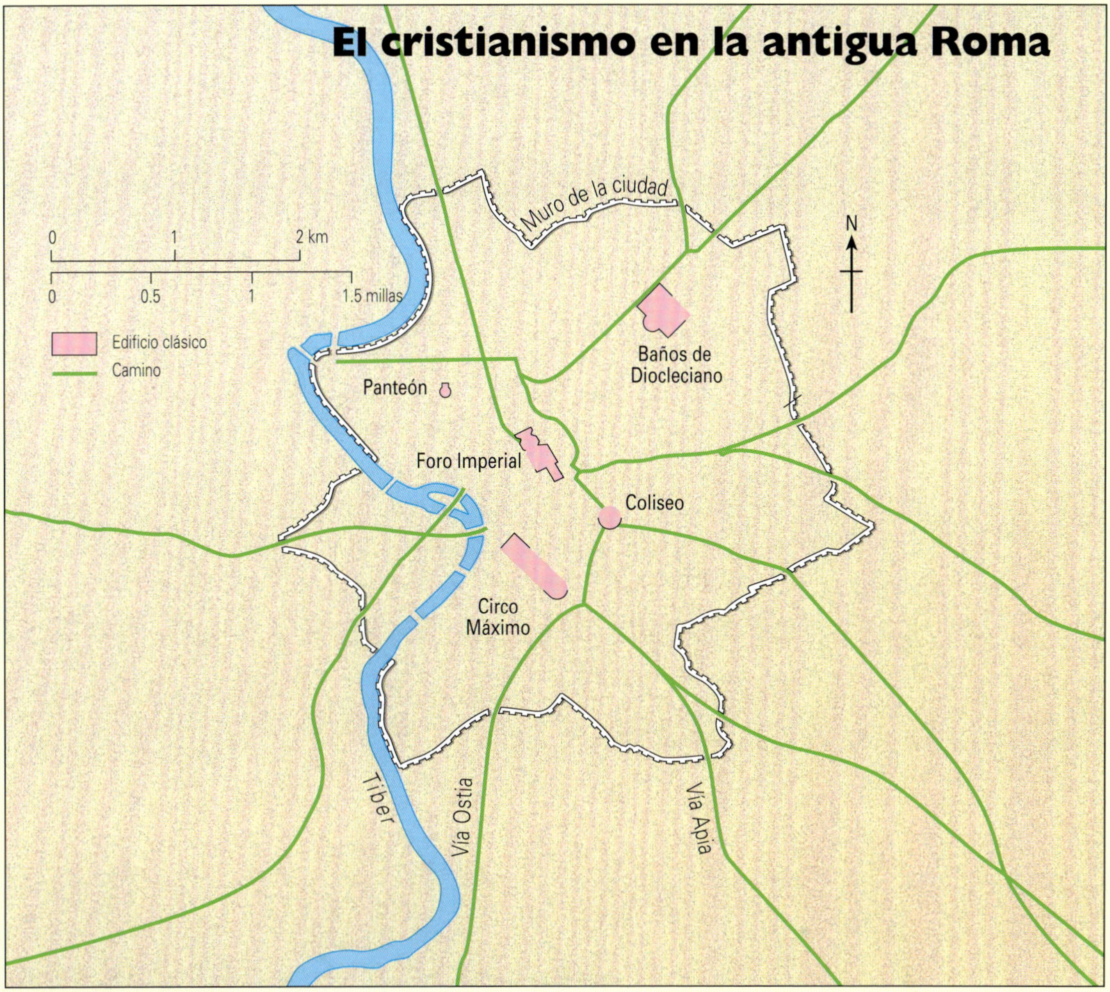

El coliseo, Roma, lugar de las peleas de gladiadores, recreaciones de batallas navales y el martirio de cristianos.

edificios, los entretenimientos y el suministro de agua. La ciudadanía romana misma confería muchas ventajas, una de las cuales era que ningún ciudadano podía ser castigado sin haber sido juzgado (véase Hch. 16:38). Los nacidos en Roma fueron originalmente los únicos ciudadanos, pero la ciudadanía se extendió a aquellos que hubieran hecho grandes servicios al imperio, y ellos podían transmitir los privilegios a sus hijos. Posteriormente, cuando el imperio se encontró con dificultades económicas, la ciudadanía podía ser comprada por los que estuvieran dispuestos a pagar el precio.

CAPÍTULO 16

La guerra

La guerra es una empresa costosa. Cuando se mandan tropas fuera del país se pierde mano de obra. Las armas, los vestidos, alimentos y otros suministros necesarios para un ejército tienen que ser pagados. No es posible lanzarse a una gran campaña bélica ni a un rey tener un gran ejército hasta que se posean fondos para financiarlo. Las finanzas estuvieron a disposición de los judíos en tiempos de Salomón, y fue sólo en este tiempo que la nación tuvo un ejército permanente, incluyendo carros y quizá caballería. En otros tiempos se tenían que buscar otros medios para hacer la guerra. Si el

Soldados del mundo antiguo. De izquierda a derecha: un egipcio, un filisteo, un lancero asirio, un babilonio, un griego y un arquero israelita.

pueblo judío no podía hacerlo, se veían sometidos a naciones más poderosas que tenían los recursos para mantener un gran ejército, y al pagar por ello dinero en forma de "tributo", en realidad ayudaban a proveer a los recursos de estas naciones.

Antes de la monarquía

Antes de los tiempos de la monarquía, se intentaba que cada hombre capaz estuviera listo para tomar las armas. Así era en tiempos de Abraham. Cuando su sobrino, Lot, fue tomado cautivo, Abraham tomó consigo a 318 guerreros de su familia, y por medio de la sorpresa con un ataque nocturno pudo rescatar a Lot y conseguir un botín considerable (Gn. 14:14–16).

Así también era en tiempos de los jueces, pero en esta ocasión el "juez" podía movilizar a todos los hombres capaces de más de veinte años para que participaran en la operación. Cuando Débora y Barac resistieron a los cananeos, llamaron a gentes de la tribu de Efraín, de Benjamín, de Zabulón, de Isacar, Rubén, Dan, Aser y Neftalí (Jue. 5:14–18), y los únicos que no respondieron al llamamiento fueron los de Meroz (Jue. 5:23). Las tribus de Simeón y de Judá no fueron llamadas en esta ocasión.

Por otra parte, Saúl llamó a la reunión de los ejércitos de todas las tribus

cortando dos bueyes en doce pedazos (1 S. 11:7). En esta ocasión fueron en auxilio de Jabes de Galaad (1 S. 11:1–2). La lucha era un deber religioso. Durante este período no había ejército regular, el entrenamiento era deficiente, y había pocas armas. Está claro que los judíos creían que Dios estaba de su lado. Él era el Dios Todopoderoso (1 S. 15:2), el Dios de los ejércitos de Israel (1 S. 17:26), pero no conseguía sus victorias por medio de ejércitos grandes y bien equipados.

Se enviaron espías a Jericó, y encontraron a una aliada en Rahab (Jos. 2:1–7). La ciudad fue tomada tras una dedicación ritual de la ciudad a Dios, que redujo a sus moradores a un total temor (Jos. 6:1–5). Las murallas mismas pueden haber sido sacudidas por un terremoto programado por Dios. Ai no pudo ser tomada mediante un ataque a pecho descubierto, pero se atrajo a los defensores a la batalla fuera de la ciudad, de manera que la ciudad pudiera ser tomada e incendiada después por soldados emboscados (Jos. 8). Los cananeos se dejaron llevar por el pánico por el ataque por sorpresa, y quedaron desmoralizados bajo una intensa tormenta de granizo (Jos. 10:9–11). En una época en que las huestes israelitas no tenían carros para enfrentarse a los cananeos, los carros cananeos quedaron inservibles al quedar atascadas las ruedas en el espeso fango cuando el río Cisón se desbordó (Jue. 5:21). Gedeón derrotó a los desmoralizados madianitas (Jue. 7:21) por medio de un ataque por sorpresa con un puñado de hombres decididos en medio de la noche (Jue. 7:19–20). Estas tácticas eran usuales en las milicias israelitas cuando no había ejército regular.

El ejército de Saúl y David

La formación del ejército tuvo lugar entre los tiempos de Saúl y de Salomón. Saúl reunió a su alrededor a hombres valientes como guardia personal (1 S. 14:17), y esto fue el comienzo de un grupo de oficiales profesionales. Fue sobre esta base que David mismo se unió a Saúl al principio (1 S. 18:2), y, después de dar muerte a Goliat, la capacidad de David llevó a Saúl a inquirir si había otros en su familia que tuvieran capacidades similares (1 S. 17:57–58). En aquellos tiempos el ejército no tenía un suministro adecuado. O bien los suministros eran dados por las familias de los soldados (1 S. 17:17–18), o bien viviendo de los frutos de la tierra (1 S. 25:18–19).

La guardia personal de David era de mayor tamaño y por ello más estructurada. Mientras huía del rey Saúl, se le unieron un grupo considerable de varios cientos, que vinieron a constituir un ejército privado. Había seiscientos en el grupo, y treinta de ellos vinieron a formar un núcleo de oficiales (véase 2 S. 23:8–39). Abisai era el Jefe del Estado Mayor (v. 18), Joab el general en jefe (2 S. 20:23), y Benaía era el jefe de guardia de David (2 S. 23:23, cp. 20:23). Como ejército privado, aterrorizaron al país mientras que David se encontraba en el exilio en Siclag (2 S. 27:8–12) y vinieron a ser la base de un ejército regular permanente cuando David vino a ser rey (véase 1 Cr. 27:1–15, y compárense los nombres con 2 S. 23:24–39).

Junto con los expertos en el ejército permanente, las necesidades de personal se suplementaban mediante un "ejército territorial", que se reclutaba entre las tribus sobre una base de rotación. A pesar de que se servía de expertos (1 Cr. 12:2, 8, 32–33) y aunque comenzó a emplear a sus tropas en choques frontales con el enemigo (2 S. 8; 10:9–19), no se mantenía un ejército poderoso. Halló necesario retener sólo cien caballos, cuando surgió la oportunidad, como base para una fuerza de carros (2 S. 8:4). Con el empleo de su ejército pudo ampliar su reinado de modo considerable, y el resultado de ello fue que pudo incorporar a mercenarios extranjeros en su guardia personal. Los cereteos y peleteos provenían de los filisteos. Probablemente fue debido a que quería saber las fuerzas de que realmente disponía lo que llevó a David a efectuar un censo, de consecuencias tan desastrosas (2 S. 24; esp. v. 2).

El ejército de Salomón

Fue Salomón quien constituyó un ejército profesional, porque por medio de los impuestos y del comercio pudo acumular suficientes fondos para pagarlo (1 R. 10:25–27). En épocas de emergencia nacional el ejército regular era suplementado mediante levas. Los oficiales de reclutamiento pasaban en tales ocasiones por las tribus, y seguían siendo usados mucho tiempo después (2 R. 25:18; 2 Cr. 11:1). Salomón también construyó las ciudades fortificadas para proteger las principales vías de comunicación de entrada y paso por su reino, y preparó unidades de carros para defender las ciudades (2 Cr. 1:14).

En Deuteronomio 20:5–9 se establecieron varias normas para el reclutamiento. Aquellos que hubieran edificado una casa pero que aún no hubieran efectuado la ceremonia religiosa de dedicación de la misma; aquellos que todavía no

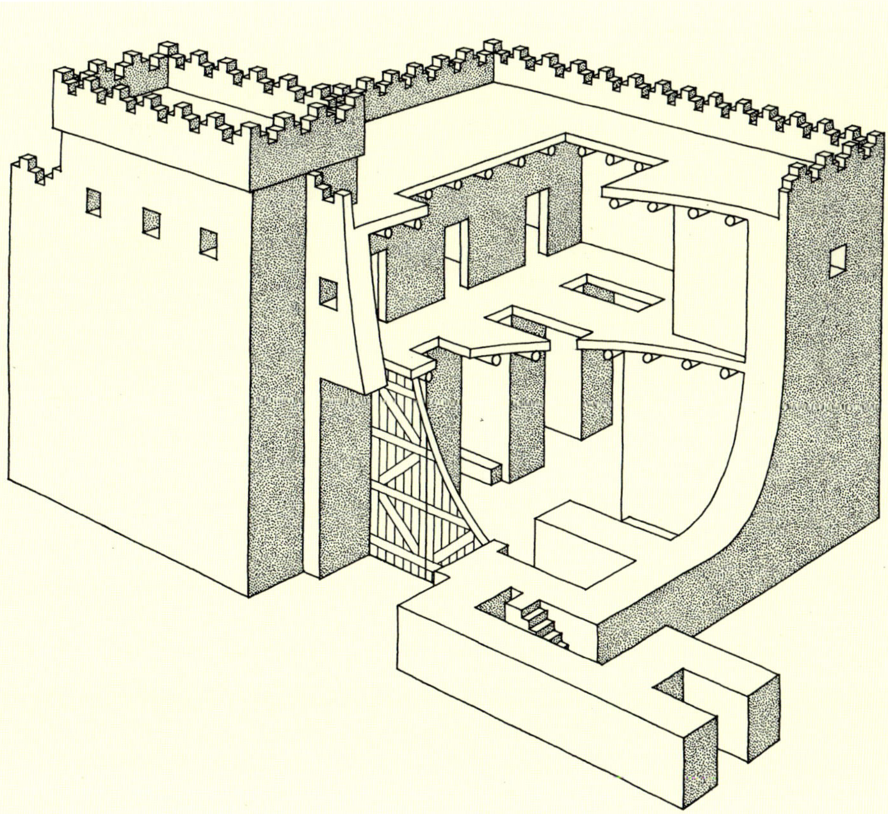

Corte transversal que muestra las medidas defensivas tomadas para reforzar las puertas de las ciudades antiguas en el Oriente Medio a causa de los ataques enemigos.

La ciudadela de Arad ha sido parcialmente reconstruida para mostrar cómo era su estructura original. Salomón la fortificó como una de sus fortalezas.

hubieran gozado de la primera cosecha de un viñedo recién plantado; aquellos que estuvieran comprometidos pero no casados; aquellos que hubieran perdido el entusiasmo por la guerra (¿los ancianos?), quedaban exentos. No se trataba sólo de un trato humano, sino que venía del seguimiento de una convicción religiosa en aquel tiempo, en la que se mantenía que todas las empresas debían ser llevadas a su buen fin.

Al declinar tras Salomón la riqueza del reino, se fue haciendo más y más difícil mantener un ejército profesional en orden de batalla. Hacia el final de la monarquía, y hacia la época de los macabeos, el ejército judío pasó a ser una milicia, y en los tiempos del Nuevo Testamento dejaron en absoluto de tener ejército. Los judíos eran eficaces en los montes, donde estaban a la orden las tácticas de sorpresa y la lucha cuerpo a cuerpo, pero eran mucho más vulnerables en las llanuras, donde sus enemigos podían desplegar carros de guerra. Es por ello que el Dios de Israel fue considerado (incorrectamente) como un Dios de los montes y no un Dios de los llanos (1 R. 20:23).

El soldado de a pie

Durante el surgimiento y la decadencia del ejército judío, su núcleo y base fue la infantería. Por ello, las armas del infante eran fundamentales. En la Biblia tenemos los nombres hebreos para las armas, y no es fácil identificarlos.

Existían las armaduras protectoras. Los asirios empleaban cascos altos y en punta, que cubrían los oídos. Las cotas de malla consistían en escamas de metal cosidas a una túnica. El casco y la armadura de Saúl eran probablemente un artículo casi único en Israel en aquella época, sólo a su disposición porque era el rey. No era en absoluto inusual que un

Grandes pérdidas militares

Aunque en tiempos de Amós existía un ejército regular, los oficiales de reclutamiento seguían actuando en épocas de emergencia nacional, movilizando al noventa por ciento de los hombres capaces. Lo que este pasaje nos comunica es que los ejércitos han de quedar tan totalmente destruidos que no quedará nadie para contarlo.
Amós 5:3

soldado fuera armado sólo con un arma como una honda. Saúl estaba deseoso de proteger a David con la armadura porque era la costumbre que los campeones decidieran el resultado de la servidumbre en lugar de mediante una batalla general en la que la mayor parte de los contrarios quedarían mutilados o serían muertos. Saúl no quería dejar nada al azar (1 S. 17:38–40).

Los escudos eran redondos, y estaban hechos de cuero, que era tensado sobre un marco de madera con un asa. Era necesario aceitar el cuero para impedir que se agrietara (2 S. 1:21). Como armas los infantes llevaban una espada corta (prácticamente una daga), enfundada a su izquierda, y una jabalina (1 S. 18:10–11). Se empleaban también con frecuencia las lanzas. Éstas parecen haber sido unas armas cortas y aguzadas para la lucha cuerpo a cuerpo (Nm. 25:7–8; 2 Cr. 11:12).

Había tropas especializadas en el empleo de la honda. Las hondas eran armas eficaces cuando sus piedras, de una forma y tamaño parecidos a los de una naranja pequeña, eran lanzadas con devastadora precisión y fuerza (Jue. 20:16; 2 R. 3:25). Los arqueros eran también especialistas. Para hacer las flechas se fijaban, sobre un asta de madera, puntas de metal, bien planas, bien con tres o cuatro aletas, a veces barbadas para que no pudieran quitarse de la herida. Los primeros arcos eran poco más que piezas de madera elástica cuyos dos extremos eran unidos con una banda de tripa de oveja secada; pero durante su imperio, los asirios los fabricaban de madera laminada y cuerno, lo que daba a los arcos gran potencia y capacidad de penetración. Estos arcos eran demasiado caros

Modelo a escala de la antigua fortaleza de Meguido en los tiempos de Salomón.

para muchas naciones, y esto llevó a la superioridad del ejército de Asiria.

Los carros de guerra

El carro de guerra fue pensado inicialmente para el arquero, para que pudiera desplazarse con facilidad. Era un vehículo ligero con piso de cuerda, con bolsas para las flechas en su interior. Se uncían dos caballos al carro de guerra, y un tercero (de recambio) corría sin uncir al lado del carro (véase 1 R. 22:34). El arco llegó a ser un arma clave para la defensa en los baluartes de las ciudades (véase 2 S. 11:20), y en consecuencia los asirios desarrollaron enormes escudos de madera para la protección de sus propios arqueros. Las "máquinas… para arrojar saetas y grandes piedras" desde las murallas de Jerusalén hechas por el rey Uzías daban protección a los arqueros en las murallas, cubriéndolos (2 Cr. 26:14–15).

También en esta época se desarrollaron armas para la guerra en el mar, aunque en esto no estuvieran involucrados los judíos. Los egipcios, filisteos, fenicios, griegos y romanos construyeron navíos de guerra.

Un carro de guerra tirado por caballos que data de los tiempos de la monarquía dividida.

Las ciudades eran edificadas a fin de poder resistir asedios, y esto ha quedado descrito en la página 174. Al hacerse las ciudades más fuertes, los ejércitos desarrollaron unidades de ingenieros, a fin de poder hacer túneles debajo de las murallas y minar sus cimientos, incendiar puertas y pulverizar murallas de piedra de limolita mediante la aplicación de intenso calor encendiendo grandes fuegos junto a ellas. Se construyeron arietes para derribar la mampostería. Se colgaba un pesado ariete dentro de un andamiaje de madera, y era tirado hacia atrás y arriba para que, al ser soltado, su cabeza metálica golpeara la muralla con enorme fuerza.

En el ínterin, los defensores empleaban todos los medios a su alcance para detener a los ingenieros y zapadores, echando pesadas rocas, líquidos hirvientes y ascuas. Si se abría una brecha en la muralla, la infantería se precipitaba al interior de la ciudad; si los arqueros en las murallas podían ser eliminados individualmente hasta que no quedara ninguno, se podían escalar las murallas mediante escaleras de mano. Durante un

Números

Hay problemas en la comprensión de los números en relación con grupos de gente en la Biblia. Según Jueces 20:17, marcharon 400.000 hombres contra Benjamín, pero en Jueces 5:8 se afirma que 40.000 fue la mayor cantidad que podía ser movilizada en todas las tribus juntas. La cantidad inferior concuerda con la cantidad que salió a la batalla en Jericó (Jos. 4:13). Cuando David hizo su censo militar (2 S. 24:1–9), había disponibles 800.000 hombres en Israel y 500.000 en Judá, pero muchos años después había sólo 60.000 cabezas de familia lo suficientemente prósperos para pagar impuestos (2 R. 15:19–20), lo que daría una población total de alrededor de 800.000.

Las diferencias se deben a que no comprendemos bien el sistema de numeración. Una palabra puede representar una cantidad o tener un sentido distinto. Una "cuarentena" es un juego de cuarenta. Si se aplica a un hombre, "ha pasado la cuarentena", significa "es mayor de cuarenta años", o "ha pasado un período aislado bajo observación médica". Sin más detalles, no podemos saber su sentido exacto. Podría ser que "cincuentas", "cientos" y "miles" hagan referencia, en el original, a unidades dentro de una organización y no a cantidades reales.

Relieve asirio del ataque a un pueblo enemigo. La máquina de asedio, que transporta a los arqueros, ayuda a derrumbar las paredes.

asedio funcionaba una unidad de señales. Hay registros de estas señales durante el asedio asirio de Israel (Jer. 6:1 puede hacer referencia a esto). Ezequiel estaba familiarizado con la guerra de sitios (Ez. 4:1–3; 26:9–10).

Campañas

Las campañas militares tenían lugar generalmente cuando se podían conseguir alimentos de la tierra y cuando las condiciones climatológicas posibilitaban la guerra (2 S. 11:1). Por lo que respectaba al ejército judío, la unidad central de "administración" (Nm. 2:17) estaba rodeada de cuatro divisiones (Nm. 2) e iba precedida de una avanzadilla.

No había "declaración de guerra". La guerra comenzaba en el momento en que un ejército entraba en territorio ajeno. Entonces se iniciaba una negociación. El invasor garantizaba a los atacados sus vidas a cambio de su servicio, y en ocasiones había otras condiciones adicionales. Si los defensores cedían, quedaban, o bien reducidos a la esclavitud, o bien obligados a pagar cuotas de protección. Si el ejército defensor rehusaba los términos que se les querían imponer, comenzaba el ataque a la ciudad. Si era posible, se cortaban los suministros de agua a la ciudad, y se la privaba de alimentos cercándola totalmente, en ocasiones con empalizadas de sitio. El ejército sitiador podía verse obligado a levantar el sitio si las salidas desde la ciudad eran victoriosas (Jue. 20:31–32), o bien debido a enfermedades y mortandad (causadas por Dios) en el campamento de los atacantes (2 R. 19:35–36), o bien debido a recibir auxilio desde el exterior (2 R. 24:7). También podía suceder que el tiempo empeorara de tal manera que el ejército atacante se viera obligado a retirar esperando mejor ocasión.

Si los sitiadores vencían, las mujeres y niños eran reducidos a esclavitud, y todos los hombres eran muertos, se tomaba el botín para pagar a los soldados, y la ciudad era seguidamente quemada hasta los cimientos. Los asirios eran particularmente crueles a este respecto. Los hombres principales de la ciudad vencida eran sacados a las puertas para ser torturados, cegados y quemados vivos. Los escribas contaban el número de muertos contando las cabezas que les habían sido llevados como registro.

Guerra y religión

No era posible separar la guerra de la religión. La relación entre ambas era evidente en muchos aspectos de la actividad militar. Para los judíos, Dios era el Señor de los Ejércitos, que iba delante de ellos a la batalla (Éx. 15:3; Jue. 4:14; 1 S. 17:45; Is. 42:13). Había un libro sagrado, "El libro de las batallas de Jehová" (Nm. 21:14). Antes de ir a la guerra, los hombres tenían que mantenerse ritualmente limpios, no debiendo siquiera dedicarse a la relación sexual (2 S. 11:11). Había leyes sanitarias involucradas en los mandamientos con respecto a la impureza ceremonial, pero había también otras leyes en vigor además de aquellas (Dt. 13:13–14).

Una campaña militar comenzaba con un acto de adoración (1 R. 8:44) y una respuesta de los miembros de las fuerzas armadas (Sal. 20). Los profetas indicaban al comandante militar exactamente qué era lo que debía hacer (véase 1 R. 20:13–30) y el resultado de la batalla (Jue. 20:27–28), y daban consejos cuando era necesario (2 R. 6:8–10). El grito de guerra era espiritual (Jue. 7:18).

La victoria se atribuía a Dios, y todo

Relieve asirio representando la situación después de una batalla. Se ven las cabezas de los enemigos en el suelo, los escribas tomando el recuento y los gozosos vencedores.

Ilustración artística del asedio asirio contra la ciudad fortificada de Laquis.

lo que se tomaba en la batalla pertenecía a Dios, siendo dado a Dios bien quemándolo, bien por muerte, cuando las ciudades habían sido puestas "bajo anatema", término que indica una entrega ritual a Dios. Cualquier personal que quebrantara el anatema incurría por ello mismo en él (Jos. 7). Dios no siempre lo tomaba todo; había ocasiones en que permitía la toma de botín (Jos. 8:27); tampoco deseaba siempre la muerte de una población. Su decreto con respecto a un pueblo dependía de su grado de maldad (Gn. 15:16). La santidad de su campaña militar era tal que si los judíos se volvieran contra Dios, entonces Dios emplearía a otros para poner a los mismos judíos "bajo anatema" (Is. 10:5–6; Hab. 1:5–11) e incluso lucharía contra su propio pueblo (Jer. 21:5–7).

El ejército romano

El ejército romano tiene también una gran importancia en la Biblia, porque fue finalmente este ejército el que venció al pueblo judío, llegando finalmente a dispersarlo de tal manera que no pudieron regresar a su tierra durante dos mil años. La gente de los tiempos del Nuevo Testamento estaba tan familiarizada con el soldado romano que se empleaban con frecuencia ilustraciones y metáforas de la vida militar. En Efesios 6:13–17 se emplean los componentes de la armadura del soldado romano para enseñar cómo debe defenderse el cristiano. En Colosenses 2:15 se expone a Jesús encabezando un "triunfo" por las calles a fin de exponer su victoria sobre los poderes del mal. Segunda Timoteo 2:3–4 le recuerda al joven ministro que no debe mezclar su llamamiento con "intereses civiles".

Cesarea era la principal base del ejército romano en Judea. La ciudad había sido edificada por Herodes el Grande para los romanos, por cuanto había un puerto natural al sur del monte Carmelo. Normalmente había destacamentos de soldados procedentes de Cesarea de servicio en Jerusalén, acuartelados en la Torre Antonia. Con frecuencia se incorporaba a nativos en el ejército, pero debido a que el servicio militar involucraba el culto religioso obligatoriamente (Augusto fue reconocido como un dios tras su muerte, pero Calígula se consideraba un dios aún en vida) y debido a que se tenían que portar las armas en todo tiempo (incluyendo el sábado), los judíos estaban exentos. Por ello, el ejército en Judea estaba constituido por tropas italianas y sirias, mandadas por oficiales romanos.

No había problemas para el reclutamiento, porque la paga, que se entregaba de los fondos conseguidos por impuestos locales, era razonable (un denario al día), la alimentación era razonable (casi un kilogramo por día), y al retirarse, cada soldado recibía una parcela de tierra, frecuentemente cerca de las fronteras del imperio, donde la experiencia de ellos podría ser de crucial importancia en caso de invasión.

Las legiones estaban formadas por alrededor de seis mil hombres, y en los tiempos del Nuevo Testamento estaban a las órdenes de un legado (ex-senador). Estaban formadas por diez divisiones (cohortes) de alrededor de

Réplica de una máquina de asedio romana en Masada.

Centurión romano (primer plano) y legionario. Obsérvense las dos espadas y la jabalina del legionario, y el gran escudo usado para la formación en tortuga (*testudo*) que se utilizaba en el combate.

Relieve de un soldado o gladiador romano.

seiscientos hombres, mandadas por tribunos militares (véase Hch. 22:24–29). Cada división se dividía en tres manípulos (o unidades), que a su vez se dividían en dos centurias, cada una de ellas mandada por un centurión. Cuatro legiones (la tercera, la sexta, la décima y la duodécima) estaban basadas en esta área. Los centuriones eran siempre elegidos entre romanos que fueran estables y fiables y que hubieran demostrado su valor y madurez. Había cincuenta y nueve centuriones por legión, y parecen haber gozado del respeto de los escritores del Nuevo Testamento (véanse Mt. 8:8–9; Hch. 10:1; 27:43).

Además de las unidades de infantería, en cada legión había especialistas: ingenieros, arqueros, caballería y personal médico. Cada centuria tenía su propio corneta, ordenanza y portaestandarte. Los estandartes llevaban frecuentemente símbolos paganos y, por ello, se había llegado a un acuerdo entre los judíos y romanos de que los estandartes no debían ser sacados de Cesarea. En una ocasión Pilato los introdujo en el templo, y del motín que ello suscitó se derrumbó una torre, y varios murieron (véase Lc. 13:4). El portaestandarte era considerado por los oficiales como una persona especial.

Réplica de una catapulta romana, que se utilizaba para lanzar proyectiles durante los asedios.

En batalla, el manípulo era reconocido como la unidad de combate, y era empleado de modo flexible según las demandas del particular campo de batalla. Además de la armadura protectora que se describe en Efesios 6, el soldado tenía una daga de alrededor de 23 cm de longitud, que servía de herramienta cuando era necesario, una espada más grande, de doble filo, de alrededor de 60 cm enfundada en una vaina que colgaba de la cintura, y una jabalina de poco más de 2 m de largo. Ésta tenía una punta de hierro aguzada para traspasar escudos y una púa para impedir sacarla. Era arrojada antes de llegar al combate cuerpo a cuerpo.

Los romanos construyeron también formidables armas de asedio. La catapulta lanzaba jabalinas o lanzas por encima de la muralla y adentro de la ciudad. La balista podía arrojar pesadas piedras a una distancia de unos 700 m, y el onagro piedras ligeras a unos 400 m.

Además del ejército regular, había la guardia pretoriana, originalmente mandada por los pretores, magistrados inferiores en un grado a los cónsules (véase Fil. 1:13). Esta guardia había sido reconstituida como la guardia personal del emperador. Tenían sus propios estandartes y recibían una paga doble de la del soldado ordinario.

Arriba: Torso de un hombre llevando la armadura protectora romana.

Izquierda: Armadura y armas de un soldado romano, representadas en un relieve en Éfeso.

CAPÍTULO 17

El ocio

Era poco el tiempo que había para el ocio en la antigüedad, pero los ricos tenían algo de tiempo y dinero para las distracciones. Los niños, entonces como ahora, hacían juegos con los que explayarse, y se divertían con sencillos juguetes. Había también un elemento de ocio en la religión de los judíos. Los sábados eran para el relajamiento y reposo, y las festividades religiosas eran tiempos de entusiasmo y estímulo. Sin embargo, la religión refrenaba el seguimiento de cualquier distracción por ella misma. Los juegos y las distracciones eran consideradas como un medio para conformar los cuerpos y las mentes.

Juegos

Los niños solían jugar puertas afuera debido a que dentro de las casas era oscuro. Aunque predominaban, había también muchos juegos interiores. Los juegos exteriores incluían "la reina mora", "pilla-pilla", el uso del arco y de las flechas para tirar al blanco, y tiro a distancia (1 S. 20:20–21; Lm. 3:12), el lanzamiento de piedras a un hoyo, canicas lanzadas a través de tres arcos, y juegos con pelotas (lanzamiento y toma, malabarismos).

Parece que los niños pequeños tenían sonajeros. Eran unas cajas de cerámica que contenían trozos de tiesto rotos, y tenían perforaciones para dejar salir el ruído cuando se las agitaba. Otros sonajeros estaban hechos en forma de muñecas y de pájaros. Eran más bien pesados, y algunos creen que se empleaban en música o en servicios religiosos.

También se jugaba a muchos juegos de tablero. Uno de los más antiguos juegos conocidos es el llamado Real Juego de Ur, empleado alrededor del 1800 a.C. Se ha descubierto otro tablero con tres hileras de cuatro cuadros arriba y abajo y doce cuadros en medio. En Meguido se descubrió otro tablero con cincuenta y ocho agujeros dispuestos alrededor de una forma semejante a la de un violín. Cada quinto agujero era especial, rodeado de un medallón de oro. Otros tableros indican que se jugaba a algo semejante al ajedrez o a las damas, y era común el "Mancala". Parece que la mayor parte de los juegos de tablero se jugaban con dados, que podían tener forma de disco (así con dos lados), o de pirámide (de cuatro).

Aunque los dados estaban en uso, no se permitía el juego entre los judíos. Esto puede haber resultado del sentimiento de que los dados eran en cierta manera sagrados. El sumo sacerdote empleaba dos discos, negros de un lado y blancos del otro, que se agitaban en una bolsa que estaba en el pectoral, para discernir la voluntad de Dios (Éx. 28:30; 1 S. 28:6). Se empleaba para encontrar la parte culpable (Jos. 7:16–21), y en los tiempos del Nuevo

Terracota de mujeres romanas jugando con tabas.

Testamento la persona que tomó el lugar de Judas Iscariote como uno de los Doce fue elegida por suertes (Hch. 1:26). Pero puede que se tratara simplemente de una reacción visceral en contra de la codicia que forma parte del juego. A ningún jugador se le permitía dar testimonio ante un tribunal. Se daba por supuesto que no era digno de confianza. Otros hacían juegos con apuestas. Los soldados se jugaron la túnica sin costura de Jesús mientras Él estaba en la cruz (Jn. 19:24).

Más significativo era un juego llamado "Basileo", o "Rey". Se movía un boliche por unas marcas en el suelo en base de los resultados de arrojar unos dados. Cuando el boliche había llegado a los lugares apropiados para el revestimiento, coronación y recepción del cetro, el que había hecho la última jugada gritaba "¡Rey!" y recogía las apuestas hechas por sus compañeros. En vista de Mateo 27:27–31, está claro que los soldados en la Torre Antonia jugaron al "Rey" con Jesús, usándolo como pieza de juego, y empleando la capa de un soldado, una caña y una corona de espinas en la burla de que le hicieron objeto. (Se pueden ver marcas de este juego en las losas que recubren el Gabata en Jerusalén hasta nuestros propios días).

Fuera de la comunidad judía, las niñas jugaban con muñecas. Los cuerpos se hacían a veces de arcilla, y el cabello de cuentas y barro. Se han encontrado algunas muñecas con agujeros en los puntos adecuados del cuerpo, haciendo aparente que fueron empleadas como títeres. También se ha encontrado mobiliario

Un tablero de juego romano marcado en el suelo de piedra de un edificio cerca de la Torre Antonia, Jerusalén.

de cerámica del tamaño de casas de muñecas.

Se han descubierto en Egipto juguetes de madera para arrastrar. Estos juguetes no se usaban en la comunidad judía porque se creía que infringían el mandamiento de que no debería hacerse ninguna imagen de escultura ni ninguna semejanza. Sin embargo, se jugaba con frecuencia a juegos de "imitación". Jesús describió a los niños de su tiempo jugando a bodas y funerales por la calle (Lc. 7:32).

Huertos y jardines

Los mayores deben haber disfrutado con actividades más apacibles. Los judíos apreciaban la horticultura, pero los huertos sólo los poseían los muy ricos. Los huertos, cuando existían en las aldeas, eran para proveer comida y bebida para su propietario (Cnt. 4:13; 6:11). Los ricos podían disfrutar de huertos en sus patios en la ciudad, y, si no allí, podían procurárselos fuera de las murallas de la ciudad, a donde podían dirigirse al fresco de la tarde.

No había sólo un huerto en Getsemaní, sino una gran cantidad de ellos, en la parte baja del monte de los Olivos, a donde los ciudadanos ricos de Jerusalén solían ir al atardecer. El huerto en el que Jesús pasó sus últimas horas pudo haber pertenecido a José de Arimatea, que también le dio un sepulcro en un huerto (Jn. 19:38–41).

La realeza podía también permitirse magníficos jardines de placer. Los jardines eran también una característica de Babilonia (Est. 7:8) y de Roma. Se hacía abundante empleo del agua para estanques y fuentes ornamentales. Herodes se hizo un jardín así en Jericó.

Parte del huerto de Getsemaní, Jerusalén. Los judíos apreciaban mucho los jardines, pero solo los ricos podían tenerlos.

Literatura y pintura

La literatura parece haber sido principalmente religiosa. Mucha de la literatura del pueblo judío ha quedado incorporada en la Biblia, pero en Números 21:14 y Josué 10:12–13 se mencionan otros libros que se empleaban en aquel entonces. Los libros se guardaban en bibliotecas y en colecciones privadas, y no se prestaban de manera pública hasta la llegada de la cultura griega en el 300 a.C.

Se practicaba poco la pintura, debido a la prohibición de Deuteronomio 5:8: "No harás para ti... imagen alguna de lo que hay arriba en los cielos, ni abajo en la tierra, ni en las aguas debajo de la tierra". El impulso a la creatividad encontró su expresión en la arquitectura y en el diseño (Éx. 31:2–6) y en la construcción, aunque en estas áreas se precisó de ayuda extranjera (1 R. 5:6; 7:13–15). El punto particularmente fuerte de los judíos parece haber sido el corte de piedras preciosas y la decoración de interiores y exteriores.

Instrumentos musicales

La música formaba una parte muy importante de la vida religiosa, y los músicos

Representación artística del joven pastor David, tocando el arpa.

habían tenido siempre gran consideración. Eran clasificados con los herreros y con los poseedores de manadas y rebaños. Jubal era reconocido como el padre de todos los que tocan arpa y flauta (Gn. 4:20–21). Por ello, encontramos muchos ejemplos de música en los tiempos bíblicos. Los instrumentos que se tocaban no son siempre de fácil identificación por medio de sus nombres hebreos, pero los siguientes instrumentos (ordenados alfabéticamente) eran los más importantes entre los que se empleaban:

El *halil* (1 R. 1:40; Is. 5:12) era una flauta hecha de madera o hueso. Recibía su nombre del verbo *halil*, que significa "agujerear". El sonido se producía por medio de una caña, y las cañas se llevaban en una bolsa. Tenía un sonido ligero, pero podía ser empleado para expresar la tristeza del duelo (Jer. 48:36). Era siempre empleado por la gente del pueblo, y nunca para el culto.

La *hazora* (Nm. 10:5) era una trompeta metálica. Las mencionadas en la Biblia se hacían de plata, pero se han encontrado también muchas de bronce. Daba un son agudo (véase 1 Co. 14:8).

El *kinnor* (1 Cr. 15:16; 2 Cr. 5:12) era un instrumento de cuerda con una forma semejante a un arpa (el mar de Galilea tiene una forma similar y recibe frecuentemente el nombre de mar de Cineret). Las cuerdas se hacían de tripa tensada de oveja. Se empleaba en el templo y en festejos (Is. 5:12), para acompañar las profecías (1 Cr. 25:1), y para cambiar el ánimo de las personas (1 S. 16:23). No sabemos cuántas cuerdas tenía ni si se usaba un plectro o púa para tocarlo.

El *menanaim* era un instrumento de

Un hombre judío toca el *shofar*, o cuerno de carnero, junto al Muro de las Lamentaciones en Jerusalén.

percusión hecho de placas metálicas que producían sonido cuando se movían. Es probable que estas placas estuvieran atravesadas por varas metálicas sostenidas en un marco de madera pareciéndose a un espejo de mano. La *sistra* egipcia era probablemente muy similar.

Los *meziltaim* eran címbalos hechos de cobre. Se tocaban en el templo (1 Cr. 15:16) para marcar los comienzos, las pausas y los finales de los capítulos que se cantaban.

El *nebel* era otro instrumento de cuerda (Sal. 71:22) con hasta diez cuerdas. La palabra *nebel* se empleaba normalmente para designar un odre o un jarro, y el instrumento puede haber recibido este nombre por tener una caja de resonancia con una forma parecida a la de un odre.

El *qeren* era un instrumento de viento hecho de un cuerno de animal. Si se trataba de un cuerno de carnero, se le llamaba *shofar,* instrumento que tenía un importante puesto en el culto (Sal. 98:6; Sal. 150:3).

El *tof* era un instrumento de percusión con una membrana (Is. 5:12). Los tambores variaban de tamaño, y se tocaban, o bien con las manos, o bien con palos. Los grandes eran tocados por dos personas (Éx. 15:20).

La música hebrea

Lo interesante en la música hebrea era su acento en el ritmo más que en la melodía. Había muy pocas melodías. Entre ellas existían melodías de canciones populares, y que de hecho se empleaban para cantar un número de salmos. El Salmo 22 fue compuesto para la tonada *"Ajelet-sahar"* ("la cierva del alba;" el Salmo 56 para *"Jonath elim riholaim"* ("la paloma muda entre los extraños"), y el Salmo 60 para *"Shushan Eduth"* ("el lirio del testimonio").

Réplicas de antiguos instrumentos de cuerda y percusión israelitas.

Músico judío tocando el *nebel*. Obsérvese la caja de resonancia a un extremo del instrumento.

El cántico era antifonal, siguiendo un grupo a otro. En 1 Samuel 18:6 se dice que "se respondían [las cantantes] unas a otras". La naturaleza repetitiva de los salmos era de tal forma que dos grupos de personas podían cantar de esta manera. David tuvo un especial protagonismo en la recopilación del libro de los salmos que llegó a ser el himnario del templo. Incluyó algunas de sus composiciones (Sal. 18, 23, 51, 57), pero recogió también otras muchas. Designó a aquellos que debían cuidarse de la música en el templo (1 Cr. 16:42; 25:6–7).

El énfasis en el ritmo indica que la danza era tan importante como la música, y éste es un énfasis que vemos al observar las referencias a la música en el Antiguo Testamento. Labán protestó afirmando que hubiera debido haberse hecho una fiesta antes que Jacob partiera con Lea y Raquel (Gn. 31:27), y Miriam dirigió una celebración con cánticos y danzas cuando hubieron pasado sanos y salvos el mar Rojo (Éx. 15:21). David danzó ante el arca al ser traída a Jerusalén (2 S. 6:14–15). Se empleaban trompetas para despertar a la gente por la mañana (Nm. 10:9), para convocar al pueblo para la guerra (Nm. 10:9), y para anunciar el jubileo (Lv. 25:8–9).

La música formaba parte también de los festejos de victoria (1 S. 18:6) y de los de la coronación de los reyes (2 Cr. 23:13). Se empleaba para crear el talante correcto para la profecía extática (1 S. 10:5; 2 R. 3:15), así como para elevar el ánimo (1 S. 16:16) y para el mero disfrute (Is. 5:12). Fue este goce el que se desvaneció de la música mientras los judíos se encontraban en el cautiverio (Sal. 137:1–5; Is. 24:8).

En tiempos de Jesús, parece que la música se empleaba también para reflejar los diversos talantes (Mt. 9:23). Cuando Jesús se refirió a niños jugando a funerales, se refirió al hecho de que cantaban endechas funerarias. Por ello, algunos traductores refieren esto también a los cánticos de esponsales (Lc. 7:32). Al hijo pródigo le hicieron una fiesta en la que había música (Lc. 15:25). Se cantaban himnos, y los judíos siempre cantaban los Salmos 115—118 en la pascua. Santiago dice que el cántico de salmos es expresión de nuestra dicha (Stg. 5:13), y sigue mencionándose la música en el libro de Apocalipsis (Ap. 5:9–10; 14:2–3).

Algunos de los himnos de la iglesia primitiva han quedado registrados en el Nuevo Testamento. Se cree que Fil. 2:5–11 y Ef. 1:3–14 son himnos. Los cristianos tomaron las palabras de María (Lc. 1:46–55) y de Zacarías (Lc. 1:67–79) y las emplearon en el culto en época temprana.

Los deportes atléticos

Los deportes de entretenimiento y espectáculo y los de participación no se desarrollaron hasta los tiempos griegos y romanos. Se habían hecho carreras en Israel (Jer. 12:5), pero no se trataba de entretenimientos. Fue la promoción de los deportes a la manera griega en el 170 a.C. que llevó a la división de los judíos entre saduceos y hasidim (véase p. 229).

Los griegos creían que era tan importante estar sano como tener instrucción. En Grecia había cuatro celebraciones de juegos: los ístmicos, los nemeanos, los pitianos y los olímpicos, siendo estos últimos los de mayor importancia, y celebrados cada cuatro años. Los juegos olímpicos se celebraban en honor del dios Zeus, y debido a que los juegos

Copia romana de una escultura griega de un discóbolo.

comenzaban con ofrendas a dioses y a héroes, eran en realidad festejos religiosos. A las carreras cortas seguían las largas, y luego venía el pentatlón de salto, carrera, disco, jabalina y lucha. También se hacían competiciones de carros, boxeo, carreras en armaduras, y torneos entre heraldos y trompeteros.

Los concursantes se entrenaban bajo rígidas normas, y treinta días antes del comienzo de los juegos se reunían bajo una estricta supervisión. Tenían que ejercitarse con regularidad, evitar lujos, y obedecer ciertas normas (1 Co. 9:25; 2 Ti. 2:5). Cuando terminaba una competición, un heraldo proclamaba el nombre del vencedor y de su ciudad, y el vencedor recibía una palma, que posteriormente pasó a ser una guirnalda hecha de hojas de un olivo sagrado (1 P. 5:4).

El interior del Coliseo de Roma, donde tuvieron lugar los grandes espectáculos deportivos sangrientos, como luchas con animales salvajes y combates de gladiadores.

Los juegos olímpicos eran uno de los temas de conversación de los tiempos del Nuevo Testamento, y sirvieron frecuentemente para dar ilustraciones y metáforas (Ro. 15:30; Fil. 1:27; 3:14; 2 Ti. 4:7; He. 12:1; Jud. 3). A la vista de tales referencias, dos de las competiciones merecen una mención especial. En la lucha, el oponente tenía que ser agarrado y echado al suelo. El vencedor ponía entonces el pie sobre el cuello del caído. Esta lucha tenía una larga historia. Jacob luchó en Peniel, y en Génesis 32:24–25 se indica que no pudo vencer a su oponente según las normas. En Jueces 15:8 se emplea también un término relacionado con la lucha. En el boxeo había una diferencia entre los primeros y últimos *rounds*. En los primeros *rounds* los brazos estaban envueltos en piel blanda, y el vencedor era el primero en noquear al oponente. Si los espectadores se aburrían debido a que la pelea estaba demasiado igualada, los brazos de los contendientes se envolvían con cuero claveteado para llevar la lucha a un sangriento desenlace.

Grotesca máscara de piedra proveniente de un teatro greco-romano en Hierápolis, Asia Menor.

Deportes-espectáculo

Los deportes y entretenimientos populares fueron totalmente desarrollados por los romanos para dar satisfacción al ansia popular por las emociones y la sangre. Hasta la prisa por para conseguir plazas era una emoción fuerte; no se hicieron reservas de asientos hasta la época de Augusto. En la arena, criminales condenados luchaban contra fieras: leones,

Relieve de un gladiador luchando contra animales salvajes.

osos, elefantes y hienas, y la multitud jaleaba la lucha. Pablo dice que en Éfeso luchó contra las fieras (1 Co. 15:32), pero puede estarse refiriendo metafóricamente a las experiencias registradas en Hechos 19 (véase también 10:33).

A fin de mantener el entusiasmo de los espectadores, los primeros combatientes llevaban armadura, pero hacia el mediodía eran conducidos desnudos a la arena. Cuando Pablo escribió: "Porque según pienso, Dios nos ha asignado a nosotros los apóstoles los últimos lugares, como a sentenciados a muerte; pues hemos llegado a ser espectáculo..." (1 Co. 4:9), puede que estuviera refiriéndose a esta práctica.

Otras luchas-espectáculo a muerte eran las de los *gladiadores*. Se trataba de esclavos especialmente entrenados. El uso de los gladiadores se originó en conexión con funerales, a fin de despachar a los esclavos para que se fueran con sus amos, mientras que a la vez daban entretenimiento a los asistentes al funeral. Luego, los combates de gladiadores llegaron a ser un entretenimiento estatal.

Los gladiadores eran instruidos en el empleo de diferentes técnicas de lucha y sus armas correspondientes. Algunos luchaban con espadas y escudos. Otros empleaban una red y un tridente para intentar atrapar y vencer al que se le enfrentaba con espada y escudo. Un gladiador herido tenía que bajar los brazos. Si los espectadores ponían el pulgar hacia arriba, su vida era respetada; pero el pulgar hacia abajo significaba que se daba permiso a su contrincante para darle muerte. Lo más espectacular era la batalla en masa, con ochenta y cinco hombres a cada lado. El único sobreviviente recibía una corona.

Otro deporte popular era la *carrera de carros*, que tenía lugar en el hipódromo. Los aurigas eran los deportistas favoritos de la época. Daban siete vueltas (10 km) al estadio, protegidos con cascos y atados a sus carros. Si se chocaba, el auriga tenía que cortar la cuerda para liberarse. Era también un gran negocio. Había ricos

El gran teatro de Éfeso, visto desde los niveles superiores, mostrando el escenario donde se llevaban a cabo las obras teatrales y donde se trataban asuntos públicos.

Modelo conjetural del hipódromo en Jerusalén, mencionado por el escritor Josefo.

patronos que entrenaban a esclavos para tripular los carros y comprar los equipos, y se hacían enormes apuestas acerca del resultado de las carreras.

El teatro

El teatro era un importante edificio para las reuniones públicas además de para las representaciones dramáticas (véase Hch. 19:29). Los judíos iban a contemplar muy pocos dramas y actuaban muy poco. Esto puede que se haya debido a que la parte del dramaturgo la asumía el narrador, que mantenía viva la historia de Israel. Puede también que se debiera a que los griegos convertían el teatro en un acto religioso.

Los teatros se difundieron por todo el mundo grecorromano. Los romanos los construían allí donde un accidente natural facilitaba la disposición de un auditorio en gradas sin tener que erigir un edificio levantado. El auditorio estaba dispuesto en forma de hemiciclo, alrededor de un escenario y de sus edificios. Los asientos ascendían en forma de graderío en dos grandes secciones, una inferior y la otra superior, y se clasificaban según el rango de los espectadores. Había acomodación especial para los huéspedes distinguidos. La entrada era a través de pasajes abovedados interconectados mediante corredores abovedados. Los pasajes dividían el graderío en bloques de asientos. El teatro era un espectáculo muy popular; en la ciudad de Gerasa había tres teatros.

CAPÍTULO 18

Religión

Los cuatro primeros relatos de la Biblia dicen por qué Dios tuvo que actuar para salvar a la humanidad. La historia de la creación (Gn. 1) nos dice que vivimos en el mundo de Dios, en el que operan su gobierno y leyes. Cuando las normas son quebrantadas, como en el segundo relato de Adán y Eva, resulta en la separación de Dios. Los resultados del pecado y de la separación se hacen claros en las otras historias. El pecado atrae el juicio de Dios (Gn. 6—8; véase especialmente 6:5) y caos social (Gn. 11:1–9), al quedar los seres humanos alienados entre sí.

Estos relatos dan la razón de todo lo que sigue. En su amor hacia la humanidad, Dios como Creador quiso restaurar la humanidad para que llegara a ser todo lo que Él había querido. Para llevar esto a cabo fue necesario que Dios tratara con el pecado humano. Dios entró en el mundo como ser humano en la persona de Jesús. Habiendo entrado en el mundo, nos vino a ser ejemplo de cómo vivir. Jesús dijo: "Porque os he dado ejemplo, para que como yo os he hecho, vosotros también hagáis" (Jn. 13:15). Dejó que lo llevaran a la muerte, aunque era inocente, a fin de que como Dios y Hombre

Mosaico de panes y peces de la iglesia en Tabgha, en la costa norte de Galilea.

El calendario judío

Mes	Nombre (antes del exilio)	Mes equivalente	Clima
1	Nisán (Abib)	marzo/abril	Lluvia (lluvia tardía)
2	Iyar (Ziv)	abril/mayo	Seco
3	Siván	mayo/junio	Cálido y seco
4	Tamuz	juio/julio	Caliente y seco
5	Ab	julio/agosto	Muy caliente y seco
6	Elul	agosto/septiembre	Muy caliente y seco
7	Tisrí o Etanim	septiembre/octubre	Comienzan las lluvias
8	Jeshván (Bul) = Marchesván	octubre/noviembre	Lluvioso (lluvia temprana)
9	Quisleu	noviembre/diciembre	Fresco y lluvioso
10	Tebet	diciembre/enero	Frío, granizo y nieve
11	Shebat	enero/febrero	Más cálido y lluvia
12	Adar	febrero/marzo	Truenos y granizo

El año judío es estrictamente lunar, con meses lunares de un promedio de 29.5 días, dando un total de 354 días en el año. Un décimo tercer mes, Adar, fue añadido cada tres años para alinear el calendario con el año solar.

tomara sobre sí el castigo por los pecados de todo el mundo. Pedro lo expresa así: "Quien llevó él mismo nuestros pecados en su cuerpo sobre el madero" (1 P. 2:24); y Pablo escribió: "cancelando el documento de deuda en contra nuestra, que consistía en ordenanzas, y que nos era adverso, quitándolo de en medio y clavándolo en la cruz" (Col. 2:14).

Jesús murió y resucitó a fin de que le fuera posible a Él morar en nosotros por su espíritu y vencer la muerte por nosotros. Pero también Jesús ayuda a los que creen en Él para que venzan la tendencia hacia el pecado que se encuentra en lo más interno de cada ser humano: "Porque si fuimos plantados juntamente con él en la semejanza de su muerte, así también lo seremos en la de su resurrección" (Ro. 6:5). El problema era cómo llegar desde la necesidad del hombre al principio del tiempo hasta aquel punto temporal en que, en Jesús, serían suplidas estas necesidades.

Cosecha/Agricultura	Fiestas/Días sagrados
Cosecha de lino	• día 14, Pascua • día 15, Panes sin levadura • día 16, Primicias
Cosecha de cebada	• día 14, Segunda pascua
Cosecha de trigo	• día 6, Pentecostés (= Cosecha, Primicias, Shavuot, Semanas)
Cosecha de dátiles Cosecha de uvas Cosecha de higos de verano	
Cosecha de aceitunas Cosecha de uvas	• día 1, Trompetas (= Rosh Hashaná) • día 10, Día de la expiación (= Yom Kipur) • días 15-21, Tabernáculos (= Recolección, Sucot, Cabañas) • día 22, Simjat Torá (= Asamblea solemne)
Cosecha de aceitunas Arado	
Cosecha de higos de invierno Siembra	• día 25, Segunda Dedicación de Tebet (= Januká, Luces)
Siembra	
Florecen los almendros Siembra	
Recolección de cítricos Siembra	• días 14-15, Purim (= suertes)

Una relación de pacto

En los tiempos del Antiguo Testamento Dios eligió entrar en una estrecha relación primero con un individuo, y luego con su familia inmediata, y finalmente con sus descendientes, a fin a prepararlos gradualmente para su venida personal y para una relación más estrecha que la que había sido posible hasta entonces. Abraham fue el hombre (Gn. 12:1–2), y la relación de pacto concertada con Abraham y su familia (Gn. 15:9–18)

El calendario judío

El calendario judío es un calendario lunar de veintiocho días, lo que resulta en un año más corto que en Occidente. Cuando el calendario se desfasaba en un mes, se añadía un mes adicional llamado *Adar Adar*. Los meses comenzaban siempre con la luna nueva. La pascua cristiana sigue siempre a la judía, que es en la luna llena en *Abib*. La fiesta de la pascua varía con la luna, y se hace un cambio de fines de abril a fines de marzo cuando se inserta el mes judío adicional.

Éxodo 12:2

El desierto de Sinaí. En los tiempos patriarcales, los lugares santos eran aquellos en los que se había podido tener un encuentro con Dios.

fue renovada con su nieto Jacob (Gn. 28:13–15) y con Moisés (Éx. 3:6; 24:3–8).

Es bastante común oír decir a los cristianos que el cristianismo no es tanto una religión como una relación. Generalmente no somos muy conscientes de que era exactamente lo mismo en el caso del pueblo judío. Dios no fundó una religión judía, sino que entabló una relación con su pueblo mediante un pacto. Parece que durante el tiempo de Moisés, cuando la religión era cosa de importancia en las naciones circundantes, Dios dio a los judíos una religión cuidadosamente diseñada que les sería de ayuda para sustentar la relación del pacto. En consecuencia, la religión del pueblo judío era totalmente diferente de la de las naciones coetáneas.

Debido a que Dios empleó la religión judía para preparar el camino para Jesús, el judaísmo no se mantuvo estático, sino que fue desarrollándose. Los judíos entraron en contacto con las religiones coetáneas, y por ello su religión se desarrolló mediante la reacción a e interacción con ellas. Así, los lugares santos, los días santos, las personas santas y los acontecimientos santos devinieron parte de la fe judía, pero todo no iba como Dios había deseado que fuera. Lo mismo que el mandamiento permitiendo el divorcio, el culto judaico parece haber sido una acomodación a la debilidad humana (Mt. 19:8). Dios quería un corazón quebrantado y un

Monte Sinaí, Jebel Musa, posible sitio donde Moisés tuvo el encuentro con Dios.

espíritu contrito más bien que sacrificios (Sal. 51:17), justicia más que días de fiesta (Am. 5:21–24), y en lugar de ofrendas de carneros y de aceite quería personas que fueran justas, que amaran la bondad y que caminaran humildemente delante de su Dios (cp. Mi. 6:8).

La ley que establecía los rudimentos de un sistema religioso nunca había sido dada con la intención de que fuera un fin en sí misma, sino que tenía la intención de revelar la magnitud de la necesidad humana (Ro. 3:19; 7:5, 7–9) a fin de que fuéramos llevados a Cristo (Gá. 3:24–25). Tenía el propósito de ser un medio para mostrarnos el tipo de vida que Dios quería que viviésemos por medio del poder de su Espíritu (Ro. 8:4). Y ahí residió el conflicto entre Jesús y los líderes religiosos judíos de aquel tiempo. Por ello, la religión de los judíos tuvo un puesto importante en el plan de Dios, pero nunca con vistas a ser un fin en sí misma. Era un medio de sustentar la relación del pacto hasta que llegara el mismo Dios.

La religión asiria

Había poca o ninguna relación entre la religión de Israel y las antiguas religiones de los asirios (donde Abraham experimentó por primera vez la religión) o de los egipcios. Es cierto que, quizá con la esperanza de que pudieran darle una cierta protección, Raquel hurtó los dioses domésticos de su padre (Gn. 31:19). Sin embargo, aunque posteriormente Jacob enterró aquellos ofensivos artículos, ídolos así fueron reapareciendo en sucesivas ocasiones en la historia posterior (Gn. 35:4; Jue. 17:5; 1 S. 19:13; 2 R. 23:24; Zac. 10:2).

Las referencias en Zacarías 10:2 y Ezequiel 21:21 indican que los dioses domésticos se empleaban en adivinación, lo que fue siempre una característica de la religión de Asiria; y el hecho de que pudieran ser ocultados en los aparejos de los camellos (Gn. 31:34) indica que eran pequeños. Sin embargo, no se ha hallado todavía ningún resto que nos pueda indicar cómo eran aquellos ídolos. Por ello, se ha sugerido que eran de materiales susceptibles de putrición, o que serían identificados como alguna cosa distinta. Algunos académicos han llegado a sugerir que se trataba de muñecos de trapo o de cabezas de niños momificadas.

En la antigua Mesopotamia, se creía en

Relieve asirio de un espíritu protector.

La prohibición contra las semejanzas

El mandamiento contra los ídolos ("imagen") y semejanzas ("formas") parece haber sido promulgado contra las posibles incursiones de la religión cananea. Y ello tiene una importancia espiritual, en el sentido de que no se puede hacer ninguna representación material de un Dios espiritual, lo cual queda cubierto por la prohibición en contra de los ídolos. Pero la advertencia en contra de formas ("semejanzas", RV) es algo diferente. La semejanza era una máscara que llevaban los cananeos sobre el rostro, y se empleaba en los rituales religiosos cananeos. Se han descubierto ejemplos de semejanzas en Hazor.

Éxodo 20:4

las familias de los dioses. Anu era el rey del cielo y estaba muy alejado. Su hijo, Enlil, gobernaba sobre la superficie de la tierra y era tratado como el rey de los dioses. Ishtar era la esposa de Anu y era la diosa de la guerra y del amor. Cada dios tenía un templo principal a donde se dirigía la gente en tiempos festivos.

Los dioses mismos y la fantástica mitología que se empleaba para describir acontecimientos como los de la creación, eran muy diferentes de la religión de los judíos. En el relato babilónico de la creación, por ejemplo, Tiamat, el océano primordial, dio nacimiento a la tierra seca (Ki) y al cielo (Anu), y todos los dioses descendían de Ki y de Anu. El océano decidió destruirlos a todos, pero fue al final vencido por el joven dios Marduc. Marduc hizo la tierra de la mitad del cuerpo de Tiamat, y el cielo de la otra mitad. Durante la batalla fue destruido el ayudante de Tiamat, Kingu, y la humanidad fue hecha de la sangre de Kingu mezclada con barro.

La religión egipcia

Uno podría esperar encontrar algún tipo de influencia procedente de la religión egipcia, y ello particularmente por cuanto José se casó con Asenat, que era hija de un sacerdote (Gn. 41:50), y debido a que el pueblo judío había estado en Egipto durante tanto tiempo

La cueva de Macpelá, en Hebrón, tradicionalmente el lugar de sepelio de los patriarcas del Antiguo Testamento.

Escultura de una sacerdotisa egipcia con una mesa de ofrendas.

Estatua de bronce del toro sagrado de Apis, descubierta en Menfis.

(Éx. 12:40–41). Pero parece que los judíos habían permanecido totalmente separados de los egipcios. Jacob aceptó a los dos hijos de José en la familia (Gn. 48:5–6), y los descendientes de José identificaban al Dios que ellos adoraban con el de Jacob (Israel), y no con ninguno de los de Egipto (Éx. 5:1). Por ello, no aparecen trazas del politeísmo egipcio, que incluía a Ra (el sol), a Yeb (la tierra), a Tot (la luna), a Apis (el Nilo) y a Amón (el dios de los poderes ocultos). No se hace mención de los animales que estaban relacionados con los dioses, y cuya forma frecuentemente tomaba su lugar en el arte coetáneo (Tot y el ibis, Apis y los toros, Horus y los halcones).

Se creía que los dioses de Egipto eran como seres humanos, y en sus enormes templos, a los que se prohibía entrar a la gente ordinaria, los sacerdotes los alimentaban, lavaban y vestían, y los sacaban fuera en los días festivos. Nada podía ser más diferente del Dios de Israel. Aunque los judíos creían en alguna clase de vida tras la muerte (eran "reunidos" con su "pueblo", Gn. 49:29, 33, y el cuerpo de José fue momificado, Gn. 50:26), parece que era poco lo que había de común entre la creencia egipcia de vida tras la muerte y la de los judíos. Los egipcios creían que el alma iba a través de los atrios de la muerte, y que necesitaba de subsistencia para el viaje hasta que llegara a los atrios del juicio.

La religión cananea

Por ello, parece extraño que la religión cananea tuviera tanta atracción para el pueblo judío, conduciéndolos al caos espiritual que atrajo sobre ellos el juicio de Dios. La religión cananea era un elaborado sistema que resultó de la necesidad de asegurar cosechas regulares en unas condiciones climáticas inciertas. Aunque el panteón de los dioses estaba presidido por El, el dios vital era Baal, que era el dios de la tormenta, de los manantiales y del agua. (Hay referencias a Baal en Jue. 2:13; 1 R. 16:31, Jer. 19:5, y muchos otros lugares).

Se creía que las precipitaciones lluviosas del invierno y la sequía del verano indicaban que Baal había muerto, y que había necesidad de volverlo a la vida mediante ritos mágicos. (El llanto por Tamuz, una deidad babilónica, era similar. Se creía que las lágrimas humanas podrían ayudar al dios a volver a traer la lluvia; Ez. 8:14).

De manera similar, los cananeos creían que se podía ayudar a los dioses a dar fertilidad al suelo si los humanos se fertilizaban entre sí en los lugares de culto. Por ello, había unas crudas prácticas sexuales en nombre de la religión. Cada santuario cananeo tenía sus propias prostitutas para este fin. Cada santuario estaba dominado por un poste de madera, o asera, que simbolizaba el principio sexual femenino en el nombre de la diosa Asera, y por una piedra

La deidad egipcia Amón-Ra.

derecha, o *mazzebah*, que simbolizaba la sexualidad masculina.

Los cananeos creían que los dioses podían ser persuadidos, e incluso obligados, por medio de ritos mágicos. Esto llevó al extremo de los sacrificios de niños. Se edificaban santuarios a los dioses en montículos artificiales, o "lugares altos", frecuentemente situados en cumbres, en la creencia de que ello acercaba físicamente a los adoradores a los dioses. La asimilación a la religión cananea fue un proceso constante, y en tiempos de Elías este profeta creía que los verdaderos adoradores del Dios de Israel estaban en franca minoría (1 R. 19:10).

La razón de que la religión cananea ejerciera una atracción tan poderosa se debía probablemente a que cuando los judíos llegaron a Canaán descubrieron que ellos tenían una forma relativamente inferior de cultura. No sabían cómo construir, cómo expresarse artísticamente, y ni siquiera cómo cultivar adecuadamente, porque provenían de una civilización seminómada. Los cananeos, en comparación con ellos, pertenecían a una civilización sofisticada y llena de éxito, y parecían saber lo que se debía hacer para asegurar buenas cosechas. Cuando estos sentimientos de inferioridad iban ayudados y apoyados con excusas para la licencia sexual, no es difícil comprender por qué la religión cananea tenía una influencia tan grande.

¿Cuándo comienza el sábado?

Los días judíos comenzaban no a medianoche, sino a las seis de la tarde. La tarde del lunes, por ejemplo, iba seguida por la sobretarde del martes. (Es por esto que en Génesis 1 los días de la creación son descritos como tarde y mañana, y que fuera necesario para el sumo sacerdote mantenerse despierto durante las horas de oscuridad en el día de la expiación). El servicio en la sinagoga que daba la bienvenida al sábado iba por ello seguido por una noche de reposo antes de que prosiguiera la enseñanza a la siguiente mañana. A las seis de la tarde de nuestro sábado había concluido el *sabbath*, y la gente quedaba libre para reanudar sus tareas ordinarias.

Éxodo 20:8

Leyes santas

En contraste al trasfondo acabado de considerar, la religión judía se desarrolló con su propia santa ley, sus santos lugares, sus santas ocasiones, objetos santos, y ritual santo. La ley (la Torá), ya ha sido considerada, y era un punto clave de la religión judía. Era una guía a una buena relación con Dios y con los semejantes. Torá significa "guía" e "instrucción". La ley no era siempre perfecta. Jesús, por ejemplo, dijo que las leyes del divorcio habían sido dadas "por la dureza de vuestros corazones" (Mt. 19:8). Al mismo tiempo la Torá revelaba el carácter de Dios: su santidad, su justicia y su bondad. Era posible ver cómo era Dios por el comportamiento que Él demandaba.

Lugares santos

En los tiempos patriarcales, los lugares santos eran aquellos en los que se había podido tener un encuentro con Dios, y tales lugares fueron marcados con un altar y un sacrificio. Cuando Abraham dejó Harán dirigiéndose a Canaán, y se detuvo en Siquem, Dios se le apareció y le dijo que la tierra estaba prometida a sus descendientes. Luego, Génesis 12:7 registra que Abraham "edificó allí un altar a Jehová, quien se le había aparecido". También se edificaron altares en Betel (Gn. 12:8) y Hebrón (Gn. 13:18), y Jacob renovó el altar de Bet-el (Gn. 35:1).

Estos lugares vinieron a ser lugares santos para la familia. Jacob sepultó bajo un árbol en Siquem los dioses domésticos que habían sido hurtados de la familia de Labán (Gn. 35:4), y Hebrón vino a ser el lugar de sepultura para miembros de la familia (Gn. 23:19; 25:9; 49:29–31). José fue sepultado en Siquem (Jos. 24:32). Este mismo principio fue el seguido hasta el tiempo del templo en Jerusalén (Éx. 20:24), por lo que Gedeón efectivamente hizo un sacrificio sobre un altar cuando el ángel del Señor se le apareció (Jue. 6:19–21), y lo mismo hizo Manoa (Jue. 13:19–20).

Un altar cananeo de "cuatro cuernos" descubierto en Meguido.

Otros santuarios

El templo estaba establecido como el único santuario de todo el pueblo judío (Dt. 12:11; 1 R. 8:29), pero había además otros centros de culto. Jeroboam, rey de Israel, el reino del norte, estableció santuarios basados en tronos para Dios con forma de toro, en los extremos septentrional y meridional de su reino (véase 1 R. 12:25–30).

Además de estos lugares santos ilícitos había también muchos otros. Algunos tenían asociaciones con la revelación de Dios, como Siquem, que Jeroboam hizo capital de su reino (1 R. 12:25), pero otros parecen haber sido establecidos a capricho del pueblo. Los judíos habían entrado en un país en el que los dioses cananeos eran adorados en lugares altos, y fue cosa fácil para los judíos adoptar estos lugares para el culto de Dios. Y en ocasiones, como en el caso del padre de Gedeón, ni siquiera se molestaban en adorar al Dios de Israel (Jue. 6:25–32).

Se establecieron otros lugares para dar culto al Dios de Israel, pero lo fueron de una manera sumamente irregular (Jue. 17:3). Jueces 17 describe un santuario con una escultura en el que un levita actuaba como sacerdote, y allí se nos dice cómo el levita fue secuestrado y como el contenido del santuario fue saqueado por miembros de un grupo tribal que querían establecer su propio santuario. Ezequías y Josías (2 Cr. 31:1; 34:1) estuvieron involucrados en reformas radicales que conllevaban la eliminación de estos lugares ilícitos, con el objeto de centralizar el culto en Jerusalén (2 R. 18:22; 2 Cr. 34:3–7). Pero no podía haber una reforma real sin purificación, y ésta fue conseguida mediante las experiencias del exilio.

El tabernáculo

Además de los lugares sagrados en los que Dios se había revelado, se estableció un lugar central de culto. Durante el período del éxodo podía describirse como un templo-tienda de campaña, una estructura de gran utilidad para una gente que estaba o bien desplazándose, o bien acampada en el área de Cades-barnea (Nm. 13:26—14:38). El templotienda de campaña era conocido como el tabernáculo.

El santuario central estaba hecho de planchas de madera verticales, doradas y sustentadas mediante un sistema de tirantes, espigas y pesadas basas de plata puestas sobre el suelo. Esto constituía una estructura de tres lados de treinta codos (15 m) de longitud y

Ilustración artística de un sacrificio sobre el altar del tabernáculo. Obsérvese la entrada del tabernáculo cerrada con un cortinaje y los animales muertos preparados para el sacrificio.

quince codos (7 m) de anchura, abierta al cielo y en su extremo oriental. Quedaba cubierta con cortinajes de lino blanco, bordados con figuras de querubines, que estaban protegidos por capas sucesivas de cilicio, pieles de carneros teñidas de rojo, y pieles de cabra (Éx. 26:1–30).

Dentro, la estancia de treinta codos de longitud estaba dividida en dos por medio de un cortinaje colgando de pilares dorados para formar un "Lugar Santísimo" (de diez codos por diez codos por diez codos), y un "Lugar Santo" largo. Se colgaba un cortinaje de material similar a la entrada para impedir que los ojos de los curiosos pudieran ver el interior (Éx. 26:1–36). El arca del pacto (Éx. 25:10–22) estaba situada en el Lugar Santísimo, y la mesa del pan de la proposición (25:23–30), el candelero de oro (25:31–40), y el altar de incienso (30:1–10) estaban en el Lugar Santo. Fuera del tabernáculo mismo se encontraba un altar para el sacrificio (27:1–8) y una gran fuente o pila de bronce para los lavamientos para la purificación ceremonial (30:17–21).

Réplica del tabernáculo judío de tamaño natural en el desierto cerca de Timna. Nótese el altar en primer plano.

Una característica de la religión de allí en aquellos tiempos era que el espacio alrededor del santuario central o altar era santo, lo mismo que el mismo santuario. A Moisés se le recordó que el terreno alrededor de la zarza ardiendo era santo (Éx. 3:5). Por ello, el santuario era separado del mundo exterior mediante un gran atrio. El atrio del tabernáculo tenía cien codos de longitud y cincuenta codos de anchura, y se formaba mediante la erección de un cercado de lino de cinco codos de altura, suspendida entre postes dorados. Los postes mismos estaban sostenidos con vientos y estacas como las de las tiendas, y sus bases quedaban fijadas en pesadas basas de bronce. Se entraba en el atrio a través de unos colgantes bordados que se encontraba en el extremo oriental (Éx. 27:9–19).

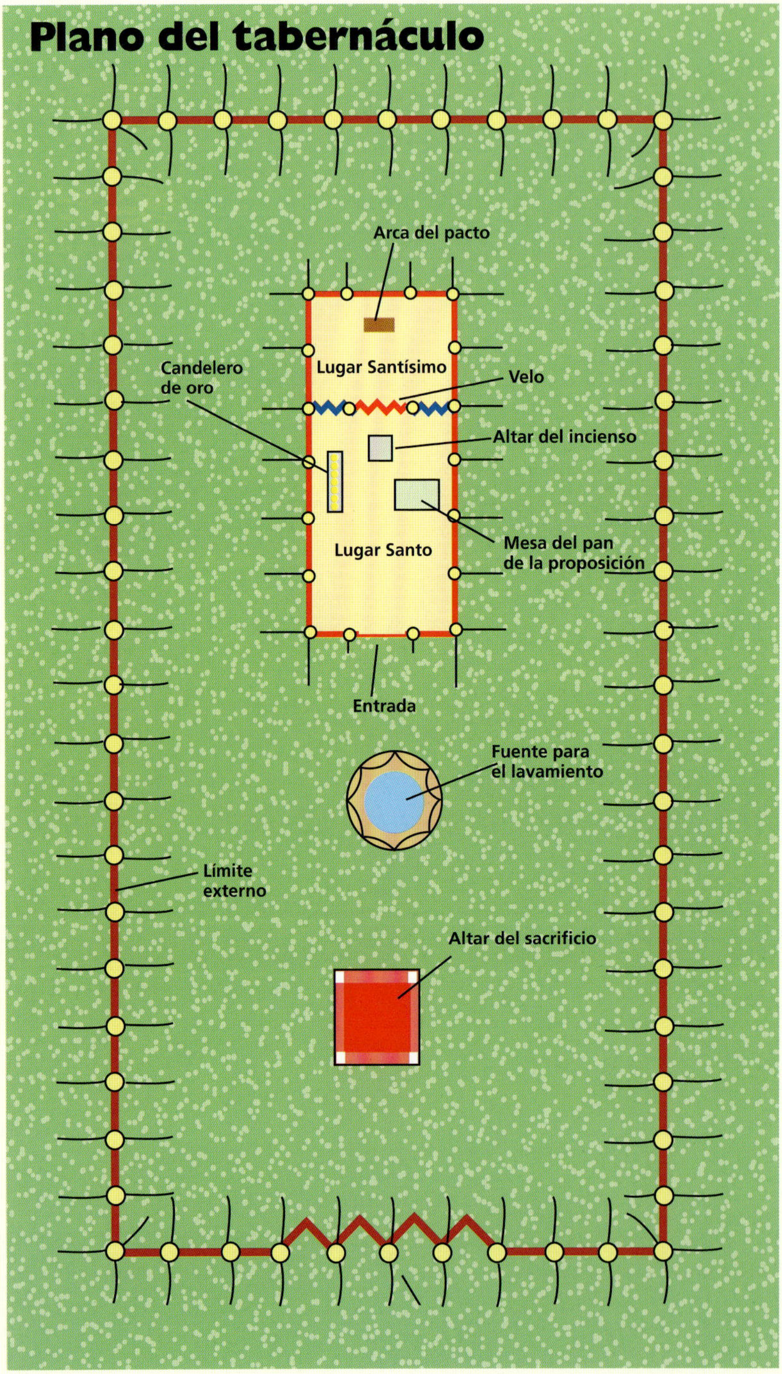

El templo

Cuando los judíos se asentaron en el territorio cananeo, el tabernáculo fue instalado de manera más permanente en Silo (Jos. 18:1; Jue. 18:31). Era lo suficientemente permanente como para ser llamado un templo, para que Samuel y Elí tuvieran estancias en él, y para que pudieran abrirse y cerrarse las puertas de entrada (1 S. 3:2, 15). Incluso después que los filisteos destruyeran Silo, se apoderaran del arca del pacto y la devolvieran a los judíos por vía de Bet-semés (1 S. 6:1–10) y Quiriat-jearim (1 S. 7:2), seguía estando en una especie de tienda de campaña-templo (2 S. 6:17; 7:2), permaneciendo allí hasta que Salomón edificó un templo permanente.

Réplica del arca del pacto.

El sumo sacerdote. Obsérvese su vestimenta especial y su pectoral con doce piedras preciosas diferentes.

Templo de Salomón. Obsérvese la enorme fuente de bronce sostenida sobre las espaldas de doce toros de bronce, y las columnas, llamadas Jaquín y Boaz, delante del templo.

El templo de Salomón

El templo de Salomón seguía las grandes líneas del tabernáculo. Era un edificio en dos secciones principales en el que se encontraban el arca del pacto y los otros objetos sagrados: la mesa, el candelero, y el altar del incienso. Pero había diferencias. Toda la estructura estaba hecha de piedra recubierta de madera y de metales preciosos, y se encontraba sobre una plataforma levantada a la que se accedía por unos peldaños. Se había construido un pórtico de entrada delante del edificio, y el edificio mismo estaba flanqueado por tres pisos de estancias pequeñas que podían emplearse como almacenes, oficinas, y para alojamientos de personas. El templo era dos veces más grande que el tabernáculo, pero no era muy impresionante, siendo de piedra sin aditamentos y con una longitud de alrededor de treinta y cinco metros. Más impresionantes eran los objetos sagrados inmediatamente delante del pórtico.

Se entraba al pórtico mismo entre dos columnas libres que recibían los nombres de Jaquín y Boaz. Delante del pórtico se encontraba una enorme fuente apoyada sobre los lomos de doce toros de bronce y conteniendo unos 40.000 litros de agua. También delante del pórtico se encontraba un gran altar de tres pisos que actuaba como incinerador de los sacrificios. Tenía unos cinco metros de altura (1 R. 6; 7:15–51). También este templo estaba situado en un gran atrio.

Plano del templo de Salomón

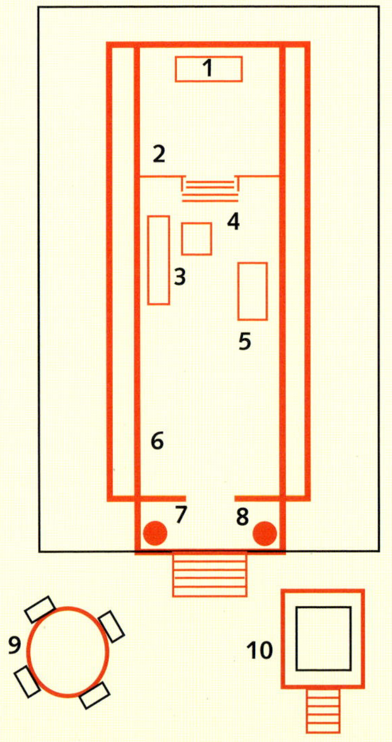

Claves del plano

1 Arca del pacto
2 Lugar Santísimo
3 Candelero de oro
4 Altar del incienso
5 Mesa del pan de la proposición
6 Lugar Santo
7 Jaquín
8 Boaz
9 Fuente para el lavamiento
10 Altar del sacrificio

Representación moderna de una menora, o candelero de siete brazos, en Jerusalén.

La reconstrucción del templo

Cuando se terminó el exilio y los judíos recibieron permiso para volver a su país y reconstruir su templo bajo el patrocinio del emperador de Persia (Esd. 1:3), se pusieron bajo el caudillaje de Zorobabel. Después de considerable oposición y tropiezos, el templo quedó reconstruido. Aunque no tenía la misma gloria que el templo de Salomón (Esd. 3:12–13; Hag. 2—3), parece haber sido muy similar. Fue construido de manera muy semejante al templo de Salomón (Esd. 5:8; 6:4; cp. 1 R. 6:36; 7:12) y había cámaras alrededor de la estructura en las que se podían almacenar artículos (Esd. 8:29) y donde se podían alojar personas (Neh. 13:4–9).

Duró medio milenio hasta el tiempo de Herodes el Grande. Durante este período fue descrito por varias personas que lo observaron personalmente. Parece que el atrio principal del templo estaba ahora dividido por una "pared del atrio interior del santuario", más allá de la cual sólo podían ir los judíos.

La sinagoga

Cuando el templo de Salomón fue destruido y los judíos deportados, sobrevivieron reuniéndose en sábado para aprender acerca de su ley y tradiciones. Esta práctica resultó tan útil que cuando volvieron quisieron continuarla y comenzaron a edificar lugares donde pudieran "reunirse juntos". Estos lugares, conocidos como *sinagogas* (que literalmente significa "lugares de reunión conjunta"), comenzaron a ser construidas allí donde hubiera al menos diez varones adultos en la comunidad. Para la época de Jesús eran ya algo familiar por todo el país. Eran siempre fáciles de encontrar porque si no estaban edificadas en el mismo centro de la comunidad, lo eran en la parte más elevada, o se las hacía el edificio más alto mediante alguna característica arquitectónica, como una cúpula o una base aumentada.

Todas las sinagogas se construían sobre una pauta común, a fin de que el judío pudiera sentirse "como en casa" allí donde adorara. Sólo los hombres entraban por la puerta principal del edificio; las mujeres entraban por una puerta separada y se sentaban en una galería en la parte de atrás. Al final del edificio, enfrente de la entrada, había una alcoba cubierta por una cortina en la que se guardaba el armario (o arca) conteniendo los rollos de la sinagoga. En el centro del edificio había un *bema* o púlpito elevado, y sobre el bema un atril en el que se leían las porciones prescritas de la ley y de los profetas y desde donde se predicaba el sermón. Los llamados

El rabino levanta la Torá, o rollos de la ley, en una sinagoga de los tiempos de Jesús. Las mujeres judías ocupan su lugar en la galería de arriba.

Agua viva

Fue en el último día de la fiesta de los tabernáculos (v. 2) que Jesús se puso de pie en el templo (vv. 14, 37) y proclamó que si alguien tenía sed podía acudir a Él y beber, y recibir una completa satisfacción interior (vv. 37–38). Jesús estaba evidentemente afirmando de una forma dramática que no era la fe judía (simbolizada por el derramamiento de agua del estanque de Siloé) lo que daría satisfacción al mundo, sino Jesús por medio del don del Espíritu Santo. Fue también en el último día que Jesús dijo que Él era la luz del mundo (Jn. 8:12). Jesús está por ello asumiendo el simbolismo de los candelabros de la fiesta.

Juan 7

a leer ascendían por las escaleras más cercanas a ellos y descendían por otras. Las "cátedras, o asientos, de Moisés" miraban hacia la congregación, y eran ocupadas por los escribas y fariseos más importantes (Mt. 23:2).

En el servicio normal se cantaban salmos, se leían las Escrituras, y se predicaba el sermón (Lc. 4:16–21). Seguía a ello un tiempo de preguntas y de discusión. Ésta parece haber sido la ocasión empleada por Esteban para hacer preguntas que llevarían a la proclamación del evangelio de Cristo (Hch. 6:9–10).

Un número de ancianos decidía los detalles del servicio y todos los otros aspectos de la vida en la sinagoga; el anciano principal, o principal de la sinagoga (Lc. 8:41), se encargaba del servicio. Podía invitar a un predicador, y es evidente que Pablo recibió invitaciones de esta manera (Hch. 13:5; 14:1). De hecho, la sinagoga vino a reemplazar los lugares ilícitos de culto, pero sin proveer un lugar para sacrificios.

Sinagoga de Capernaum

La antigua sinagoga de Capernaum reconstruida.

Ilustración con corte transversal de una sinagoga en los tiempos de Jesús, basada en la sinagoga de Capernaum.

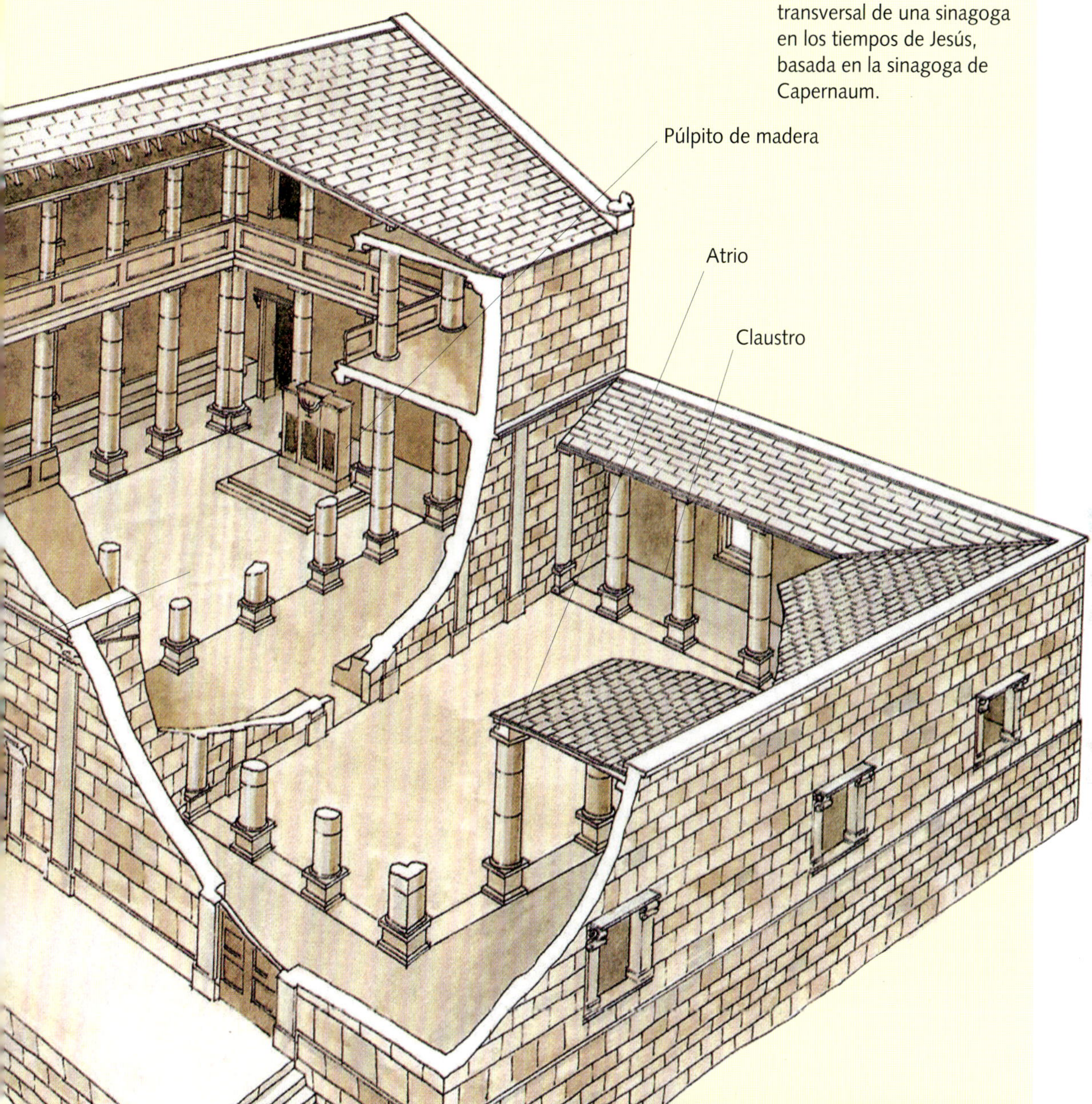

El claustro de la sinagoga de Capernaum.

Ilustración artística del templo de Herodes. Obsérvese cómo la Torre Antonia (a la derecha) domina el templo. La gran puerta delante del templo es la puerta de Nicanor.

El templo de Herodes

Herodes construyó el templo para ganarse el favor de los judíos, y era mucho más elaborado que los anteriores conjuntos. Los mismos edificios del templo fueron aumentados al doble de altura que los de Salomón y Zorobabel. El atrio fue extendido hacia el sur para que incluyera el emplazamiento de los antiguos edificios palaciegos y fue rodeado con unos enormes pórticos con columnas. Los atrios fueron pavimentados con mármol, y partes del edificio fueron recubiertas con oro. El templo reflejaba el desarrollo de las divisiones en la fe, porque no sólo había un atrio de los gentiles, el único lugar al que podían ir los gentiles, sino que había además un atrio de las mujeres, un atrio de los hombres, y un atrio de los sacerdotes, indicando los límites a los que podían llegar las personas en su avance hacia el santuario central.

La principal plataforma del templo estaba cerrada por murallas que constituían las paredes traseras para los cuatro pórticos. El pórtico o columnata oriental era conocido como el pórtico de Salomón. Se abría por la puerta dorada, que era una salida de la ciudad al monte de los Olivos. El pórtico mismo proveía el pináculo (Mt. 4:5) con una caída de más de 130 metros al valle abajo. El atrio de los gentiles era a la vez lugar de paso, mercado, y lugar para el cambio de monedas para la compra de los animales para los sacrificios (Mt. 21:12–13).

Herodes dio entrada al templo por medio de un viaducto que iba a través de la ciudad, y los soldados de la Torre Antonia tenían acceso a él por medio de unas escaleras. El límite interior del atrio de los gentiles estaba marcado por una pared baja,

o chel, que tenía aberturas a intervalos para que los judíos pudieran pasarla. Había placas con advertencias a los gentiles que les estaba prohibido pasar bajo pena de muerte (véanse Ef. 2:14 y Hch. 21:28). La puerta principal al atrio de las mujeres era la puerta hermosa, que miraba al este (Hch. 3:2).

Dentro del atrio había cuatro estancias: una para la leña para el sacrificio, una en la que los que cumplían votos podían estar para quietud y separación (véase Hch. 21:26), una en la que podía recibirse instrucción y hacer preguntas; quizá el

Ilustración artística del templo de Herodes. El puente que cruza el valle de Cedrón es figurado.

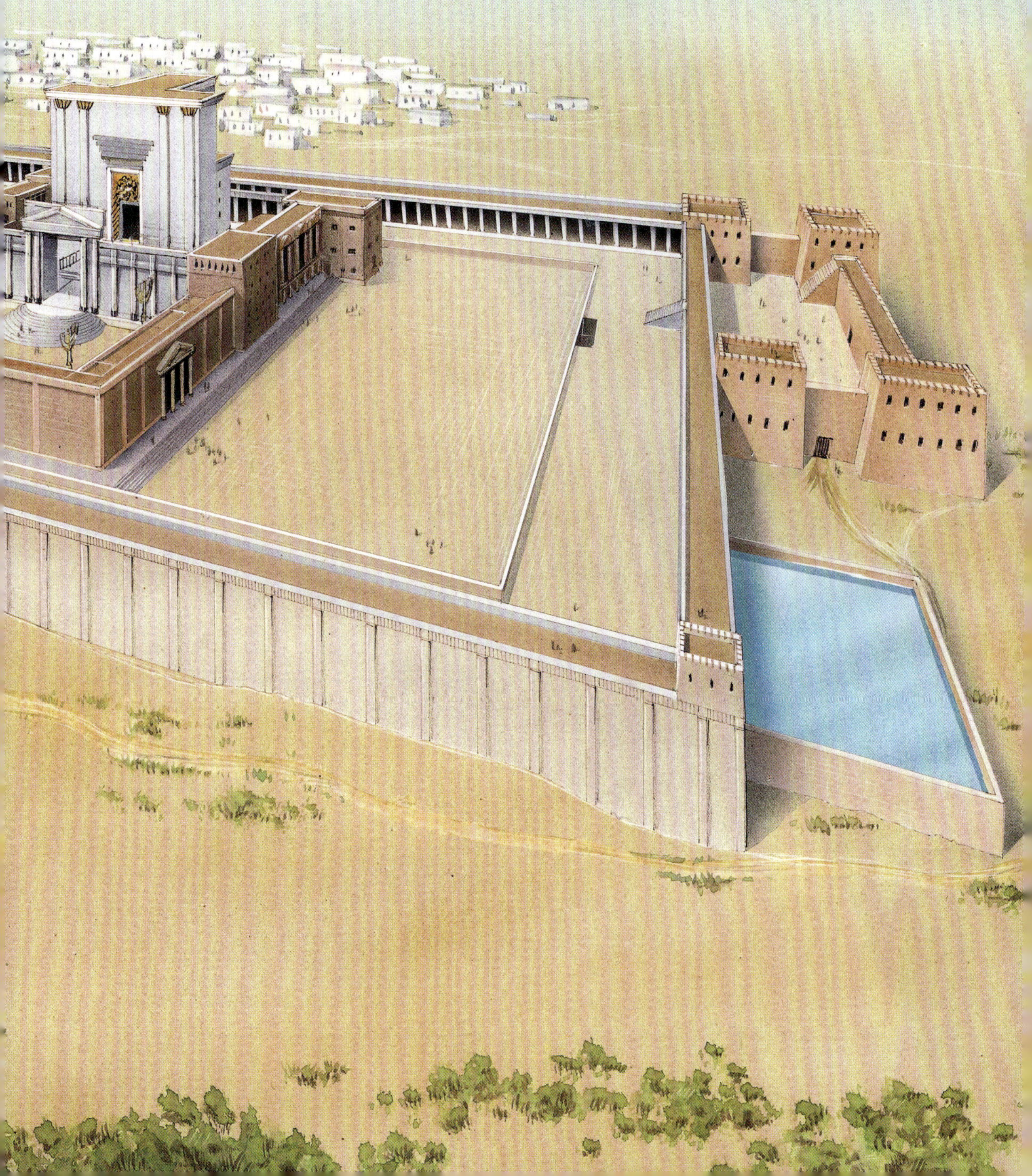

lugar donde María y José encontraron a Jesús cuando tenía doce años (Lc. 2:46), y una en la que se almacenaba sal para esparcirla sobre los resbaladizos atrios de mármol cuando llovía (véase Mt. 5:13). También en este atrio había trece cepillos para ofrendas de dinero, cada uno de ellos con un receptáculo en forma de trompeta (véase Mt. 6:2). Fue aquí que Jesús vio a la viuda echar todo lo que tenía en la tesorería del templo (Lc. 21:1–3).

Los hombres podían subir unos peldaños por la puerta de Nicanor (que recibía este nombre por el general sirio cuya cabeza fue exhibida en el templo en tiempos de los Macabeos) hasta un estrecho atrio donde podían mirar por encima de una pared baja al atrio de los sacerdotes. Allí los sacerdotes cumplían sus funciones ante el altar de los sacrificios que, junto con la fuente, estaba delante del pórtico que daba entrada al templo. A través del pórtico se podía ver el oscuro interior, iluminado por el candelero y por el altar del incienso (Lc. 1:9), que, como la mesa del pan de la proposición (Mt. 12:4), estaba allí como en tiempos antiguos.

El grueso velo que separaba el Lugar Santo del Santísimo fue desgarrado en dos al temblar el edificio en el terremoto que acompañó a la muerte de Jesús (Mt. 27:51). Más allá había un espacio vacío. El arca del pacto nunca había sido renovada, y lo único que había allí era la roca de Moríah, que atravesaba el piso.

Había muchas otras estancias en los recintos del templo. El sanedrín se reunía en la cámara de las piedras labradas. Había una estancia en la que los sacerdotes de guardia se reunían para ver quién sería escogido por suerte para entrar aquel día en el Lugar Santo (véase Lc. 1:8–9), y había lugares para almacenamiento y estancias para personas. Era un magnífico edificio, una de las maravillas del mundo antiguo, y a los que lo conocían les parecieron increíbles las palabras de Jesús, de que sería totalmente destruido (Mt. 24:1–2).

Hombres judíos oran en el Muro de los Lamentos en Jerusalén. La parte inferior del muro data de los tiempos de Herodes el Grande.

Plano del templo de Herodes

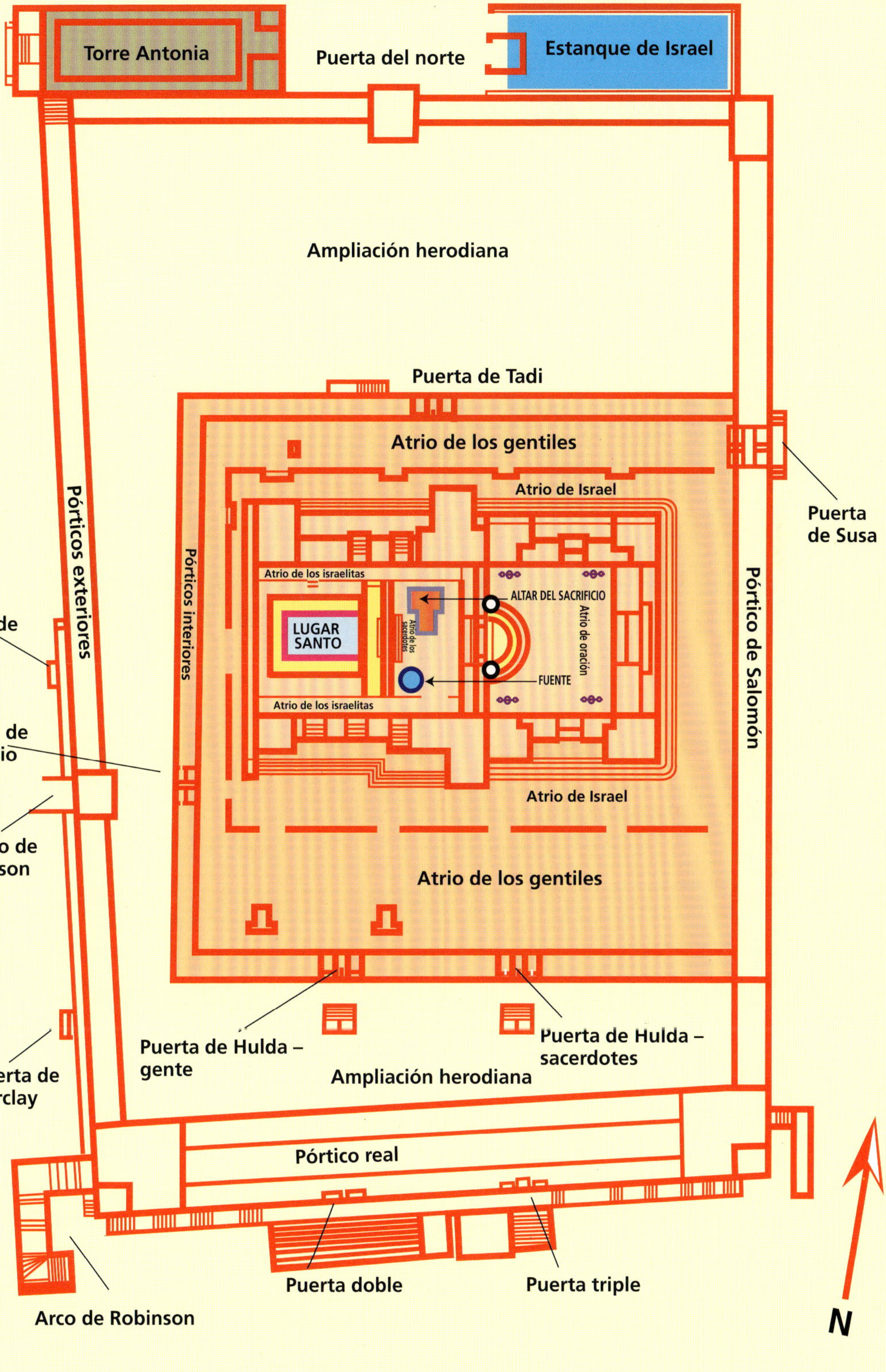

Nota: Atrio de oración = Atrio de las mujeres
Atrio de los israelitas = Atrio de los hombres

Dos rabinos principales llevan la Torá a la sinagoga en Jerusalén.

OCASIONES SANTAS

El sábado

En un tiempo en que uno apenas podía escaparse de la tiranía del trabajo, el *sabbath*, o "reposo", era un alivio físico y una bendición espiritual (Is. 56:2, 4–7; 58:13–14). Era una ocasión demasiado valiosa para permitir que fuera erosionada por el trabajo o el comercio. En tiempos de Nehemías, las puertas de Jerusalén se cerraban a los comerciantes en sábado, y los expulsó de delante de las murallas, donde se habían instalado (Neh. 13:15–22).

Aunque el *sabbath* vino a ser ley en tiempos del éxodo (Éx. 20:8–11) y que los judíos se acostumbraron a la idea de camino al monte Sinaí (Éx. 16:4–5, 22–27), existía ya el concepto del mes de veintiocho días, involucrando un ciclo de siete días. Noé había enviado la paloma a intervalos de siete días (Gn. 8:10), y Jacob tuvo que esperar siete días antes de poderse casar con Raquel (Gn. 29:27–28). La idea de una *sabbata* tuvo probablemente su origen en Babilonia, pero se trataba de días de temor, en los que los hombres se quedaban en sus casas debido al terror de los dioses, y no había una verdadera y regular cesación del trabajo.

El carácter del *sabbath* judío era totalmente diferente. Sin embargo, un violador del sábado fue ejecutado después que Dios se hubiera revelado (Nm. 15:32–36), y el pueblo judío puede haberse motivado a guardar el sábado más por temor que por goce. En tiempos de Amós sus únicos pensamientos era cuándo acabaría el sábado a fin de poder lanzarse a ganar dinero (Am. 8:5; cp. Jer. 17:18–27), y por esta actitud fueron condenados.

En tiempos de Jesús, el sábado se había convertido en una carga. Seguía siendo ocasión para llevar las mejores ropas y para acudir a la sinagoga por la tarde para volver a casa a la mejor comida de la semana, pero había unas detalladas leyes en vigor que legislaban acerca de cada aspecto del día. Determinaban cuán lejos se podía andar (un "camino de sábado" era de 2.000 pasos) y lo que se podía hacer. Si, por ejemplo, le caía a uno la casa encima, el infortunado podía ser dejado en el interior si podía sobrevivir a la prueba hasta el día siguiente. Los escribas no podían llevar las plumas en el cinto.

Jesús percibió que todo el propósito del sábado, que debía ser para gozo del hombre, había sido pervertido (Mt. 12:1–4; Mr. 2:23–26; Lc. 6:1–11). Jesús enseñó que Él era el Señor del sábado (Mr. 2:28), y debido a que su resurrección tuvo lugar en el primer día de la semana, los cristianos comenzaron a guardar este día como día de reposo en lugar del día séptimo (Hch. 20:7).

Otras fiestas

Además de los sábados, había un número de fiestas que se observaban originalmente en el tiempo seco del año porque se esperaba de los varones que viajaran al santuario central para celebrar juntos. Dios prometió que si lo hacían así, Él se cuidaría de que sus tierras no fueran nunca atacadas por el enemigo (Éx. 34:23). Las tres "fiestas de peregrinaje" eran fiestas de cosecha para dar acción de gracias, por la siega de la cebada, por la del trigo, y por la vendimia, que daba fin al año agrícola. Pero no se trataba de meras fiestas de cosecha que también hubieran sido celebradas por los cananeos.

Dios enlazó deliberadamente las fiestas de las cosechas con hitos religiosos para que los judíos recordaran sus poderosas acciones en favor de ellos. La fiesta de los panes sin levadura fue unida a la pascua, y el pueblo recordaba su partida de Egipto; la promulgación de la ley en el monte Sinaí fue enlazada con la fiesta de la siega del trigo en la fiesta de las semanas; y los cuarenta años de vivir en tiendas se conmemoraban durante la fiesta de la vendimia.

Estas fiestas no eran ninguna carga. En un tiempo en que las gentes estaban aisladas por la geografía e intensidad de su trabajo, las fiestas daban la oportunidad no sólo para cesar del trabajo sino para poderse encontrar con los amigos en presencia de Dios. Y los hombres descubrieron que estos tiempos eran tan gratos que tomaban a sus mujeres consigo (1 S. 1:9, 21), y las fiestas se convertían en grandes ocasiones familiares (Lc. 2:41–44). En tiempos del Nuevo Testamento, según calculaban escritores coetáneos, unos dos millones y medio de personas se dirigían a Jerusalén para celebrar la pascua.

Las fiestas de la pascua y de los panes sin levadura (14 a 21 de Nisán)

En su sentido religioso, la pascua era una rememoración del tiempo en que Dios liberó a los judíos sacándolos de Egipto. Un cordero había sido sacrificado por cada familia judía, resultando ello en que el ángel de la muerte "pasara por alto" sus hogares (véase He. 11:28). El pan sin levadura era un recuerdo del mismo tiempo, en que no hubo tiempo para leudar la masa, debido a la premura (Éx. 12:7; 13:3–10). Era también una fiesta de la siega, en la que se ofrendaban las primicias de la cebada (Lv. 23:11).

En tiempos del Nuevo Testamento estas fiestas habían venido a ser un tiempo importante de fiestas primaverales. Antes de la fiesta misma se reparaban los caminos y se blanqueaban

Pan sin levadura, o matzá, horneado especialmente para la pascua.

La última cena

La traducción normal de estos versículos es: "Era antes de la fiesta de la pascua. Jesús sabía que había llegado el tiempo en que Él iba a dejar este mundo e ir al Padre. Habiendo amado a los suyos que estaban en el mundo, ahora les mostró la plena magnitud de su amor. Estaban sirviendo la comida de la tarde...". Con ello se da una descripción de Jesús celebrando una cena especial con sus discípulos con una pascua simulada en contraste con los relatos en los otros Evangelios (p. ej., Mr. 14:12), en los que se afirma que la última cena fue celebrada precisamente en el día en que se inmolaba el cordero de la pascua.

Por ello, los académicos críticos enseñan que Juan manipuló deliberadamente la fecha para poder presentar a Jesús como crucificado y pendiendo de la cruz en el mismo momento en que estaban siendo colgados los corderos de la pascua. Esta bonita descripción del punto de vista crítico se basa en lo que parece ser una contradicción, aunque no lo es. Juan 13:1 puede ser considerado como una declaración separada por sí misma, que antes que comenzara la fiesta de la pascua, Jesús sabía que iba a morir, y se confió a sus discípulos para que consideraran todo el drama. Luego su entrega fue cumplida durante la comida de la pascua.

Juan 13:1–2

los sepulcros, para que los viandantes evitaran la contaminación accidental en que se incurría cuando se tocaba un lugar de los muertos (Mt. 23:27). También en los hogares se hacían grandes preparativos. Todos los utensilios de cocina se limpiaban cuidadosamente, o se compraban nuevos.

En el 13 de Nisán la casa era registrada por el padre de familia para asegurar que no había en ella pan con levadura. Las casas de Jerusalén se preparaban para recibir visitantes, porque se esperaba que cada casa acogiera huéspedes. Se compraban corderos o cabritos en el 14, y eran llevados al templo para ser sacrificados, un animal por cada diez o doce personas. Se quemaba la grasa, y la sangre era ofrecida en el altar antes de colgar los cuerpos para ser recogidos, momento en el que se llevaban a casa para ser asados con espetón de madera de granado. La gente se ataviaba con sus mejores ropas, pero se disponían como si para partir de viaje. No obstante, se reclinaban, si era posible en canapés, porque Dios les había dado reposo.

Conducidos por el padre de familia, se seguía un rito normativo en el que todos recordaban los acontecimientos de la partida de Egipto, bajo las preguntas del miembro más joven de la familia, que hacía una serie de preguntas para comenzar. El pan sin levadura, las hierbas amargas, y el gustoso *charoseth*, que simbolizaban el apresuramiento, la amargura y el fatigoso trabajo (el *charoseth* era como mortero) que habían desempeñado sus antepasados, todo ello les recordaba el pasado. La acción de gracias a Dios se daba con copas de vino tinto. Las cuatro copas que se empleaban se debían comprar, incluso si para ello se tenían que empeñar las propias posesiones. Durante la semana que seguía el único pan que se podía comer era sin levadura, y durante este período se hacían ofrendas públicas y sacrificios adicionales.

La fiesta de las semanas, o pentecostés

Se trataba de una fiesta de un día que se celebraba el 6 de Siván en medio de la siega del trigo y al final de la siega de la cebada, en acción de gracias. Sólo se podía parar un día para la fiesta en un tiempo en que la siega del trigo estaba en pleno apogeo. La acción de gracias se centraba en dos hogazas. Se segaba un pequeño campo, y se separaba el grano, que era molido. Con la harina se hacían a continuación dos enormes hogazas, y una vez cocidas eran mecidas hacia el cielo en acción de gracias a Dios, que les daba provisión y protección (Lv. 23:15–21). Se traían también ofrendas voluntarias, y se abría la tesorería del templo.

Al mismo tiempo, la promulgación de la ley en el monte Sinaí ocupaba la mente de los observantes (Dt. 16:12). La fiesta debía ser celebrada una semana de semanas (siete semanas, o cincuenta días) después de la fiesta de los panes sin levadura (Lv. 23:16). De ahí su nombre. Fue aproximadamente este tiempo el que necesitaron los judíos en llegar al monte Sinaí tras su partida de Egipto (Éx. 19:1), y en el período de los asmoneos adquirió gran importancia la rememoración de la promulgación de la ley (Jubileos 1:1; 6:17). La traducción griega de la Biblia en tiempos del Nuevo Testamento traducía los "cincuenta días" de Levítico 23:16 como *pentekosta hemeras*, dando así origen al término *pentecostés*, que es el término empleado en el Nuevo Testamento (Hch. 2:1; 20:16; 1 Co. 16:8).

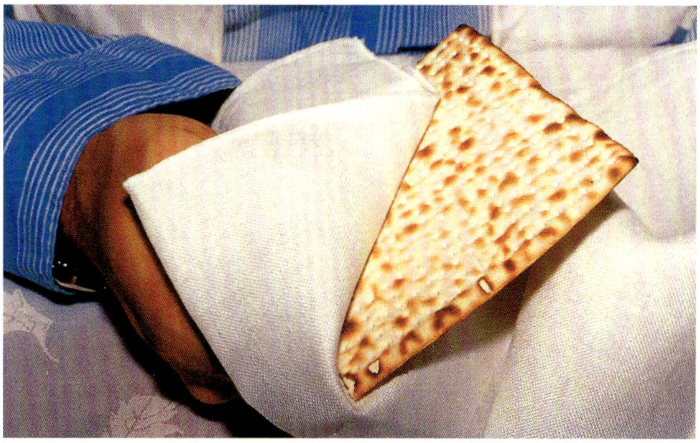

Familias judías comen pan sin levadura, o matzá, durante la pascua.

La fiesta de los tabernáculos, o de la recolección

Esta era otra fiesta de una semana de duración, del 15 al 21 de Tisrí, que señalaba la finalización de toda la cosecha con la recolección de las uvas (Éx. 23:16; 34:22). Debido a que éste era el tiempo en que todos salían a las viñas para su "vacación de trabajo comunal" (véase p. 100) y vivía en tiendas, era un tiempo excelente para recordar las lecciones religiosas de los cuarenta años cuando toda la nación había estado viviendo en tiendas entre Egipto y Canaán (Lv. 23:34–36, 39–44; Dt. 16:13–15). Al final del año agrícola en la tierra a la que Dios

Una familia en Jerusalén celebra el séder de pésaj, o pascua, en su forma tradicional.

los había traído era apropiado hacer una acción de gracias.

En tiempos del Nuevo Testamento se celebraba un ritual espectacular. Se hacían cabañas con hojas de palmera en los terrados, en los patios y en los huertos, y la gente vivía en ellos durante una semana, a no ser que hubiera lluvias muy intensas (cosa muy rara) o que hubiera algún caso de enfermedad grave. Cada mañana salían del templo dos procesiones sacerdotales; una de ellas iba a recoger ramas con follaje, y la otra se dirigía al estanque de Siloé. Cuando los sacerdotes regresaban se hacía una procesión alrededor del altar (una vez alrededor de él durante los primeros seis días de la fiesta, y siete veces en el último día, recordando el ritual en Jericó, Jos. 6:3–4) y se hacía un tabernáculo, o cabaña, para el altar mismo. Se derramaba agua sobre los peldaños del templo para que fluyera hacia abajo y afuera del templo al mundo exterior, indicando así que la fe judía daría satisfacción al mundo.

El pastor

Pablo describe a uno de los líderes de la iglesia como "pastor". El pastor está relacionado con el Príncipe de los pastores (1 P. 5:4) como los pastores de ovejas lo hubieran estado con el administrador de la hacienda del rey en los días del reino de Israel.
Efesios 4:11

Un adorador judío en el Muro de los Lamentos con los cuatro elementos usados para conmemorar la fiesta de Sucot, o de los tabernáculos.

Durante la fiesta se ponían cuatro grandes candelabros en el atrio de las mujeres, con sus grandes tazones llenos de aceite, y con las mechas hechas de vestiduras que los sacerdotes habían estado llevando durante el año anterior. Todos en Jerusalén podían ver la luz, y había música y danza debajo de las ardientes antorchas. La luz simbolizaba la revelación y verdad de la fe judía.

La fiesta de las trompetas

Además de las tres fiestas de peregrinaje, se observaban dos días adicionales especiales en el mes de Tisrí. En el primer día del mes se celebraba una fiesta que vino a ser conocida como la de las trompetas. Se tocaban trompetas al comienzo de cada mes (Nm. 10:10), pero Tisrí era una ocasión especial, porque el mes vino a ser el comienzo del año nuevo civil, y por ello se celebraban ceremonias especiales.

Se tocaban cuernos de carnero durante todo el día, no se debía hacer trabajo de ningún tipo, y se ofrecían sacrificios adicionales. A veces la fiesta se celebraba durante dos días seguidos, en caso que hubiera alguna confusión acerca de la llegada de la luna nueva. Era un día de autoexamen, buscando ver cómo Dios

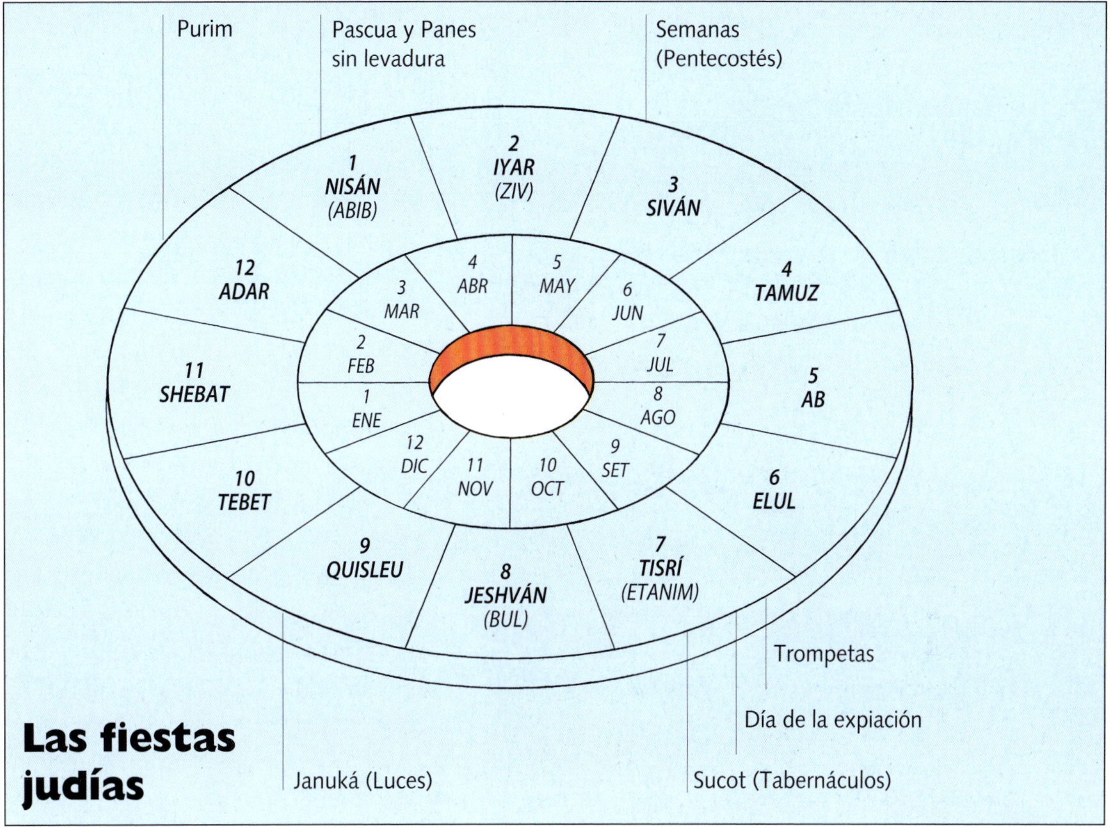

Las fiestas judías

Izquierda: Un rabino judío hace sonar el shofar, o cuerno de carnero, frente al Muro de los Lamentos.

veía a cada uno, y era para esto que se tocaban las trompetas: para hacer que Dios oyera y recordara su pacto, para espantar y hacer huir a Satanás, el acusador, y para despertar a los israelitas dormidos en sueño de pecado al arrepentimiento.

El día de la expiación

El 10 de Tisrí era el día de la expiación (Lv. 16). Éste era en muchas maneras el clímax del año religioso judío. Los sacerdotes habían estado ofreciendo sacrificios a Dios durante todo el año para que el pueblo le fuera acepto; pero los sacerdotes y sus utensilios quedaban ceremonialmente afectados por el pecado, y el día de la expiación fue instituido para conseguir "una limpieza espiritual a fondo" para que permaneciera abierto, por otro año, el camino para acercarse

Un niño judío vestido para la fiesta de Purim.

a Dios por medio de los sacrificios. El sumo sacerdote era la única persona que podía llevar esto a cabo, y en tiempos del Nuevo Testamento, para asegurar que no había errores, era cuidadosamente instruido por los ancianos y practicaba el ritual a diario durante la semana anterior a la celebración.

Al llegar el día de la expiación, el sumo sacerdote permanecía despierto durante las horas de oscuridad, y al llegar la mañana era vestido con unas sencillas ropas blancas para comenzar la ceremonia. Primero, confesaba los pecados del pueblo con su mano puesta sobre el cuello de un toro sacrificial que era inmolado, y su sangre recogida. Luego, se ponían dos machos cabríos ante él, y se echaban suertes para ver qué macho cabrío sería de Dios, y cuál sería el del pueblo. El de Dios era inmolado, y su sangre mezclada con la del toro. Luego, en solitario, el sumo sacerdote iba con el incienso y carbones del altar al Lugar Santísimo. Quemaba incienso, y cuando este llenaba el lugar se creía que el sumo sacerdote había sido aceptado por Dios.

En tiempos del Antiguo Testamento esto iba seguido por el rociamiento del propiciatorio —la parte superior del arca del pacto— con la sangre vertida; en tiempos del Nuevo Testamento no había arca, por lo que el Lugar Santo y todos y todo lo que estaba relacionado con el sacrificio eran rociados con sangre. Las conciencias quedaban liberadas con el macho cabrío que quedaba, que recibía los pecados del pueblo mediante la imposición de manos. Era llevado al desierto, donde era soltado, para simbolizar el hecho de que se llevaba los pecados. Este macho cabrío era conocido como el chivo expiatorio. Los cuerpos de los animales sacrificiales eran acto seguido quemados fuera de la ciudad. El escritor de Hebreos vio la ceremonia como una imagen imperfecta de lo que Jesús hizo por nosotros (He. 9:7–14; 10:19–22; 13:11–12).

Purim

En tiempos posteriores se añadieron otras dos fiestas para celebrar victorias nacionales que los judíos habían logrado sobre sus enemigos. El *Purim* se celebraba del 13 al 15 de Adar para conmemorar el tiempo en que Ester había sido usada para salvar a su pueblo de un genocidio durante el reinado de un rey persa llamado Asuero. Durante la fiesta se leía la totalidad del libro de Ester, que cuenta toda la historia. Cuando surgía el nombre de Amán, el villano, era ahogado en medio de gritos y abucheos; cuando surgía el nombre de Mardoqueo, el héroe, era saludado con vítores.

El día 13 era día de ayuno, pero el 14 y el 15 eran tiempo de alegría. 2 Macabeos 15:36 menciona la fiesta en relación con otra. Se promulgó un decreto después de la derrota de un general sirio llamado Nicanor de que su derrota debía ser celebrada el 13 de Adar, "el día antes del día de Mardoqueo". Este día debía ser guardado en tiempos del Nuevo Testamento, pero ya no se recuerda actualmente.

Una matraca usada en la fiesta de Purim para hacer ruido cuando se menciona el nombre del villano Amán.

La fiesta de las luces

La fiesta de la dedicación, o de las luces, celebraba otra victoria de los tiempos de los macabeos, cuando Judas Macabeo entró en el templo en Jerusalén después que los sirios hubieran sido expulsados en el 164 a.C., y se hizo la purificación del templo. Se traían ramas de palmera, y se iluminaba el templo. En muchos aspectos, las luces era similar a la fiesta de los tabernáculos (véase 2 Mac. 10:6). Cada casa tenía su propia luz para recordar la leyenda de que cuando se entró en el templo sólo había provisión para el aceite de un día para el candelero de oro, pero que el aceite duró ocho días. La fiesta comenzaba el 25 de quisleu, y debido a que el mes se corresponde con diciembre, hay alguna conexión entre la fiesta y la celebración del "cumpleaños

Se usa un candelero especial de nueve brazos durante la fiesta de las luces (Janucá).

Menorá, o candelero de siete brazos.

oficial" de fiestas de invierno, lo que aliviaba los tiempos más oscuros de aquella estación.

El ritual santo

El ritual de la religión judía involucraba sacrificios (en común con el de las otras religiones existentes en la misma área y tiempo). Se llevaban a cabo en todas las fiestas principales, tanto de carácter privado como público, y eran de diferentes tipos; en verdad, en el Antiguo Testamento no hay ningún término general para *sacrificio*. *Corbán* (véase Mr. 7:11) se emplea tan frecuentemente como se deja de emplear. Los detalles de todo el sistema sacrificial aparecen en obras de referencia mayores, pero es útil e interesante comprender los tipos de sacrificio que se exponen en los primeros capítulos de Levítico.

La *olah*, u ofrenda quemada, conocida como *holocausto*, parece haber sido un medio de consagración y de dedicación del adorador a Dios. Esta consagración no puede tener lugar sin el reconocimiento de que el adorador es imperfecto para tal dedicación. Por ello, se debía hacer confesión de pecado mediante la imposición de manos en identificación con un animal sacrificial. La sangre del animal era rociada sobre el altar. Los animales grandes así ofrendados eran cortados en piezas, y todo se quemaba sobre el altar. En términos humanos, Dios se agradaba de tales actos de sacrificio (Lv. 1:3–17; 6:9–13).

La *minha*, la ofrenda vegetal o de cereales, era una ofrenda voluntaria hecha de grano o harina, e iba normalmente acompañada de otras formas de sacrificio (véase Nm. 15:1–16). Parte del sacrificio era rociado con incienso y se quemaba en el altar, pero el resto era entregado a los sacerdotes para que lo consumieran ellos. Parece haberse tratado de un don a Dios, pero hecho a fin de mantener el favor de Dios (Lv. 2:1–16; 6:14–18).

La *selamim*, u ofrenda de paces, era una comida de comunión en la que el adorador y sus amigos se sentaban a comer con Dios en paz. Después de la confesión y del sacrificio, la parte de Dios del sacrificio —la grosura— era quemada sobre el altar. El resto lo comían el adorador, su familia y sus amigos (Lv. 3; 7:11–21, 28, 34). Esta ofrenda podía ser empleada como acción de gracias, acompañando un voto, o podía tener carácter de ofrenda voluntaria.

La *assam* (ofrenda por la culpa) y la *hattath* (ofrenda por el pecado) eran ofrendas que debían presentarse cuando alguien hubiera ofendido a Dios o a su prójimo. Se presentaba cuando una persona se había contaminado ceremonialmente (Lv. 5:2–3), como por un nacimiento o por lepra (Lv. 12; 14:1–32; Mr. 1:44; Lc. 2:22), cuando se había cometido una infracción civil contra un semejante (Lv. 6:1–7), ofensas cometidas cuando alguien se veía abrumado emocionalmente (Lv. 19:20–22) o quizá por yerro (Lv. 4:1).

La escala de los sacrificios estaba relacionada con el rango, y después que la sangre hubiera sido derramada en el altar y la grosura quemada, el resto del cuerpo era sacado fuera y quemado. Si la ofensa involucraba daño a un semejante, también se debía hacer restitución (Lv. 6:4; véase también Lv. 6:25—7:10). Es importante recordar que no había ningún sacrificio para expiar un pecado y desafío deliberados contra la ley de Dios.

El sistema sacrificial

Cuando los seres humanos entran en una relación de pacto con Dios y guardan su parte del pacto evitando todo pecado conocido, hay un deseo de entrar en una comunión más profunda con Dios: deseo de darse a su servicio, de expresar gratitud, de dar apoyo a sus siervos, de tener comunión, y de expresar pesar por males hechos accidentalmente. El sistema sacrificial demostraba que era posible una relación más profunda, pero que a fin de que existiera se precisaba de una purificación continua del pecado.

Al mismo tiempo el sistema demostraba su propia falta de idoneidad y por ello señalaba a la necesidad de que se hallara otro medio no sólo para establecer una relación más profunda con Dios, sino para solucionar todo el problema del pecado deliberado. Este otro medio fue hecho posible por medio de Jesús (He. 10:1–8).

GENTE SANTA

Los levitas

Leví, uno de los doce hijos de Jacob, tuvo tres hijos: Gersón, Coat y Merari (Gn. 46:8, 11). Al crecer la familia durante su estancia en Egipto, la familia de Leví se transformó en una tribu, y las familias de los tres hijos en divisiones tribales. Aarón, Miriam y Moisés nacieron en el seno de la división coatita de la tribu (Éx. 2:4; 6:16–20; 15:20). Cuando los judíos adoraron el becerro de oro al pie del monte Sinaí, fueron los levitas los que se pusieron al lado de Moisés contra la idolatría y para consagrarse a Dios. Al

Los samaritanos aún hacen sacrificios en el monte Gerizim, durante su celebración de la pascua.

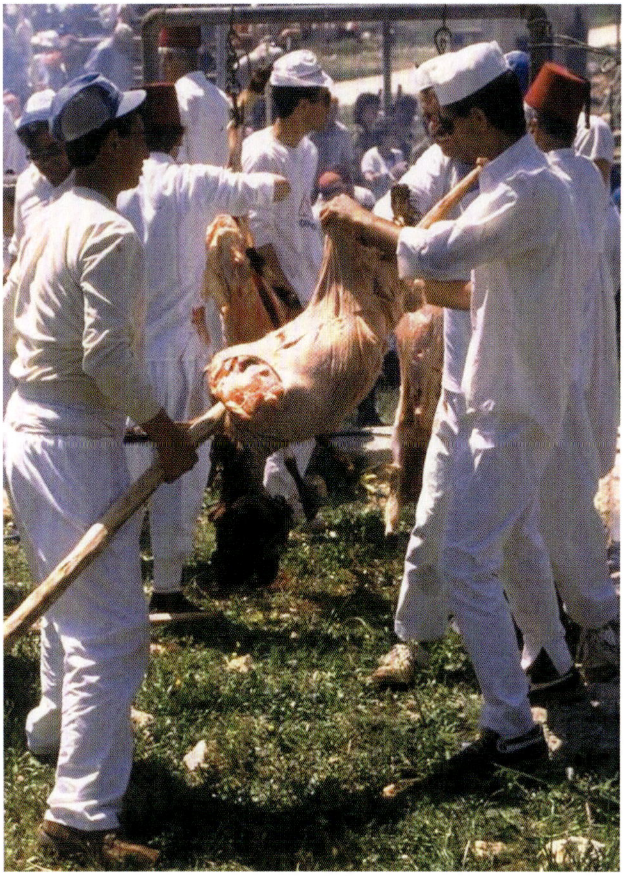

hacerlo así, destruyeron a muchos de los idólatras (Éx. 32:26–29).

Su consagración resultó en su involucración en la construcción del tabernáculo (Éx. 28:1–30) y a su dedicación a su cuidado. Cuando el tabernáculo era transportado, los coatitas llevaban el mobiliario (Nm. 3:30–32), los gersonitas llevaban los cortinajes y colgantes (Nm. 3:24–26), y los meraritas llevaban y plantaban el tabernáculo mismo (Nm. 3:35–37; 4:29–33). Según Números 3:40–51 los levitas actuaban como sustitutos de los primogénitos de cada familia judía.

Debido a que Dios había preservado las vidas de los primogénitos judíos en la época de la primera Pascua (Éx. 11:5; 12:12–13), el primogénito pertenecía técnicamente a Dios, pero los levitas fueron apartados para el servicio de Dios en lugar de ellos (Nm. 3:12–13, 40–51). Como apartados para el servicio de Dios, no se les demandaba que fueran a la guerra (Nm. 1–3; cp. v. 39) ni que debieran cultivar para su propia alimentación dentro de un área tribal. Debían ser esparcidos por la tierra prometida para vivir entre el pueblo (Nm. 35:1–8), y debían ser sustentados con los diezmos del pueblo (Nm. 18:21).

Ilustración artística de la vestimenta ceremonial del sumo sacerdote judío. Véase el pectoral con las doce piedras preciosas incrustadas que representan las doce tribus de Israel.

El sumo sacerdote

Dentro de la división de los coatitas, la propia familia de Amram vinieron a ser los sacerdotes. Por una parte, esto los puso sobre los levitas. Itamar supervisaba a los gersonitas (Nm. 4:28) y a los meraritas (v. 33); Eleazar supervisaba a los coatitas (v. 16). Por otra parte, los sacerdotes eran distintos de los levitas, porque sólo los sacerdotes estaban autorizados para tocar las cosas santas: todo aquello que tuviera que ver con el altar, el candelero, o la mesa del pan de la proposición (Nm. 4:5–15).

El sacerdote no inmolaba siempre el sacrificio por sí mismo, pero sí que llevaba la sangre al altar (p. ej., Lv. 3:2). Aarón mismo vino a ser el sumo sacerdote (en ocasiones llamado el principal sacerdote). Vestía ropajes especiales (Éx. 28), y sólo él entraba en el Lugar Santísimo en el día de la expiación (Lv. 16:2). Aarón interpretaba la caída de las suertes sagradas que tenía en su pectoral.

Aarón tuvo cuatro hijos: Nadab, Abiú, Eleazar e Itamar. Nadab y Abiú murieron por cometer sacrilegio en sus deberes religiosos como sacerdotes (Lv. 10:1–3), y el sumo sacerdocio pasó entonces a Eleazar y quedó dentro de su familia (Nm. 20:25–29). Elí era un sacerdote de la familia de Eleazar. El sumo sacerdocio pasó entonces de la familia de Eleazar a la de Itamar (véase 1 R. 2:27; cp. 1 Cr. 24:3).

Fue Salomón quien volvió a poner la línea de Eleazar al poner a Sadoc en el sumo sacerdocio, y esta posición fue mantenida en la familia hasta que su descendiente fue depuesto por Antíoco Epífanes en los tiempos de los macabeos. Durante este período posterior, no sólo eran los sumos sacerdotes designados por los poderes dominantes (Anás fue depuesto por los romanos, que designaron a Caifás en su lugar; véanse Lc. 3:2; Jn. 18:13–24), sino que cuando se vieron lo suficientemente fuertes para resistir a los gobernantes, adoptaron su propio estilo de poder regio.

La escasez de sacerdotes

Cuando los judíos entraron en Canaán y se estableció el santuario central, no había trabajo para los levitas como guardas de las puertas, y debido a las muertes de Nadab y Abiú había muy pocos sacerdotes. Los judíos entraban en un país en el que el culto tenía lugar en santuarios locales, y la demanda de sacerdotes era mayor que su existencia, mientras que

Un manto de oración judío.

había al mismo tiempo un exceso de levitas.

El relato de Jueces 17—18 indica la forma en que se disgregó la institución de los levitas y sacerdotes. Micaía, habitante del monte de Efraín, contrató a un joven levita que se había establecido en Judá, el cual vino a ser sacerdote, primero de la familia de Micaía (17:10–12) y luego de un grupo de danitas (18:19). No sólo se dedicó a la actividad sacerdotal de dar oráculos (18:5) sino que estaba quebrantando los mandamientos básicos (18:18).

La monarquía misma parece haber causado un adicional desvío de lo que Dios había querido. El rey frecuentemente tomaba virtualmente el lugar del sumo sacerdote, y el templo vino a ser un santuario real. Poco es lo que se oye del sumo sacerdote a través del período de la monarquía. Durante este período los levitas se dedicaron a la música del templo (1 Cr. 15:16), y comenzaron a trabajar ante algunos de los muebles santos, lo que había estado prohibido en tiempos del tabernáculo (1 Cr. 9:26–29; 23:28–32). Cuando los judíos fueron deportados a Babilonia, y no hubo templo ni sacrificio, la distinción entre sacerdotes y levitas fue haciéndose aún más borrosa.

Fue Ezequiel el que, mirando adelante a un Israel restaurado, demandó una clara distinción entre sacerdotes y levitas otra vez (Ez. 40:46; 43:19). Dijo que los sacerdotes habían sido fieles a Dios a través del período de la monarquía (Ez. 44:15–16; los llamó "hijos de Sadoc") en comparación con los levitas (48:11). Esta demanda de separación pudo ser la razón de que muchos levitas parecieran remisos a volver a Jerusalén tras el exilio (Esd. 2:36–40; 8:15–20). Una vez de vuelta, se dedicaron a la enseñanza de la ley (Neh. 8:7–9) y a los deberes religiosos normales (Neh. 11:3; 12:27–31).

Sacerdotes y levitas

Los sacerdotes y los levitas estaban dedicados a su obra en tiempos del Nuevo Testamento. Aparecen en la historia del buen samaritano (Lc. 10:31). Zacarías, padre de Juan el Bautista, era el sacerdote de guardia en el Lugar Santo cuando le fue revelado que tendría un hijo, Juan (Lc. 1:8–9). Jesús le ordenó al leproso que había sido sanado que se presentara ante los sacerdotes (Mt. 8:4; véase Lv. 14:2). En los tiempos del Nuevo Testamento, los miembros de las familias sumosacerdotales eran llamados principales sacerdotes, y estuvieron en constante conflicto con Jesús y con los primeros cristianos.

Al familiarizarse el pueblo judío con la obra del sumo sacerdote, de los sacerdotes y de los levitas, se habrían hecho conscientes de la idea que subyacía a todo: *representación*. Por una parte, los sacerdotes y los levitas representaban al pueblo delante de Dios al conducir en el culto y ante el altar, y por otra representaban a Dios ante el pueblo al enseñar y explicar sus leyes.

Los profetas

Junto con los sacerdotes y levitas había otro grupo llamado a una obra de representación. Los profetas, al igual que los sacerdotes, representaban al pueblo ante Dios. Samuel oró por el pueblo en Mizpá (1 S. 7:5); Eliseo oró que su siervo pudiera ver las huestes protectoras de Dios (2 R. 6:17); a Jeremías se le dijo que no orara por el pueblo por cuanto Dios no le oiría, a causa de que los pecados de ellos eran demasiado grandes (Jer. 7:16).

Pero la verdadera importancia de los profetas residía en que representaban a Dios y hablaban de su parte al pueblo. Abraham (Gn. 20:7) y Moisés eran considerados como profetas (Dt. 18:15–19). En el pasaje de Deuteronomio es evidente que un profeta es siempre llamado por Dios (v. 18), que tiene la autoridad de Dios (v. 19), y que lo que diga será demostrado cierto (v. 22). El profeta era por ello conocido como siervo de Dios (2 R. 17:13, 23; Esd. 9:11; Jer. 7:25). El profeta siempre proclamaba la voluntad de Dios, y llamaba al pueblo a volverse a Dios (Dt. 13, esp. v. 4), y era esto lo que distinguía a un verdadero profeta de uno falso (p. ej., 1 R. 13:18–22; Jer. 28).

Los profetas no eran simplemente personas con una consciencia política o social. Eran personas que por revelación de Dios habían llegado a ser conocedores

Un judío orando, con *tefillim* atadas a su muñeca y frente.

Ilustración artística del profeta Jeremías. Jeremías dijo que la mano del Señor le había tocado y que sus palabras habían sido puestas en su boca.

de acontecimientos históricos y de las necesidades del pueblo llano. Había dos elementos en su obra que pueden ser descritos como *predicción* y *proclamación*. Hablaban acerca de acontecimientos futuros para advertir de las consecuencias de las acciones presentes (p. ej., Am. 1:2), y frecuentemente hablaban en contra de la sociedad en la que vivían.

En el período temprano de la historia de Israel parece que había dos clases distintas de profetas. Unos eran designados como *roeh* o vidente; eran personas solitarias e impresionantes, de las que un ejemplo es Samuel (1 S. 9:11, 18–19; 1 Cr. 9:22). La otra clase era el *nabi*, que era miembro de un grupo que profetizaba extáticamente (1 S. 10:5–6, 10–13; 19:20–24). En un período posterior los términos se hicieron sinónimos con otra palabra general: *hozeh*. Se podían advertir diferentes características para diferentes personas. Por ello algunos profetas hablaban por medio de adivinación (Zac. 10:2), análisis de los acontecimientos políticos (Is. 5:12), valoración del carácter (1 S. 16:1), visiones (Is. 6:5), telepatía (2 R. 6:12) y la capacidad de ver detalles en el futuro (1 R. 13:2; Is. 44:28).

Uno venía a ser profeta al llegar a ser consciente de que Dios le hablaba y de que tenía que transmitir el mensaje. La consciencia venía de maneras diferentes, y era después transmitida por medio de la personalidad singular del profeta. Dice Jeremías simplemente que la mano del Señor lo tocó y que le fueron puestas palabras en su boca (Jer. 1:9). Otros profetas tuvieron visiones y sueños (1 S. 28:6, 15; Zac. 1:8). En ocasiones, el mensaje profético era dado relatando la visión (Is. 6), en otras, contando parábolas o historias (Is. 5:1–7), actuando un oráculo (2 R. 13:14–19; Jer. 19; Éx. 4:1–3), o por escrito (Is. 30:8).

Algunos de los profetas tenían grupos de seguidores o discípulos que eran conocidos como “hijos de los profetas” (2 R. 4:38). Ellos repetían los mensajes de los profetas, y en ocasiones los registraban por escrito. Hubo muchos más profetas que los que conocemos por medio de los registros de sus profecías o acontecimientos históricos. Había grupos de profetas activos en los centros de culto (1 S. 10:5) y tenían por ello relación con los sacerdotes y levitas (2 R. 23:2; Is. 28:7). Debido a que eran conscientes de los abusos del sistema sacrificial y se daban cuenta de que las vidas morales de los adoradores no concordaban con sus ceremonias, los profetas tendían a atacar el mero ceremonial. Hacían lo que hizo Jesús siglos después cuando le dijo a la mujer de Samaria que el verdadero culto aceptable para Dios es "en espíritu y en verdad" (Jn. 4:24).

Objetos santos

En la religión judía había objetos especiales que eran santos en el sentido de que pertenecían a Dios y no debían ser tocados por gente ordinaria. Cuando Uza tocó el arca del pacto, murió (2 S. 6:7), y cuando Nadab y Abiú ofrecieron "fuego extraño", o incienso impropio, también cayeron muertos (Lv. 10:1–2). Había varios objetos que tenían esta condición sagrada. Estaban en relación con el Lugar Santo y el Santísimo en el lugar central de culto.

El Arca del pacto era, en muchos aspectos, el objeto de más importancia. Se describe en Éxodo 25:10–22. Consistía en una caja sobre la que había dos figuras de querubines. Había unas anillas por las que poner unas varas para su transporte. La caja medía unos 120 cm por 60 cm por 60 cm y contenía las dos tablas de piedra con los Diez Mandamientos (Éx. 25:16; Dt. 10:1–5), un vaso con maná, y la vara de Aarón (He. 9:4–5). El arca era un trono para el Dios invisible que estaba sentado sobre las alas de los querubines y cuya voz venía desde encima de ella (Éx. 25:22). El becerro de oro que Aarón hizo probablemente estaba hecho como trono, y los dos becerros que Jeroboam hizo en Bet-el y Dan debían tener el mismo propósito.

En el Lugar Santo había tres objetos: una mesa, un candelero y un altar. La mesa era conocida como la mesa del pan de la proposición, y tenía una forma normal con una cubierta de unos 90 cm por 45 de superficie. Se describe en Éxodo 25:23–30. Se ponían doce tortas de pan cocido en la mesa, en dos pilas de seis tortas cada una.

Mosaico con menorá encontrado en la antigua sinagoga de Hamat Tiberias, cerca del mar de Galilea.

El pan de la proposición era llamado realmente el "pan de la presencia", porque estaba en presencia de Dios (1 S. 21:6). Era renovado cada sábado por uno de los sacerdotes, y el pan de la semana anterior era quitado para ser comido por los sacerdotes (Lv. 24:5–9; 1 S. 21:6).

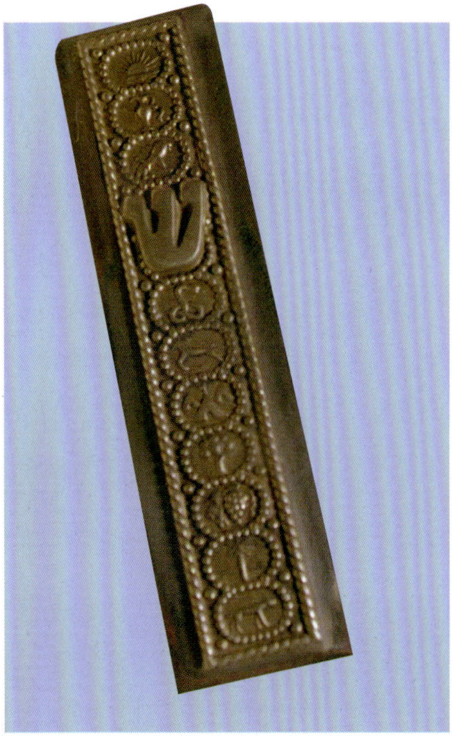

Una mezuzá, fijada en la puerta de la casa de un judío practicante. Contiene un pequeño pedazo de pergamino inscrito con oraciones de la Biblia, y está marcado con la palabra "Shaddai" ("Todopoderoso").

Opuesto: Leyendo la Torá. Para mostrar el alto valor que se le da a la Torá, en lugar del dedo se usa un puntero de plata para seguir la lectura.

El Lugar Santo era iluminado con un candelero de oro. Desde cada lado de la rama central salían tres ramas que acababan en sostenedores con forma de flores. La rama central también acababa en un sostenedor de lámpara (Éx. 25:31–36).

Entre la mesa del pan de la proposición y el candelero se encontraba un altar en el que se quemaba incienso. Tenía una altura de sólo 90 cm, con una cubierta en forma de cuadrado de 45 cm de lado, hecho de madera de acacia, y recubierto de oro (Éx. 30:1–10). El incienso mismo era también sagrado y no podía emplearse para otro propósito que el culto. Consistía de olíbano, la resina de debajo de la corteza de los árboles *boswellia*; galbano, que era probablemente la resina de una planta de Persia, y dos ingredientes por ahora desconocidos, estacté, y uña aromática (Éx. 30:34–38).

Los judíos estaban también familiarizados con las suertes sagradas, conocidas como el Urim y el Tumim, mediante las que algunas veces el sumo sacerdote consultaba la voluntad de Dios. El sumo sacerdote llevaba una bolsa de tejido sobre el pecho. Fuera había un pectoral dorado recamado con piedras preciosas. Dentro estaban las dos suertes. Es probable que se tratara de discos, de color negro por un lado, y blanco por el otro. Cuando las piedras eran echadas de la bolsa, dos blancos significaban: Sí; dos negros significaban: No; y un negro y un blanco significaban: Espera (véanse Éx. 28:30; Lv. 8:8; Nm. 27:21; 1 S. 28:6; Esd. 2:63).

Había otros objetos sagrados que eran especiales para el común del pueblo. En Deuteronomio 6 se encuentra el credo básico de la religión israelita: "Oye, Israel: Jehová es nuestro Dios, Jehová uno es. Y amarás a Jehová tu Dios con todo tu corazón, y con toda tu alma, y con todas tus fuerzas" (vv. 4–5). Sigue diciendo que los judíos debían atar estas instrucciones como señal en sus manos y entre sus ojos, y que debían ser escritas en los postes de las puertas de sus casas (vv. 8–9).

Muchos judíos se tomaron estas instrucciones al pie de la letra y pusieron el credo en pequeñas cajas. Las atadas a la muñeca y a la frente vino a ser conocida como *tefillim* (las *filacterias* del Nuevo Testamento), y la caja fijada al poste de la puerta se llamaba una *mezuzah*. La actual forma de la filacteria no fue hecha definitiva hasta después del tiempo de Cristo, aunque eran llevadas por los fariseos de su tiempo (Mt. 23:5). Eran cajas de arista de alrededor de dos y medio a cuatro cm, hechas con pieles de animales ritualmente limpios.

Derecha: Júpiter, el rey de los dioses greco-romanos.

Extrema derecha: Hermes, el mensajero de los dioses.

Dentro estaban las palabras de Éxodo 13:1–10; 13:11–16; Deuteronomio 6:4–9 y 11:13–21, escritas a mano sobre pergamino. Se ataban a la muñeca o a la frente mediante largas tiras de cuero. La *mezuzah* no existió antes de los tiempos de los hasidim (véase p. 229). Parece haber sido empleada para tratar de hacer que los judíos fueran más reflexivos acerca de su propia fe en un tiempo en que el pensamiento griego ejercía gran atracción.

La religión griega y la romana

Como resultado de sus experiencias a lo largo de su dilatada historia, la mayor parte de los judíos quedaron sin afectar por la religión griega y romana. Los afectados por la religión griega vinieron a ser conocidos como los saduceos (véase p. 230). Los más afectados por la religión romana fueron los que estaban dispuestos a mostrar algún tipo de afinidad política con el poder dominante.

Los antiguos griegos minoicos habían seguido una religión de la fertilidad no diferente de la de los cananeos, pero en tiempos del Nuevo Testamento se había desarrollado para ser un sofisticado politeísmo. Creían que los dioses eran como seres humanos (aunque enormemente más poderosos) y que vivían en el monte Olimpo.

Los romanos adoptaron gran parte de la religión griega, de modo que Zeus (griego) es el mismo que Júpiter (romano), y de manera similar Poseidón es el mismo que Neptuno, y Hermes que Mercurio. La religión estaba muy entrelazada con la cultura; los juegos, las comidas, las artes y todo tipo de celebraciones eran siempre en honor de los dioses.

Pero había muchos que estaban insatisfechos con esta forma de religión. En Roma se desarrolló el culto al Emperador, la filosofía tomó su puesto junto con la religión en Grecia, con lo que se desarrolló una especie de ateísmo,

Extrema izquierda: Mosaico griego de Dioniso.

Izquierda: Escultura griega de la cabeza de la diosa Atenea.

y en Atenas se comenzaba a admitir la posibilidad de un dios desconocido (Hch. 17:23). Comenzaron a aparecer religiones de misterio en las que se admitía a adeptos a sucesivos grados de conocimiento al pasar por ritos que los llevaban a una comunión más estrecha con el dios o los dioses.

Abajo: Escultura griega de la diosa Artemisa.

Índice analítico

Índice de textos bíblicos

ANTIGUO TESTAMENTO

NUEVO TESTAMENTO

LITERATURA EXTRABÍBLICA

Ilustraciones

Fotografías

Tim Dowley: pp. 5, 6, 17 arriba, 20, 21, 34 arriba, 43 abajo, 48 arriba, 51, 53, 54, 70, 75, 80, 82, 93 abajo, 98, 99 abajo, 100, 104, 109, 111, 113, 129, 134, 143, 148, 152, 153, 164 abajo, 170, 172, 173, 174, 175, 180, 186, 192, 196-197, 198, 211, 213, 214, 225, 228, 232 abajo, 235, 236, 237 abajo, 238 abajo derecha, 253 arriba, 256, 258, 259, 276, 282, 283, 288, 290, 295, 308, 309.

Hanan Isaachar: p. 299.

Israel Government Press Office: pp. 7, 9, 14 arriba, 22, 26, 35, 43 arriba, 44 arriba, 46, 48 abajo, 59, 61, 63, 67, 68, 76, 81, 90, 92 arriba derecha, 99 arriba, 101, 105, 107, 110, 112, 115, 118 abajo, 119, 124-25, 130, 131, 133, 136 arriba, 145, 169, 171, 181 abajo, 190, 202, 209, 217, 218, 221, 222, 226, 227, 232 arriba, 277, 316, 319, 320, 323 abajo, 332, 333.

Packshot Factory: pp. 122, 219, 317.

Jamie Simson: p. 123.

Tiger Design: pp. 162, 251.

Peter Wyart: pp. 14, 16, 17 abajo, 18, 24, 25, 34 abajo, 38, 40, 42, 44 abajo, 49, 50, 52, 55, 56, 60, 69, 91, 92 arriba izquierda, 93 arriba, 95, 96, 103, 106, 116, 118 arriba, 124, 125, 132, 135, 136 abajo, 139, 142, 144, 154, 164 arriba, 167, 176, 181 arriba, 182, 183, 187, 191, 196 abajo, 199, 208, 210, 229, 231, 233, 237 abajo izquierda, 238 arriba, 241, 243, 252, 253 abajo, 257, 264, 265, 267, 270, 272, 273, 275, 278, 281, 284, 285, 289, 306, 314, 321, 322, 323 arriba, 326, 331, 334, 335.

Ilustraciones

Frank Baber: pp. 92, 94.

Brian Bartles: pp. 194-195.

Shirley Bellwood: p. 307.

Tony Cantale: p. 173.

Peter Dennis: pp. 72, 73, 75, 77, 266.

Pam Glover: p. 115.

Jeremy Gower: pp. 177 abajo, 205, 207, 208, 217, 304-305, 312-313.

Alan Harris: p. 51.

James Macdonald: pp. 25, 57, 177 arriba, 206, 263.

Bob Moulder: pp. 296-97.

Trevor Parkin: pp. 184-185.

Alan Parry: pp. 11, 15, 19, 23, 28, 33, 37, 41, 64, 66, 78, 88, 97, 108, 116, 120, 127, 137, 138, 140, 147, 150-151, 157, 179, 200-201, 204-205, 271, 279, 298-299, 301, 302-303, 310, 329.

Richard Scott: pp. 12, 13, 47, 74, 89, 142, 146, 188, 189, 234, 243, 260, 261, 277, 324, 325, 330.

J. J. Tissot: p. 197.

Gerry Wood: p. 30.

Paul Wyart: pp. 36, 309.

Mapas

Hardlines, Oxford.

Excepto pp. 117, 315, 321 por Peter Wyart.